儒教的政治思想・文化と東アジアの近代

趙景達 編

有志舎

儒教的政治思想・文化と東アジアの近代　《目次》

序論　東アジアの儒教化と近代

趙景達

はじめに

戦中期丸山真男は、日本における近代的思惟の誕生を、朱子学を批判した古学派、とりわけ徂徠学に見出し、それと対照的に朱子学に固執した中国の思惟のあり方を停滞的と見なしたことはよく知られている。朝鮮に至っては歯牙にもかけられていなかった。戦後丸山は、「中国の停滞性ということは当時の第一線に立つ中国史家の間に多少とも共通した問題意識であった」と弁明するとともに、「正統的なイデオロギーの解体過程を裏返せばそのまま近代的イデオロギーの成熟になるという機械的な偏向に陥ってしまった」と自己批判し、徂徠学は「本来の近代意識の成熟を準備する前提条件」でしかないと修正した［丸山真男　一九五二］。今日では、徂徠学に文字通りの公私の分裂や道徳と政治の完全分離などを見出すのは、やはり難しいという評価が有力となっている［平石直昭　一九八七］。

西欧近代というのは西欧史的文脈の中で誕生したものであり、それをアジアにも同じような文脈で見出そうというのは、西欧中心史観そのものであろう。それゆえ、中国や朝鮮に近代的思惟の内在的誕生を見出そうとするのは、そうした日本政治思想史の後追いでしかなく、西欧近代を絶対化することにしかならない。しかし儒教が、なかんずく朱子学が西欧近代の思想や文化を受容する上で、その受け皿になったのは動かしがたい事実であろう。日本においても朱子学は儒教の本流であった。東アジアの伝統的な思想群には、儒教以外に文明意識を強く帯びたものがなかっただけに、西欧近代文明の受容は、儒教・朱子学との対比や附会に基づくことなしには不可能であった。

かくして東アジアの近代国家形成は、儒教を前提せずしては考えることができない。近年では日本史研究においても、東アジア史的な文脈において儒教的政治思想や政治文化がいかに近代に接続するのかという問題意識が濃厚になってきた。深谷克己が「東アジア法文明圏」とか「儒教核政治文化」といって、近世日本における儒教の重要性を指摘したことも、それに棹さしている［深谷克己　二〇一二］。

本書は、このような問題意識から編まれたものである。東アジア各国の近代を考えるに当たっては、儒教との連続性を考えるのは必須である。近世後期から近代――一部現代初も含む――にかけて、儒教的政治思想や政治文化はいかに持続し、また近代的価値を受容するに当たっていかにその受け皿となったのか。東アジアの国民国家形成は、西欧近代国家のモジュールを単にコピー・アンド・ペーストしてなされたわけではない。そこには儒教的伝統が強く刻印されている。しかしその受容や解釈の仕方には、東アジア各国において当然差異があった。東アジア史的文脈というのは、差異性を考慮の外に置くことでは決してない。本書はこのことに鑑みて、ベトナムを含めた東アジア四国の比較史という形で議論したものであり、一二編の論文からなっている。諸般の事情から、地域のバランスが均等ではなく、中国とベトナムが少なくなっているが、ご容赦願いたい。その代わり序論である本稿では、東アジアの儒教化について概論的に比較史的な考察をし、いくぶんかでも東アジア近代比較のための資として供することができればと思う。ただしこれは、あくまでも編者個人の考えであって、本書執筆者の合意の上に書かれたものではないことをあらかじめ断っておく。

1　儒教化と東アジア化

宮嶋博史が明らかにしたように、東アジアは小農社会という安定的な社会を作り出したという点では同質的であった［宮嶋博史　一九九四］。だが近世日本は、中国と朝鮮がそれに対応した平和的な朱子学体制を成立せしめたと同じく、そうした体制を作り出すことが果たしてできたのか。宮嶋はこの問に否という回答を出し、近世日本ではついに朱子学体制は実現せず、「武威」によって平和が担保され、それこそは「日本「近世」の負の遺産」だとした［宮嶋博史　二〇〇六］。宮嶋は朱子学体制を実現した近世の中国・朝鮮は、実は西欧的近代と対比されるべき「儒教的近代」と評価されるべきではないかともいっている［宮嶋博史　二〇一〇］。

この議論は衝撃的であり、波紋を呼んだ。そこで、編者は須田努とともに深谷や宮嶋を招いて「比較史的にみた近世日本――東アジアの中の日本」というシンポジウムを企画し、それを単行本化した［趙景達・須田努　二〇一一］。日本近世史の研究者も清水光明が中心となり、宮嶋や中国史研究者をまじえて論集を出すに至っている［清水光明　二〇一五］。そうした中にあって、真っ向から宮嶋説を批判したのが、中国史研究者の岸本美緒である。岸本は、儒教・朱子学モデルの有無をもって日本と中国・朝鮮の優劣を議論するのは、「別種のエスノセントリズム」になるのではないか、と危惧を表明した［岸本美緒　二〇一二］。

岸本の危惧は一見なるほどとも思えるが、ただ宮嶋の本来の志は朝鮮停滞論を打破し、そうした言説を生み出してアジア侵略を合理化した近代日本を批判することにあったということは指摘しておきたい。宮嶋は、近年はそのことを近世に遡って東アジア史的射程をもって行おうとし、さらには西欧中心史観を打破しようとしているのだと思われる。ただいずれにせよ、比較史というのは、同質性を前提にしなければならない。宮嶋の東アジア小農社会論は、比較史の前提条件を用意する絶好の議論となったが、政治思想や政治文化を考える場合、濃淡や性格の相違があるにせよ、やはり東アジア全体の儒教化、朱子学化というのは重要である。それは、近世化とも東アジア化とも見ることができる。先に紹介したシンポジウムでは、単行本化に際してサブタイトルを「「東アジア化」をめぐって」と改めた。

東アジア化というのは、さまざまな意味を内包しており、定義も一様にできない。深谷はこれを古代に淵源をもつ通時代的な現象として捉えており、儒教や中国的文明への感化の意味として理解し、その反作用としての日本化にも着目している［深谷克己　二〇一五］。それを近世に限ってみれば、儒教・朱子学化ということになろうが、近世日本はひとりそれに失敗したと認識している宮嶋にあってさえ、近世後期における日本の朱子学化の様相については、ある程度その立論の前提とされているようである。すなわち、「明治維新以後における新しい国家体制の確立過程は、一面では西欧的な「国民国家」体制確立への道であったが、他面では朱子学的国家体制を日本においてはじめて本格的に確立する過程でもあった」［宮嶋博史　二〇〇四］とまでいっているが、これは近世後期の朱子学化現象を念頭に置いてのことであろう。この議論は、近代日本は西欧化ではなくむしろ中国化していったという与那覇潤の奇をてらうような議論にも影響を与えた［與那覇潤　二〇一一］。

しかし東アジア史的にみれば、近代日本の歴史は中華＝文明の座を中国から奪取する過程であった［浜下武志　一九九〇］。近代日本は西欧の脅威を梃子にしてアジア主義を執拗に唱えた。もとより中華や小中華を自認する中国や朝鮮からしたら、アジアをことさらに叫ぶ日本の姿は、まことに奇異なことであった。それゆえ中国や朝鮮では、アジア主義が主張されるのは文字通りの親日論理としてか、さもなければそれを逆手にとって日本の背信を批判する場合かであった。後者はいわば、「抵抗＝言説としてのアジア主義」である［趙景達　二〇〇七］。

いずれにせよ、近代日本はやがてアジア主義を大アジア主義や大東亜共栄圏構想にまで拡充し、アジア侵略の正当化を図っていく。東アジア化について議論する場合、こうした近代の逆流も視野に収めておく必要があろう。というのは日本発のアジア主義の議論には、たとえどれほど儒教的粉飾に満ちた言説があったにせよ、本質的には儒教的な文明への共感がなかったからである。アジア主義の内実には西欧近代をいち早く達成した日本化の意味しかなかった。それは逆説的にいえば、反東アジア化ということである。かつてマルクス主義哲学者の戸坂潤は、「民族主義・精神主義・〔神〕道主義・其他と呼ばれる代表的な諸日本主義の本質は、この家族主義という復古主義の代表者の内にあるのだが、この復古現象の特色であった原始化は併し、実はその原始化の理想にも拘らず、日本の最も発達した近代的資本主義が自分自身のために産み出した処の、一つの近代化に他ならぬ」(戸坂潤『日本イデオロギー論』増補版一九三六、再刊岩波書店、一九七七、一八三頁)と述べるとともに、アジア主義の本質を「日本アジア主義」たることにあると看破した(同、一四八頁)。そして現在は、グローバリゼーションを背景に中国が中華の再奪取をしようとしている段階であり、東アジアはアメリカの介在もある中で、複雑な様相を呈している。そこには、もはや儒教的言説は存在しない。もとより儒教的回帰など不可能なことだし、その必要もない。だが、東アジアの平和や一体化を考える場合、その糸口をかつて東アジアが共有した儒教的思考や論理に求めるのは実践的なことである。深谷がことさらに「東アジア法文明圏」とか「儒教核政治文化」といい、宮嶋が朱子学にこだわるのもそうした事情によっている。では、東アジアはいかに儒教化=東アジア化したのであろうか。

2　中国の儒教化と近代

中国は古代より体制的に儒教化されていたという認識は当為ではない。確かに漢代に儒教は国教的地位を占めはしたが、それは以後も必ずしも安定的であったわけではない。仏教や道教の勢力も強かった。宋代に仏教や道教との対抗、あるいは逆にその影響のもとに、宇宙論―人性論―実践論を一貫した理気論で説明し、「天理と人欲の戦い」を説くリゴリスティックな朱子学が成立したことによって、儒教は初めて体制教学としての絶対的地位を確立したといえる。すなわち宋王朝は、官僚登用を科挙及第者に限定することによって、唐代まで続いた貴族制を打破し、一君万民の皇帝独裁制を成立せしめたが、やがて朱子学は、元代以降科挙の絶対的な基準教則となっていった。そして、明代において皇帝独裁制が確立し、清代において完成をみる。しかしそれは、『書経』に由来する民本主義を随伴するものであり、『孟子』の革命思想も堅持された。明末清初における黄宗羲・顧炎武などの君主批判は、まさに民本主義の徹底化による革命思想の発露であった。

もちろんだからといって、それが即近代思想などというわけではない。溝口雄三は、「個我の自立という流れは中国の近代のなかに抽出できない」が、しかしかえってそれゆえに、独自な共和革命や人民革命の展望は「万物一体の仁―大同思想の流れのなかから抽出される」と述べている［溝口雄三　一九八〇　四七頁］。そして、社会的欲望を理の下に容認し、本来的自然観をもって欲望の調和を図ろうとする、すなわち政治を道徳的に捉えようとする独自な近代政治観がやがて誕生することになると展望している。これには明代に起きた陽明学の影響が深く関わっているのだが、しかし「満街聖人」を謳う陽明学は、「聖人学んで至るべし」と考える朱子学の批判的継承であって、全くの対立思想ではない。清代になっても朱子学は体制教学であり続けるが、陽明学は異端視されながらも、朱子学の内容を変質させていく。すなわちやがて、「人欲の正しい発揮が天理であるという、滅人欲からいわば存人欲的な天理へと転換をとげ」ていくのである［溝口雄三ほか編　一九八七　三五〇頁］。

こうした天理観の転換には、中国社会が文字通りの身分制社会ではなかったことと、明清代における商業の発展が大きく力あったようである。前者についていえば、前近代社会はおしなべて身分制社会であったというのは、日本的身分観に基づく偏見である。男子ならば誰もが応試できるという宋代以降の科挙制度は、身分を宿命的な世襲制から解放した。理念的、原則的に「聖人の道」は万人に開放され、人は努力次第で身分（階層）上昇を果たすことができるのであって、身分下降もまたその反対に同様である。アレクサンダー・ウッドサイドは複数の近代を主張する立場から、近代性の指標として技術革新と自由主義（人権）の二つのほかに専門家エリートが貴族に取って代わる現象も加え、貴族制の廃棄を行った科挙制度の画期性を指摘している［ウッドサイド　二〇一三］。しかも近世中国では、一君万民の理想の下、人々は原則自由であり、移動や土地売買などに制限はなかった。それゆえ、中国では流民がたびたび現われた。人権思想のともなった近代的自由とはいささか違うが、実は自由主義というのも儒教の特徴であるかも知れない。Wm・T・ドバリーは、リゴリスティックにみえる朱子学の「為己之学」や「克己復礼」の論理に、かえって自己の諸能力を解放し、正しい方向に発展させることによって自我の克服をもたらすという自由の契機があることを見出している［ドバリー　一九八七］。皇帝と臣下との研究会である経筵や地方の書院において、儒学者たちが自由な批判精神をもって議論し得たのもそのためであり、皇帝独裁が理不尽な方向に行けば命を賭してそれに抵抗し得たのも――特に明末における東林党の活動など――自由な精神があったればこそであったというのである。「個我の自立」を認めない溝口以上に尖鋭であるが、傾聴すべき議論である。

また、後者の明清代における商業の発展についていえば、これも中国的平等に道を開くものであった。周知のようにマックス・ウェーバーは、儒教的エートスはあくまでも現世的で、世俗内的禁欲の論理をもたないがゆえに、その合理主義精神は功利主義的に財を処理することに終始し、その結果資本主義を生み出すことができなかったとした［ウェーバー　一九七二］。ピューリタニズムにおける世俗内的禁欲こそが、経済的合理主義を徹底させて資本主義的経営を生み出す倫理となったとしたのである。しかし、これに対して余英時は、明清代の商人エートスの分析を通じて反論している［余英時　一九九一］。余はウェーバーを全面否定するわけではないが、中国にも世俗内的禁欲の伝統があるとし、それを士の論理に見出した。中国では明清代になると、「儒を捨てて賈に就く」という現象が珍しくなくなるが、そこには禁欲的な士の論理が商に振り向けられたことが確認されるという。そして、ついには士より商の方が価値があるという言説さえ飛び出してくるというのである。余は中国の自生的な資本主義化を主張しているわけではないが、この議論は中国における平等思想の自己形成という点において大変興味深い。

本来儒教は普遍主義的な道徳を説いたものである。「個我の自立」問題はしばらく置くとして、人権思想をともなっていないがゆえに、やはり儒教は近代思想に直結していくわけではないが、儒教と近代との親和性を全く否定することはできない。いずれにせよ余の議論は、中国では士の価値を下げることによって士農工商を単に職分とし、身分的に等価とする平等観が内在的に誕生していった可能性を示唆している。のちに、革命家章炳麟は職業を一六種に分けてその道徳を序列化し、農人・工人・裨販（行商）・坐賈（店舗商人）・学究（村の教師）・芸士（医者・芸術家）・通人（学者）・行伍（兵士）・胥徒（下級役人）・幕客（高官顧問）・職商（御用商人）・京朝官（中央高官）・方面官（地方高官）・軍官（高級軍人）・差除官（任官待機の委任事務担当者）・雇訳人（通訳）とした。そして、農人から芸士までを道徳的とし、通人以下は不道徳としたのだが、章は、革命の提唱者の多くは通人であるとしてその自省を求めた［西順蔵ほか訳『章炳麟集』岩波文庫　一九九〇］。自らもまた通人であるにもかかわらず、自身への戒めも込めてなのか、章の通人＝士人批判は峻厳であり、その平等思想は徹底している。

儒教の普遍主義というのは、このように儒教的礼秩序を自己否定してしまうところまでいってしまうのだが、平等主義と並んで平均主義もまたその特徴である。孔子は「寡なきことを患えずして、均しからざるを患う」（『論語』「季氏第一六」）といったが、大同思想はその極致である。太平天国の天朝田畝制度は様々な問題をはらんでいたが、大同思想の理想が反映されていた。また、康有為の大同思想は有名だが、のちには大同思想が無政府主義や社会主義を受容する受け皿になっていく。

ただし、明代中期以降在地社会では、休職・退職などの官僚や挙人・生員などの科挙及第者がいわるゆる郷紳として地域政治に重きをなしていた。彼らは、一方では清末新政期に「土豪劣紳」として打倒の対象にされながら、他方では名望家として自治運動や立憲運動において主役を演じ、企業活動や慈善事業などにも携わった。儒教的教養は名望家として不可欠のものであった。

3　朝鮮の儒教化と近代

以上のような中国の儒教化、朱子学化に対して、朝鮮におけるそれは高麗時代に進行してはいたものの、本格的には朝鮮王朝になってからである。一三九二年における朝鮮の建国は、単なる易姓革命などではなく朱子学革命ともいうべき一大国家変革であった。初代国王の太祖（在位一三九二～一三九八）李成桂のもとに集まった学者たちは、朱子学的な道徳国家を創建することを使命とした。朝鮮建国の基盤作りに最も尽力した鄭道伝《チョンドジョン》は、現実主義的には君民共治を唱えたものの、理想主義的には一君万民の政治を志向した［趙景達　二〇〇九］。そして、朱子学至上主義の下、教育機関として中央に成均館と四学、地方郡県には社会教化機能も合わせもった郷校を設置し、科挙官僚制が高麗時代以上に整備され、中国同様に貴族制が打破された。成宗《ソンジョン》（在位一四五七～一四九四）代には永世の法典とされた『経国大典』が定められ、法制面における儒教化が確立をみた。またそれに先だって、世宗（在位一四一九～一四五〇）代には、中国・朝鮮で世伝される孝子・忠臣・烈女のエピソードを集めた『三綱行実図』を刊行し、民衆の儒教化を進めた。これは歴代何度にもわたって補修され、朝鮮王朝を通じて絶えざる民衆教化の基礎教本となった。また、朱子の著作とされる『文公家礼』も士大夫層だけが実践したのではなかった。儒教の死生観である魂魄思想を前提としたその葬礼祭祀は、不断にわたる教化によって、文字通りの形でないにせよ、その精神を生かす形で簡素化されつつ民間社会にも浸透していった［梶村秀樹　一九八二］。書院が発達し、郷約が行われたのも在地社会の儒教化に大きく力があった。さらに、中国に倣って地方官の治政心得ともいうべき官箴書（民政書）が独自に著作刊行され、地方官の朱子学的な牧民意識を涵養した。

こうした建国当初からの国家的な儒教化と民衆教化の結果、朝鮮は非常に純度の濃い儒教国家となった。ただし、朝鮮の文化が儒教一色になったというわけではない。当初政府は仏教や道教を排斥し、淫祠邪教の弾圧を行いはしたが、それらは執拗に残存し続けた。その後政府はむしろ、仏教や道教、巫堂その他の雑多な民間信仰との共存を図っていく。それらは蒙昧なものであるが、むやみに民のそうした営為を弾圧するのではなく、絶えざる教化によって徐々に徳化していけばよいというわけである。もとより中国においても儒教と儒教的でないものとの境界は不分明であり、儒・仏・道の三教合一や様々な民間信仰の存在は自明のものであった［溝口雄三　一九九〇］。儒教化というのは永続教化の過程に過ぎない。従って、それらが存在することは、朝鮮が儒教国家であることと矛盾するものでは決してなかった。それらの存在はかえって、朱子学的教養人たる士大夫＝両班《ヤンバン》が支配階層として君臨し続けるための正当性の根拠を与えるものであった。このことは儒教本家の中国にあっても何ら変わらない。儒教国家というのは本来寛容なのであって、儒教が中核文化としてあればよく、多層的文化構造をなしていた。

しかし、中央政治的には理想主義的な儒教政治とかけ離れた血なまぐさい政争が展開された。理想と現実というのはつねに乖離する。政府の主導権をめぐって、当初は建国に貢献した勲旧派が指導権を握り、新興勢力の士人を弾圧する苛酷な士禍がたびたび起こされた。そして、新興勢力が権力を握るようになると、今度は党争である。やがて党争に疲れ果てた一八世紀になった頃に出現した明君が英祖《ヨンジョ》（在位一七二四～一七七六）である。彼は蕩平政策を採用して党争を押さえ、建国当初から思想底流としてあった一君万民政治を標榜するようになる。その政治は次王となった孫の正祖《チョンジョ》（在位一七七六～一八〇〇）に継承され、彼は英祖以上に儒教的民本主義に基づく一君万民の政治を推進し、真に民本主義的な「民国」の建設に努めていく［李泰鎮　二〇〇〇］。現実はどうであれ、理想と言説の上では、朝鮮はまことに儒教理念に忠実であろうとした。

こうした「民国」の理想は、勢い人間平等観にまで発展していかざるを得ない。朝鮮開化思想の祖とされる朴珪寿《パクキュス》は、「そもそも人に孝悌忠順の徳があれば、どうして士でないことがあろうか」とし、士農工商は「業が同じでなくても道に違いはなく、名は四つに列せられてはいるけれども、実は士は一つ」であり、「それゆえその賤は匹夫よりその貴は天子に至るまで士でない者はいない」とした（「范希文請興学校清選挙」『朴珪寿全集』上）。朴は士農工商を身分ではなく職業に過ぎないとし、農工商であってもそれぞれの業を全うすることが士と同様に道を実践することであるとしている。すなわち、「孝悌忠順」の徳を読書人＝士のみに限定せず、農工商にも「孝悌忠順」の徳の所有を認めることによって、四民平等思想を朱子学の体内から探し求めたのである［趙景達　一九九五］。「天心乃人心」であることをもって万人君子化を説いた民衆宗教の東学も同様の立場である。朝鮮では陽明学が中国以上に異端視されたために、朴珪寿のように自らの思想的葛藤を通じて朱子学自体の中から独自に「満街聖人」の論理をみつけ出すか、あるいは東学のように儒教を基本に置いて仏教や道教あるいは巫俗などの土俗的な民間信仰との習合を通じて万人君子観を提示するようになった。ただ、朝鮮では抑末政策によって商業の発展が押さえられていたために、中国のようには商人の論理などから士を下層にさえ見るという平等論理は生まれ得なかった。士の絶対性は揺るぎなく、人々はあくまでもみな士でありうるという意味で平等なのである。

こうした士論の違いは、朱子学のあり方の東アジア比較を考える上で重要である。中国では民衆運動の指導者は科挙落第者の中から現れることがしばしばであったが、朝鮮では科挙及第者であるかないかを問わず、士たることを強く自認して在地社会でも徳望があり、一般に郷班といわれる在地両班が指導者になることが少なくなかった。彼らは朝鮮の名望家といえるが、中国の郷紳ほどの財力があったわけではなく、その力の源泉は儒学者としての声望と人望であり、名望家というより徳望家といった方が相応しい。植民地期には一九一三年、著名な独立運動家安昌浩によって士の復興を目指した人格修養団体である興士団が組織されたが、これは独立運動家にとって士になることが大前提とされたからである［趙景達　二〇一一］。章炳麟が革命家の道徳を論ずる際に士批判をしたのとは対照的である。また世俗内的禁欲は、もとより士を業とする朴珪寿の議論には取り立てて強く出てくるわけではないが、東学には終末思想と表裏の関係として明確に出てくる。これは清代中国において、終末の恐怖から逃れるには善行を積み重ねるしかないという信仰を説いた善書が流行した［山田賢　一九九八］のと対比できる。

一方、民国思想とも関連して儒教の普遍主義は、朝鮮でも徹底していた。やはり大同思想的な思想潮流があり、均田思想は高麗末よりあった。とりわけ朝鮮後期の、のちに実学者と呼称されるようになる思想家たちの中には、限田論を含めた均田思想が垣間見える。東学も「有無相資」を謳って富者と貧者が助け合い、共同体的なユートピアを作ることを理想としたし、甲午農民戦争の最高指導者全琫準《チョンボンジュン》も均田を主張した［趙景達　一九九八］。韓末には康有為の大同思想も朴殷植などの愛国啓蒙運動家に影響を与え、大同教が作られた。朝鮮の無政府主義や社会主義の受容もまた、大同思想が受け皿になったものであるのは間違いない。ただし、朝鮮も一君万民の理想の下、移動や土地の売買は自由であった。それゆえ、中国ほどではないが、朝鮮でも流民化現象が時に起きる。民国思想があるのならば、あってはならないはずであるが、儒教的現実はやはり理想と乖離した。

また、民国思想は軍事構想にも強い影響を与えている。朝鮮では、伝統的に軍事力増強の道は民本主義に反するものであり、軍事力は国を防御するに足る最小限度のものでよいとされた。そうした考えは近代に入ると、民本を基礎に置いて内政と教化の充実を図るという意味の「自強」思想に結びついていく［趙景達　二〇一〇］。儒教国家朝鮮では、法家をイメージさせる「富強」は本来否定されるべきものであった。そして、民は国より重いというばかりではなく、道は国よりもさらに重い。このことを端的に表現したのは開国前夜に朝鮮思想界に重きをなした衛正斥邪派の巨頭李恒老《イハンノ》であった。彼は有名な言葉を口にしている。すなわち、「西洋の乱道は最も憂うべきことだが、天地の間にあって吾東《ちょうせん》には一脈の陽気がまだある。もしこれさえ壊されるとするなら、天心はどうしてこれを耐え忍ぶことができようか。我々はまさに天地のために誓いを立て、休むことなく火を消すがごとくに、この道を明らかにしなければならない。国の存亡は第二義的なことである」（『華西集』巻一二「洋禍」第三五）といった。道のためなら国さえ亡んでもかまわないとも取れる、こうした峻厳な普遍主義の追求こそが朝鮮朱子学の特徴である。一見すると、こうした思想は国民国家に適合的でないようにみえる。だが周知のように、彼の弟子の中から多くの反日義兵将が現れ、命を賭した戦いに赴くことになる。義兵の規模は義兵将の徳望と声望の大きさにほぼ比例した。彼らにとって日本の朝鮮侵略に対する戦いは、実は小中華を護持するためであったが、しかしそうした文明的確信のゆえに、かえってその殉国も潔いものになった。

4　ベトナムの儒教化と近代

ベトナムの儒教化の時期とその進展は、ほぼ朝鮮と軌を一にしている。すなわち、長らく中国の支配下にあったベトナムは一〇世紀に中国から自立し、その後徐々に儒教化を進めていく。そして、黎朝初期の一五世紀後半、聖宗（在位一四六〇～一四九七）代になって朱子学を本格的に受容し、以後科挙官僚制を整備するとともに『文公家礼』に基づいた婚姻法や服喪制を制定していった［佐世俊久　一九九九］。しかしこの中国化は、中国からの自立を強化するためになされた「脱中国化のための中国化」であり、ベトナムの主体的選択であった［古田元夫　一九九五］。そのことを証左する国家意識が、「北国」の中国に対抗してもたれた「南国」意識である。現実には、歴代ベトナム王朝は中国と冊封＝朝貢関係を結び、その首長は中国皇帝から国王の称号を授与される存在であったが、国内的には皇帝を自称して中国皇帝と対等の立場に立とうとし、国号も大越国と自称した。そうした大国意識の表れが「南国」意識にほかならない。この意識のもと歴代ベトナム王朝は、チャンパやカンボジアなどのインド化された周辺国を「柔遠」にもとづく藩属国と見なし、実際には対等な関係（「邦交」）であるタイに対しても「柔遠」論理を適用した。こうした自尊意識は、朝鮮の小中華思想に対比される性格をもっている。黎朝は一六世紀初に莫氏に一時簒奪されるが、一六世紀末に回復する。しかし、莫氏追討に功があった鄭氏に実質的に権力を奪われ、二元体制となる。そしてさらに、阮氏が南部に台頭し、弱体化した黎朝を挟んで鄭―阮の南北抗争時代となる。この抗争に勝利したのは阮氏であり、一八〇二年に阮朝が成立した。阮朝は大越国に替わって大南国と号した。

桃木至朗によれば、ベトナムもまた一六世紀以降小農経営が一般化し、やがて小農社会になっていくという。一五世紀には均田制が実施されたのだが、一六世紀にはもはや公田制が解体し私田化が進むことによって小農層が広範に現れるようになったとする［桃木至朗　一九九七］。ベトナムでも土地売買や移動が自由になっていくのであろう。戦乱が多かったこともあろうが、流民が多く出たのは中国と同じである。しかし、それでも割り替え慣行をもつ村落共有田も広範に存在したことがベトナムの特徴のようである。いずれにせよ、黎朝期において科挙官僚制と学校制度の整備、宗族形成と家譜編纂、国家祭祀の整備と『文公家礼』の実践、郷約や文書主義の村々への浸透などの面において近世化＝東アジア化が進行した。

阮朝は、南河勢力が北河勢力を併合するという形で成立したが、本来儒教化は北部の方が進んでいた。そこで阮朝は北河を模範として、それ以上の儒教化を目指すことになる。実は、科挙は南北対立のために一六世紀の中頃に廃されていたが、阮朝はこれを復活させ、その第一歩とした。そして、明清に倣った官僚制度を採用し、内閣・機密院・六部からなる中央機関を整備するとともに、地方制度も全国を三〇省に分けて総督や巡撫を派遣し、省の下には県・府を置いた。また、首都フエには国子監を置いて儒教教育を行い、地方にも官学を設置した。村々にも私塾（寺子屋のようなもので日本の私塾とは違う）があった。国家祭祀は阮朝において最も整備され、儒教の礼に準拠した祭祀が行われたが、祭祀は郡県や村落までも国家が管掌するものであり、その集権化は徹底していた［井上智勝　二〇一五］。全国住民は一律に均質に扱われたわけではないが、支配層の創出に関しては「南北一家」を掲げ、科挙を通じて南北平等に官僚層が輩出された［島尾稔　二〇〇一］。科挙はフランス統治下においても継続し、実に一九一九年まで行われている。

こうした官人エリートの創出の一方で、在地社会には文紳・士夫・紳豪人士などと呼ばれた読書人層が名望家層として存在していた。官人エリートは科挙の進士・挙人資格をもつ者からなっていたが、在地社会では挙人の次点である秀才が文紳として重要な役割を果たした。私塾の教師は大抵彼らが務め、彼らはまた、中央から派遣された地方官僚と農民をつなぐ中核ともなっていた［近田政博　二〇〇一］。彼らこそが文書主義の担い手であり、儒教化の中心人物であったということである。郷約も彼らによって行われた。文紳層の役割は朝鮮の在地両班＝郷班と類似しており、民衆教化の先頭に立っていた。しかし、ベトナムでは書院が発達せず、代わりに村々には斯文会があり、文紳はここを基盤に村の生活や文化に基づいて郷約を作り実践した［ウッドサイド　二〇一三］。坪井善明によれば、支配層は儒教化されても、民衆の大部分は東南アジア的な生活様式で生活していたという［坪井善明　一九九〇］。「王法は村落の秩序には及ばない」といわれ、ベトナムの村落は「強い自立性のある自治村落」としてあった。また宗教も、現世利益的観点から仏教や道教やその他雑多な宗教を信仰する混淆的なものであった。こうした状況は、儒教化の不徹底を意味するようにも思われるが、すでに述べたように多層文化的状況は永続教化を標榜する儒教国家にあっては自然なことであった。しかし坪井は、儒教化された北部に対してインド化が容易に溶解しない南部を対比している。阮朝の努力にもかかわらず、全土の儒教化はなお途上であったということか。

また坪井は、印刷術や書籍流通が不十分であったために、独自な儒教思想が育まれにくかったという点も指摘している。ベトナムの在地支配者は経済的基盤が脆弱で、文集や地方志を編む力がなく、また『文公家礼』などの形式や実用的なものばかりが重んじられたために、儒教理解が浅かったという指摘もある［八尾隆生　二〇〇一］。これは、中国や朝鮮との大きな違いである。あとで見るように、日本とも大きく違っている。だとすれば、果たして独自な士論が展開されたのか、疑問ではある。しかし坪井は、孝や義が忠より尊重される傾向があったとしている。これは儒教の本来的、普遍的姿であり、中国や朝鮮も同様である。フランスに対して行われた文紳たちの義兵運動＝勤王運動はベトナムの義意識をよく示しており、朝鮮の義兵運動に比定することができる。また、文紳は往々にして民衆運動の指導者になったが、これも朝鮮の郷班の位相とよく似ている。さらに、ホー・チ・ミンの共産主義も大同主義を受け皿として理解されたものであり、中国や朝鮮と同様である。総じてベトナムの儒教化は、朝鮮ほどではないが、日本よりは進行していたという印象がある。

5　日本の儒教化と近代

日本の儒教化は、朝鮮やベトナムに比して大幅に遅れた。儒教や朱子学に帰依する学者が出現しはしたが、近世初期、朱子学どころか儒教そのものが幕府の体制教学にはなっていなかった。林羅山が家康に仕えたといっても、林家は一貫して幕政に預かれるような存在ではなかった［渡辺浩　一九八五］。家康が朱子学に感化されていないことは、元和元年の武家諸法度（一六一五）に「法はこれ礼節の本なり。法を以て理を破り、理を以て法を破らざれ。法に背くの類い、その科軽《とが》からず」と宣言されていることに明らかである。将軍の絶対性は天命に基づく自然なものではなく、軍事力による全国制覇によって担保されたものである以上、文明の体現者としての帝王という正当化の論理をもたないのであった。それゆえ、「武威」と「御威光」が徳川の平和を維持するための絶対的装置となり、天理に基づく礼教による支配はなされることがなかった。渡辺浩は、そこでは「見事に純粋化された儀式、ただ将軍への臣従を丁重に確認する象徴としての行為」が求められるのみであり、「儀礼国家」と呼ぶに相応しいと述べている［渡辺浩　一九九七　三四頁］。「武威」と「御威光」が失墜すれば、公儀は大きく揺れ動くしかなく、それゆえにどのような些細な儀礼も疎かにすることができなかった。そして、密偵と相互監視のシステムが異常に発達し、人々は移動の自由や土地売買を制限され、その生活や文化も微細に定型化された。また、社会のあらゆる部面を格式が支配し、しかも幕府と諸藩の行政機構は、瞬時に軍事組織に転化しうるような準戦時動員体制として仕組まれていた。このことをもって、幕藩制国家を先駆的に兵営国家と名付けたのは丸山真男である［丸山真男　一九五九］。兵営国家論は政治史研究の高木昭作に継承され［高木昭作　一九九〇］、さらには思想史研究の前田勉に継承されて現在に至っている。前田は、「「武国」日本は東アジア世界が共有していた普遍的な「礼教」にもとづくものではなく、戦時の軍隊の統制法である「軍法」によって維持されていた軍事国家であった」とし、「武国」の根拠は記紀神話に求められたとしている［前田勉　二〇〇六　一〇九頁］。ミシェル・フーコーは近代に規律社会の特質を見たが、しかし近世日本はすでに高度な規律国家を実現していた。

このことと関連して、日本の儒教は民本主義と放伐論という点においても、中国や朝鮮とは様相が異なっている。高木は、国家全体が非戦闘員を含め国役を通じて軍隊組織に編成されている体制として幕藩体制を捉えたが、渡辺はそうした体制をもって「家職国家」と捉えた。この体制下にあっては、士農工商を問わず「万人がその家業において「役人」なのであり、「民の生活よりは、体制の維持自体が目的」とされる。徂徠学はその典型であり、安民よりは治世や治国が優先され、「徳川日本の政治学」であった［渡辺浩　一九八五　一五四〜一五五頁］。渡辺は、こうした側面を明君の誉れ高い上杉鷹山にさえ見出し、鷹山にあっては「「安民」も「人民のため」も、実は「国家」のため、先祖から受け継いだ御家のため」であったとしている［渡辺浩　二〇一〇　一〇九頁］。また朱子学の山崎闇斎は、孔子と孟子が日本に攻めてきたならば、これを虜にして国恩に報ずるのが「孔孟の道」だといったとされる（『先哲

叢談』巻之三）が、これは朝鮮の先に紹介した李恒老とはあまりに対照的である。両者の違いは二〇世紀初頭の朝鮮でも知られていた事実であり、闇斎の言は朝鮮で衝撃的に受け止められた（「今日宗教家에게 要하는바」『大韓毎日申報』一九〇九・一〇・二八）。民本主義の脆弱性は放伐論への反発とも関連するが、近世日本では孝よりも忠の方が絶対化されていたことは周知の事実に属する。儒教では本来忠は孝のアナロジーとして説明されるが、近世日本ではそれは逆転し、忠が孝より優先されている。将軍―大名（旗本）―武士というヒエラルキックなイエ連合的性格をもつ幕藩体制のしからしむるところである。溝口雄三は中国思想史の立場から、日本では民本主義は易姓革命抜きの「慈民思想」でしかなく、「公天下主義」や「民の正当な叛乱」への恐怖――すなわち民の立場に立つこと――がなかったとしている［溝口雄三　一九九〇　一〇頁］。

しかしながら近世後期、とりわけ一七九〇年の寛政異学の禁によって、幕府が朱子学を正学とし、その他を異学として以降、様相がやや変わってくる。多くあった陽明学や徂徠学の私塾は打撃を蒙った。その代わりに林家の家塾である昌平黌が幕府直轄の学問所となり、陪臣や浪人などにも開放され、庶民教化の場にもなっていく。そして、各藩も競って藩校を設立するようになる。朱子学はようやくにして正統的教学の地位を得たのである。幕藩制固有の家世襲制の下では科挙を実施することはできなかったが、学問吟味を行うようになり、学問による人材登用が一部行われるようになった。だがそれでも、『文公家礼』が一般化することはなかった。一部の儒者がそれに真剣に向き合った事実はあった［田世民　二〇一二］にせよ、ついにそれが果たされなかったということは、何を意味するであろうか。儒教は本来死生観にまつわる宗教性をもつ［加地伸介　一九九〇］が、日本ではそれは換骨奪胎され、道徳臭を帯びた学問＝政治学として受容されたということである。宗教性をともなわないがゆえに、儒教の内面化という点で日本はやはり異質性を帯びており、儒教国家とはいいがたい。他の三国では、儒教は国家存立の原理（目的）であったが、日本では国家統治の手段であったのではないか、ということである。

もっとも、政治学であるにせよ、そこに普遍主義が立ち上がる可能性はあった。荻生茂博は、学問吟味によって登用された幕末官学派の外交担当者などに、近世初期藤原惺窩以来の「個別の国家・制度を越えた「理」にもとづく普遍主義の伝統」があったことを突き止めている［荻生茂博　二〇〇八］。すなわち、義を掲げて来航した異国船を打ち払った幕府の行為を、「無法」とか「異国接待の礼」を欠くものとしてかえって批判したり、あるいは民苦を招くという観点から異国船出没への軍事動員に異を唱える議論があったというのである。ただし、そうした議論が否定されてしまうのはいうまでもない。普遍主義の流れはか細いものであり、やはり朝鮮とは対照的で、軍事への関心は朱子学者といえども強いものがあった。植手通有は、幕末維新期の蘭学者・洋学者が朱子学的知識によって西欧文明を理解し翻訳したことに着目しつつ、明六社の知識人たちなどは、福沢諭吉を含めその多くが朱子学から兵学へ関心を移し、さらに蘭学・洋学へと進んだことに注意を喚起している［植手通有　一九七四］。

幕末において最も普遍主義的な議論をなした人物として横井小楠が知られているが、朝鮮朱子学の薫陶を受けた小楠でさえ、朝鮮の普遍主義とは大分違っていたことに留意すべきである［趙景達　一九九五・一九九七］。まずその士論＝身分観は、「士農工商及医甚職異なりといへ共苟も道を学ぶ者は皆士なり。士にして志家職にあり、士と云べけんや。家職を卑として勉めざるは分を知らざるなり」（「内藤泰吉に告ぐる語」『横井小楠関係史料』二、一九三八）という認識であった。学問をするかどうかが士とそれ以外の違いだとされ、しかも「分」の思想さえ唱えられている。小楠は他方で、「忠孝を竭すべきは人の人たる道なる事を知るは固有の天性にして教を待て知るに非ず」（「国是三論」〈士道〉同上一）と述べ、人間における忠孝実践の「道なる事を知る」徳の本来的所有を認めているが、しかし「士として武道に闇らく下を治るの職分を盡す事能はずんば農夫にだも劣りて、豈武士と称する事を得んや」ともい い（同上）、武士であることと治者であることが士であるという現実を、決して疑うことがなかった。そこには幕藩制的な士農工商観がなお引きずられていた。これは、「孝悌忠順」の徳は学問に関係なく四民すべてが平等に具有し、それぞれの業を全うすることが道であるとした朴珪寿などの朝鮮朱子学の方向性とは違っているし、章炳麟の士批判の論理とも違っている。日本では、武士が民衆運動の指導者になるというのは大塩平八郎の乱くらいが目立つだけで、近代になっても新政反対一揆と士族の反乱が結びつくことは最後までなかった。日本における士の位相は、東アジア四国の中では民衆から最も遠いように思われる。

また小楠は、よく知られているように「仁義の国」であることを前提に「富国強兵」を唱え、「一大強国」を目指して世界の世話役になるべきことを説いたが、朝鮮においては、こうした考えは民本に反するものである。さらに小楠は、日本は「天地中を得て物足り人蕃《しげ》」り、「山海風濤の険あり」て「万国を雄視すること二千年」であるが、それは「天の我が邦にひとり之を厚くする者存する」からであるとも述べている（「読鎖国論」同上二）が、ここには選民意識ならぬ選国意識のようなものがある。儒教的理想主義者としての小楠に対する過大な評価は、一国史的になされたものでしかないのではないか。

日本における普遍主義の希薄性は、大同思想が現れてこないことからも明かである。大同思想を提唱した人物や、それに影響を受けた運動など、果たしてあったのであろうか。安藤昌益の「自然世」は「大同世」を彷彿とさせるが、しかし反儒教的文脈から出ており、またあまりに孤立的な思想であった。日本にユートピア思想が希薄であったことは、丸山真男や安丸良夫も指摘するところである［安丸良夫　一九七四］［丸山真男　一九八二］。近世日本では、均田思想にしても容易に出てこなかった。土地均分は幕末維新期、在地支配層の恐怖から発生した風聞や、それにまつわっての支配の文脈から出てくる事例がわずかにありはしたが、農民的立場に立った議論はついに出てくることがなかった［三澤純　二〇〇〇］。たとえ日本に普遍主義の伝統があったにせよ、それは東アジア史的な文脈の中で比較検証されてしかるべきであろう。

おわりに

以上のように、東アジア四国の儒教のあり方は一様ではない。忠孝観念はもとより、儒教の宗教性、民衆教化の程度に至るまで違いがある。正直なところ、ベトナムについては編者の能力不足で分からないことが多い。中国や日本についてもそうなのだが、序論を書くべき責があるため、言及するのやむなきに至った。専門研究者のご批正を待ちたいが、いずれにせよ儒教と近代という問題を考える場合、平等主義と平均主義の実現というのは、重要な視点ではないかと思う。本来儒教なかんずく朱子学というのは、一君万民と民本主義を標榜するがゆえに、本来的に自由主義の契機も孕みながら、平等主義と平均主義の方向に進んでいくのではないか。長期の時間がかかったとはいえ、誰もが士になりうるという思想的地平が切り開かれ、大同思想も生き続けて無政府主義や社会主義を受容する受け皿になった。朱子学では本来、身分や貧富の格差などあってはならないのであるが、ある意味では礼秩序を重んじる儒教本体の中に自己を否定する契機があったともいえる。

思えば、朝鮮・中国・ベトナムはみな資本主義と社会主義の分断国家を経験している。これは、これら三国が植民地ないし半植民地であったことと密接な関係があり、また最終的には冷戦によってもたらされた現実でしかない、と見ることは容易い。しかし、その内在的な深奥の論理には儒教的エートスがあるのではないであろうか。資本主義というのは自由主義と平等主義（身分制がないということ）を前提とし、社会主義というのは平等主義と平均主義を前提とする。そうした倫理性が儒教には何らかあり、そのエートスゆえに両極分解していったのだと見ることも可能なように思われる。

しかし日本は、そうはならなかった。近代日本では、資本主義化したがゆえに自由主義にはなったが、平等主義も平均主義も強くなかった。士の論理を無条件で農工商に及ぼすという思想形成は横井小楠でさえ果たしていない。もとより大同思想も希薄であった。一君万民は明治維新後に初めて志向されたが、しかし一八七二年に実施された壬申戸籍は、華族・士族・平民の別を記したものであった。それは身分制の再編成であり、日本特有の近代的身分制の創出であったといえるかも知れない。このように見てくると、日本だけを儒教の異端にするのか、という声が聞こえてきそうだが、そのことの検証も反証もいつに東アジア史的な視角をもつかどうかにかかっている。

かつて津田左右吉は、中国文化と日本文化はまるで別物であり、それを混同して「東洋文化といふ空虚な観念」をもつことを戒め、儒教はどこまでも「シナ思想」であり、日本人の生活に入り込まなかったし、「儒教の政治思想もまた日本人の政治の実際には殆ど影響を与えていない」とした［津田左右吉　一九三八　九九・一〇一頁］。日中戦争期に書かれたもので、いささか日本主義的かつエキセントリックに書かれているが、津田は戦後もその見解を変えることなく、「はじめに」だけを変えて本論はそのままに刊行している。こうした議論はその後も絶えることなく、現在においても執拗に再生産されている。しかしいまや、かつて中国発の東アジア化という現象が日本に及んでいたことを否定することは到底できない。ただ、東アジア化の内容と東アジア諸国家間の差異性は、しっかりと検証されなければならず、この作業は近年ようやく始まったばかりである。

最後に本書のタイトル・構成に関わって、政治思想と政治文化について簡単に論じておきたい。政治文化というのは大きな概念であり、本来なら政治思想もまたここに含まれてしかるべきである。しかし編者は、これまでもいくつかの機会で述べてきたように、政治文化を三層からなるものとして考えている。すなわち、第一層―原理（体制の政治理念・政治思想など）、第二層―現実・現象（収税慣習・官民関係・選挙慣行・運動作法・願望・迷信など）、第三層―表象（旗幟・標識・言葉・服制・儀礼・祝祭など）である。第一層の原理はあくまでも理想であって、それが第二層の現実や現象をそのまま規定するわけではない。民主主義を標榜しながら民主主義的でない国はいくらでもある。

前近代社会では、政教未分離の下、儒教・仏教・キリスト教・イスラム教などに基づく政治思想を原理とした国が数多あったが、その政治世界や民衆世界の様相は、理想主義的な政治思想がそのまま反映されたものでは決してあり得ない。現実はかえってそれと真逆で、不正や不法、不平等や不条理がまかり通り、時に腐敗するにまで至る。儒教国家では、法治よりも教化が優先されたがゆえに法規が弛緩し、それは賄賂や不正の温床となった。また、儒教以外の民間信仰や迷信も根強かった。しかし、原理的な政治思想に規定された理念は支配する側と支配される側に共有され、何らかの合意のシステムが社会的に形成されているのが一般である。徳治観念の存在と、不確かではあるが時になされるその実行は、人々にそれなりに相応の満足を与えるものであった。異議申し立てというのはそうした社会的合意のシステムが毀損されたときに起こる不満の表出であり、一揆や反乱というのはそれが重大な危機に瀕したり破綻したりしたときに起こる不満の爆発である。そして、そうした不満の示し方にもある種の合意されたルールが存在し、事態がルール通りに進行しない場合にはもはや革命となる。従って、第一層によって規定される第三層は、第一層が変質したときには新たな表象が立ち現れ、それがいつしか伝統として観念される。政治文化とはこうした原理・現象・表象の一切をいう。本書はこのような政治文化の理解に基づいて構成されたものだが、残念ながら第三層については論究することができず、第一層と第二層に限定されたので、政治思想と政治文化に分け二部構成としてある。

儒教の政治思想や政治文化は、近代移行期を含め近代に入って、いかに存在していたものがいかに変容していくのか。そして、とりわけ民衆世界の現実はどのようなものであり、どのように近代と向き合ったのか。本書の課題はまさにこのことを東アジア史的に解き明かすことにある。

参考文献

井上智勝　二〇一五「近世日越国家祭祀比較考―中華帝国の東縁と南縁から「近世化」を考える」（清水光明編『「近世化」論と日本』勉誠出版）
ウェーバー、マックス（木全徳雄訳）　一九七一『儒教と道教』創文社
植手通有　一九七四『日本近代思想の形成』岩波書店
ウッドサイド、アレクサンダー（秦玲子・古田元夫監訳）　二〇一三『ロスト・モダニティーズ―中国・ベトナム・朝鮮の科挙官僚制と現代世界』NTT出版
荻生茂博　二〇〇八『近代・アジア・陽明学』ぺりかん社
加地伸介　一九九〇『儒教とは何か』中央公論社
梶村秀樹　一九八二『朝鮮史の枠組と思想』研文出版、第二章
岸本美緒　二〇一一「東アジア史の「パラダイム転換」をめぐって」（『「韓国併合」一〇〇年を問う』岩波書店）
佐世俊久　一九九九「ベトナム黎朝前期における儒教の受容について」（『広島東洋史学報』四）
佐藤慎一　一九九六『近代中国の知識人と文明』東京大学出版会
清水光明編　二〇一五『「近世化」論と日本』勉誠出版
島尾　稔　二〇〇一「阮朝―「南北一家」の形成と相克」（『岩波講座』東南アジア史』）
高木昭作　一九九〇『日本近世国家史の研究』岩波書店
近田政博　二〇〇一「阮朝期ベトナムにおける儒教教育―中華教育モデルの受容と変容」（『大学史研究』一七）
津田左右吉　一九三八『シナ思想と日本』岩波書店
趙　景　達　一九九五「朝鮮における実学から開化への思想的転回―朴珪寿を中心に」（『歴史学研究』六七八）
趙　景　達　一九九七「近代日本における道義と国家」（中村政則ほか『歴史と真実』筑摩書房）
趙　景　達　一九九八『異端の民衆反乱―東学と甲午農民戦争』岩波書店
趙　景　達　二〇〇七「日本／朝鮮におけるアジア主義の相克」（『情況』第三期第八巻第二号）
趙　景　達　二〇〇九「政治文化の変容と民衆運動―朝鮮民衆運動史研究の立場から」（『歴史学研究』八五九）
趙　景　達　二〇一〇「朝鮮の国民国家構想と民本主義の伝統」（久留島浩・趙景達編『国民国家の比較史』有志舎）

趙 景 達　二〇一一「朝鮮の士と民」（大橋幸泰・深谷克己編『〈江戸〉の人と身分』六、吉川弘文館）
趙景達・須田努　二〇一一『比較史的にみた近世日本―「東アジア化」をめぐって』東京堂出版
坪井善明　一九九〇「ヴェトナムにおける儒教」（『思想』七九二）
田 世 民　二〇一二『近世日本における儒礼受容の研究』ぺりかん社
ドバリー、Wm・T　一九八七『朱子学と自由の伝統』平凡社
浜下武志　一九九〇『近代中国の国際的契機』東京大学出版会
平石直昭　一九八七「戦中・戦後徂徠論批判」（『社会科学研究』三九―一、東京大学社会科学研究所）
深谷克己　二〇一二『東アジア法文明圏の中の日本史』岩波書店
深谷克己　二〇一五『民間社会の天と神仏』敬文社
古田元夫　一九九五『ベトナムの世界史』東京大学出版会
前田　勉　二〇〇六『兵学と朱子学・蘭学・国学』平凡社
丸山真男　一九五二『日本政治思想史研究』東京大学出版会
丸山真男　一九五九「開国」（『講座現代倫理』筑摩書房）
丸山真男　一九八二「近代日本の知識人」（『後衛の位置から』未来社）
溝口雄三　一九八〇『中国前近代思想の屈折と展開』東京大学出版会
溝口雄三　一九九〇「中国儒教の一〇のアスペクト」（『思想』七九二）
溝口雄三ほか編　一九八七『儒教史』山川出版社
三澤　純　二〇〇〇「〈土地均分〉と民衆」（藪田貫編『民衆運動史』三、青木書店）
宮嶋博史　一九九四「東アジア小農社会の形成」（溝口雄三・宮嶋博史他編『アジアから考える』六、東京大学出版会）
宮嶋博史　二〇〇四「東アジアにおける近代化、植民地化をどうとらえるか」（宮嶋博史ほか編『植民地近代の視座』岩波書店）
宮嶋博史　二〇〇六「東アジア世界における日本の「近世化」―日本史研究批判」（『歴史学研究』八二一）
宮嶋博史　二〇一〇「儒教的近代としての東アジア「近世」」（『岩波講座　東アジア近現代通史』）
桃木至朗　一九九七「周辺の明清時代史―ベトナム経済史の場合」（森正夫ほか編『明清時代史の基本問題』汲古書院）
山田　賢　一九九八「世界の破滅とその救済―清末の『救劫の善書』について」（『史朋』三〇）

八尾隆生　二〇〇一「山の民と平野の民の形成史―一五世紀のベトナム」(『岩波講座　東南アジア史』第三巻)
安丸良夫　一九七四『日本の近代化と民衆運動』青木書店
余　英　時(森紀子訳)　一九九一『中国近世の宗教倫理と商人精神』平凡社
與那覇潤　二〇一一『中国化する日本―日中「文明の衝突」一千年』文藝春秋
李　泰　鎮(六反田豊訳)　二〇〇〇『朝鮮王朝社会と儒教』法政大学出版局、第一四章
渡辺　浩　一九八五『近世日本と宋学』東京大学出版会
渡辺　浩　一九九七『東アジアの王権と思想』東京大学出版会
渡辺　浩　二〇一〇『日本政治思想史』東京大学出版会

第一部　儒教的政治思想の近代的転回

一　一九世紀朝鮮における対西洋認識と洋擾期の朴珪寿

——対アメリカ交渉を中心に——

久留島　哲

はじめに

一九世紀中盤から後半にかけて、東アジア各国は、対外的には、新たに東アジア地域へ進出してきた欧米諸国との摩擦や交渉、そして開港という転機を迎え、同時に伝統的東アジア国際関係の変容を経験することになった。また対内的には、既存の社会状況と秩序や制度との乖離が顕著となり、各国内部においても、新たな体制や社会を模索する動きがより明確になってくる。この「内憂外患」状況の中、東アジア地域がどのように近代期へと移行していくのか、その複線的な道筋を探りつつ、全体像を描く必要があると考える。近代東アジアの歩みを総体的に捉えるためには、この時期の東アジア各国の歩みの独自性と共通性を検討していかなければならないが、本稿では、一九世紀朝鮮の対外関係とその変容過程の一端を探ることで、この試みに関して、ささやかながら寄与したい。

一九世紀朝鮮王朝の対外関係とその変容過程を考えるために、本稿で特に注目するのが、瓛齋朴珪寿《バクキュス》（一八〇七〜

一八七七年）の思想と行動である。朝鮮王朝中枢部で高位官僚の任に就いた朴珪寿は、当該期の一連の政策を主導した人物の一人であり、またその思想的影響力は、後述するように、先行研究においても注目されてきた。朴珪寿が関わった当該期の事件を具体的に挙げれば、まず内政面では、一八六二年に発生した晋州民乱に際して、按覈使（地方での重大事件を調査するための臨時官職）として現地に派遣され、その収拾に当たりつつ、当時の三政（田政・軍政・還政）の紊乱に対する対応策を王朝中央にも建議したことが知られている。また外交面では、一八六六年丙寅洋擾において、平安道観察使（道の長官）として大同江を遡行してきたアメリカ船ジェネラル・シャーマン号への対応・迎撃の指揮を取った。一八七一年に発生した辛未洋擾においても、対応策を策定し、アメリカ側との交渉を含めた外交文書を起草している。その後、明治新政府と朝鮮王朝間の書契問題や一八七五年の雲揚号事件、一八七六年日朝修好条規の締結といった、一八七〇年代の一連の対日本折衝において、日本との「復交」を主張して、興宣大院君と論争を行っている。

官僚としての側面だけではなく、朴珪寿が一八世紀実学思想（北学派）の代表的人物として名高い朴趾源《パクチウォン》（一七三七～一八〇五年）の孫であり、その学問的思想的系譜を引き継いでいること、さらに、後に開化派官僚として活躍する金玉均《キムオッキュン》、朴泳孝《パクヨンヒョ》、兪吉濬《ユギルチュン》、金允植《キムユンシク》などの門人に思想的影響を与えたことも、既存の研究では指摘されている。

以上から、朴珪寿は当該期の朝鮮における「内憂外患」状況を直接現場で見聞きし、なおかつ、その対応を主導した人物の一人であり、一九世紀朝鮮対内・対外関係の変容過程を考える上で、彼の思想や行動を分析することは非常に重要であると言える。本稿では、丙寅・辛未洋擾期における対アメリカ交渉において、朴珪寿がどのようなアメリカ（西洋）認識・自国認識に基づき、どのように当該期朝鮮王朝の対外政策を構想したのかを中心的に分析する。

1　先行研究概観と問題の所在

従来の研究においては、一九世紀朝鮮を前近代（封建社会）から近代へと不可避に移行する時期として把握し、その潮流の中に朴珪寿をどのように位置づけ、彼の認識や思想の「画期性」と「限界性」をどのように把握していくか、という作業に主に注力していたと言える。

朴珪寿の思想を評価する上で、大きな影響を与えた姜在彦の研究［姜在彦　一九八〇］では、朝鮮時代の実学思想から開化思想への転回を探り、開化思想を朝鮮における近代思想の源流として位置付けた上で、実学思想から開化思想に至る「結節点」として朴珪寿を評価した。

一方で、一八六〇年代〜七〇年代の政治・国際情勢に沿った朴珪寿の具体的な思想的営為を分析したのが、原田環の一連の研究［原田環　一九七八・一九七九a・一九七九b］である。[*1] 原田は、朴珪寿の政治思想や対外認識（対西洋・対日本）について、洋擾や対日交渉などの具体的な場面において朴珪寿がどのような認識を持っていたのかを考察し、丙寅・辛未洋擾期の朴珪寿の思想における「夷狄観の転回」に注目した（後述）。

これ以後も、より綿密に朴珪寿の思想的位置付けや実学思想からの継承と発展、思想形成の段階的過程を探る研究がなされてきた。李完宰は朴珪寿を初期開化派として把握し、彼の開放的国際観の意義に注目すると同時に、その限界性（国際・国内状況の変化による有効性の喪失）を指摘した［李完宰　一九八九・一九九九］。孫炯富は、実学思想から朴珪寿が継承した要素と、一八四〇〜五〇年代にかけて形成される彼の西洋論・海防論を検討した上で、朴珪寿の対アメリカ開国論の成立を論じた［孫炯富　一九九七］。金文子は、朴珪寿の世界認識を検討して、実学思想の継承だけではなく、朴珪寿の復古的華夷観にも注目する［金文子　一九八〇］。尹素英は、朴珪寿をはじめとする朝鮮の官僚が抱いた対外的危機意識に注目し、その具体的変遷と対アメリカ開国論の成立との相互関係を論じた［尹素英　一九九五］。

以上の先行研究において、特に思想史研究では、前近代朝鮮の思想の内から「近代思想」につながる萌芽・源流を探し出そうとする内在的発展論的視角からのアプローチが主流であった。しかし、こうしたアプローチに関する方法論的批判が一九八〇年代半ばから登場してくる。趙景達は、姜在彦の思想史研究が陥る方法論的アポリアを指摘し、開化派の思想に内在する儒教的王道論とそれに基づく小国主義路線が存在したことに注目した［趙景達　一九八五］。さらに趙は、朴珪寿の思想をその原型と評価し、朴珪寿の自強策を同時期日本の思想家横井小楠（一八〇九～一八六九年）の富国強兵策と比較した上で、その独自性と意義、さらには実学思想からの転回を見出した［趙景達　一九九五］。

趙とは視点が異なるが、山内弘一も既存の朴珪寿研究の枠組みに根本的な疑問を投げかけている［山内弘一　一九九五］。山内は、研究者が普遍的とみなす近代的価値観を過去の人物やその思想に投影させることの問題性に警鐘を鳴らし、朴珪寿の自国認識（「礼義之邦」）と華夷観の「微妙さ」を把握するためには、朴珪寿の生きた時代状況や学問的環境を踏まえて彼の思想や学問を位置づけるべきだと指摘した。

趙や山内が指摘するように、朴珪寿の思想にどれだけ「近代的」（つまり西欧近代思想に通じる）要素があったのかを抽出すること、つまり、西欧近代を基準にして朴珪寿の思想を評価することは、方法論的に多分に問題がある。さらに、朴珪寿の思想における「近代性」を評価することは、同時に、朴珪寿が持つ小中華思想や対中認識について、彼が伝統的東アジア国際観から脱却できなかった「限界性」であるという評価と表裏一体でもある。

筆者は、朴珪寿の対外認識に焦点を当てて再検討していくが、そこから近代国際認識につながるような何かしらの「近代」的要素を抽出するような方法は用いない。それ以前の朝鮮の伝統的対外政策や認識とは異なる朴珪寿の対外認識の画期的な点については、依然として再検討する余地があると考えるが、朝鮮の伝統的対外認識と朴珪寿の対外認識との距離、言い換えれば、連続面と断絶面を考察する必要があるだろう。[*2]

本稿では、対アメリカ交渉過程における朴珪寿の認識や論理を再検討し、その画期（「夷狄観の転回」）の有無も含めて、一九世紀朝鮮の対外認識の変容の中で位置づけてみたい。その際にまず、洋擾以前の朝鮮王朝の対外政策、つまり朴珪寿が直接関与する時期以前の朝鮮王朝の西洋船対応策を中心的に検討し、連続面から朝鮮の伝統的対外認識・政策と朴珪寿の認識との距離を把握してみる。

2　一八三〇年代～五〇年代における西洋船来航と朝鮮王朝の対応

本節では、一八六〇年代以前の朝鮮王朝の対外政策について、来航西洋船に対する朝鮮王朝の対応策を中心に検討する。朴珪寿が直接対応に当たった洋擾期（一八六〇～七〇年代）になって初めて西洋船が朝鮮に来航したわけではなく、すでに一八世紀末から一九世紀半ばにかけて朝鮮近海に西洋船が出没し始め、第一次アヘン戦争勃発以後の一八四〇年代には、開港した中国の上海などを出航して、朝鮮へ来航する西洋船が急増した。来航目的は、通商要求や朝鮮王朝のキリスト教弾圧策への抗議など様々だが、偶発的に朝鮮近海で遭難して漂着する西洋船の事例も確認できる。前述したように、この時期の朝鮮王朝の西洋船対応策に朴珪寿は直接関与していないが、洋擾における朴珪寿の認識や対応の独自性を検討するためには、その洋擾時の対応の先例となった一八三〇年代～五〇年代の西洋船対応策と認識を再確認しておく必要がある。[*3] なお、以後本文・脚注中の日付はすべて陰暦によって表記する。

(1) 一八六六年以前の対西洋交渉――イギリス・フランス船の事例――

まず、一八三二年（純祖三二年）のイギリス船ロード・アマースト号[4]来航時の対応をみてみよう。この事例は、朝鮮王朝がイギリスから通商開始のための交渉を初めて要求された事件[5]であるが、この時の朝鮮側の対応は、アマースト号側から渡された書簡と礼物（「奏文礼物」）を返却し交渉を一切拒否するというものであった。この一連の交渉経緯はすでに先行研究でも言及されているが、朝鮮側が拒否を決めた理由としては、非常に遠方の国である英国の意図が測りがたいこと、そして、清朝の許可なく他国と私的交際（「奏文礼物」の受取）はできない、というものであった（『日省録』純祖三二年七月九日条）。

この事件以後、西洋諸国から交渉を求められた際、朝鮮側は、清朝の藩国として私交はできないという拒否姿勢を取るようになるが、この事件で注目したいのは、遠方から朝鮮へ来航したイギリス船に対して、食糧を供給するなどの丁重な応接を行い「柔遠之意」を示すよう、王朝中央が地方官に命じている点である。「柔遠」とは、『書経』「虞書」〈舜典〉にみえる「柔遠能邇」（遠きを柔《やわ》らげ邇《ちか》きを能《よ》くす）という成句などに典拠を持つ語句であり、王者の徳によって「夷狄」を和らげて懐かせるという意味である。通商をめぐる交渉を一切拒否する一方で、遠くから来た「夷狄」としてイギリス人たちを丁重に遇し帰還させるという対応を朝鮮側が取っていることに注意したい。

次に西洋諸国が朝鮮に交渉を求めた事例は、一八四六年フランス船の来航[6]である。一八四六年に来航したフランス船側は、一八三九年のキリスト教弾圧（己亥邪獄）においてフランス人神父三人が朝鮮王朝によって処刑されたことに対してその責任を問う問罪状を王朝へ送付する。この門罪状の中でフランス側は、漢人・満州人・日本人が朝鮮（史料では「高麗」）に入境しても害を加えず本国へ送り返すのに、フランス人神父は処刑したことを難詰した上で、この件に関して朝鮮側の回答を得るために翌年の再来航を予告した（『日省録』憲宗一二年七月三日条）。

この門罪状に関して、当時の朝鮮国王憲宗と領議政権敦仁《コンドニン》の議論を確認してみよう（『日省録』憲宗一二年七月一五日条)。権敦仁は、フランスの問罪状に記されていた再来航の予告について、憂慮する必要がないと述べ、朝鮮側の反論の正当性に自信を示している。すなわち、朝鮮に来た他国人は優待しているのにフランス人だけ誅殺したことを非難するフランス側に対して、権敦仁は、他国人の密入国者(「潜越者」)には必ず厳罰を施しており、「漂到者」とは場合が異なると述べる。この権敦仁の言からみれば、他意なく朝鮮に来た他国人(「漂到者」)は誰であれ保護して送還するという原則が、朝鮮王朝内部でも確かに認識されていたと言える。

この翌年の一八四七年、前年の問罪状の回答を求めて予告通りフランス船が再度来航した。[*7] しかし、この時に来航したフランス船グロリア号ら二隻は、全羅道古群山沖で難破してしまい、回答を受け取るどころか、逆に朝鮮王朝から食料や燃料の支援を受けてマカオに引き返す結果となる。この時、朝鮮王朝はフランス船側を漂着民として保護して帰還を支援したが、その際に朝鮮王朝内部で言及されたのが「柔遠之義」という名分であった。難破して海岸に漂着したフランス船船員らが「米穀」を求めたという報告を受けた全羅道観察使は、王朝中央への状啓において「慰遠之義」という名分に言及して保護の妥当性を述べている(『日省録』憲宗一三年七月九日条)。そして、こうした遭難状況に関する報告を受けた備辺司は、「柔遠之義」に沿って、朝鮮側が船を貸し帰還させることを王に啓言して、許可された(『日省録』憲宗一三年七月一三日条)。

食糧や帰還の支援以外に、遭難したフランス船側は書簡を渡して前年の問罪状への回答を求めたが、これに対して朝鮮側は、「人臣無外交之義」に沿って書簡の受領や回答を拒否している(『日省録』憲宗一三年七月二五日条)。しかし、この一八四七年の来航事例は、前年の一八四六年の問罪状をめぐる一連の論議で言及されたごとく、漂着した西洋人を「柔遠之義」に沿って実際に保護した事例となったのである。

(2) 一八六六年以前の対西洋交渉——アメリカ船・漂着アメリカ人の事例——

次に、一八五〇年代から一八六〇年代前半にかけて発生したアメリカ船やアメリカ人の漂着事例[*8]についてである。一八五〇年代に入ると、アメリカ船の朝鮮への漂着事例が数件発生し、朝鮮側の史料にも記録されているが、これら事例の中で、一八五五年(哲宗六年：咸豊五年)、一八六五年(高宗二年：同治四年)、一八六六年(高宗三年：同治五年)にそれぞれ発生した漂着事例[*9]に関して、その経緯と朝鮮王朝側の対応を確認してみよう。この三例は、朝鮮に漂着したアメリカ人を清朝経由で送還した事例として、後述するように、一八七一年辛未洋擾の時期に朴珪寿が起草した咨文の中でも言及されている。

まず、一八五五年に朝鮮東海岸を航行中であったアメリカ捕鯨船トゥー・ブラザーズ号から脱出した船員四人が朝鮮に漂着した事例である。朝鮮側の史料によれば、江原道通川郡に小船に乗った「異様人四名」が漂着し、乗っていた小船が波浪により破壊されたため、四名は上陸した(『日省録』哲宗六年六月一日条)。地方官が事情聴取(「問情」)を行うも、彼らとの間で言語や文字を介した意思疎通ができず、彼らの挙動から、故国に帰りたいと望んでいると推測して、王朝中央に報告及び対処を仰いだ(『日省録』哲宗六年六月二日条)。王朝では、この報告を受けて、衣服や食料を供給して「朝家柔遠之意」を示すこと、一旦漢城に護送して再び事情聴取を行った上で、義州を経由して清朝へ陸路で護送・送還することを決定した(『日省録』哲宗六年六月一三日条)。こうして送還された四名は、後に清朝側から再び事情聴取を受けて、「花旗国」(アメリカ)の人間であることが判明し、開港場である上海へと転送された[*10]。

一八六五年には、「異様船」一隻が慶尚道延日県に漂着し、この船が破損していたので、食料と朝鮮の漕船を与えて帰還を支援した(『日省録』高宗二年七月二七日条)。しかし、この供与した朝鮮の船は波浪によって破損し、再び江原道三陟府に漂着した(『日省録』高宗二年八月一七日条)。朝鮮王朝は、この時に乗っていた「異国人三名」に対して、陸路で漢城に護送してから義州経由で清朝へ護送・送還するように命じた(『日省録』高宗二年九月四日条)。

一八六六年五月にはアメリカ商船サープライズ号の乗員が平安道鉄山府に漂着する事例が発生している。この時に漂着したのは、「大国人」（清人）二名と「洋魁者」（アメリカ人）六名であり、「大国人」二名に対して地方官が事情聴取を行った際、乗ってきた船が破損したので陸路で本国に送還して欲しいという乗員側の要望があった（『日省録』高宗三年五月二二日条）。この報告を受けた王朝中央は、「上国」（清朝）の漂着民と「外国」の漂着民とを区別せず、その願いのままに送還することが「柔遠之義」であるとして、乗員たちを陸路で清朝へ護送・送還したのであった（『日省録』高宗三年五月二三日条）。なお、このサープライズ号乗員を救助した朝鮮側の対応は、同年七月に朝鮮に来航したアメリカ船シャーマン号への朝鮮側の対応と併せて、アメリカと朝鮮王朝との交渉中で言及されることになる。

以上で挙げた三つのアメリカ人漂着事例では、乗員の保護及び清朝経由の送還を朝鮮王朝が実施していた点が注目される。一八三二年イギリス船来航事例を端緒として、西洋来航船への「柔遠之意」を示す対応策が実施され、一八四六年のフランス船来航時には、フランス側から日本人や清人とは異なる対応（朝鮮に潜入したフランス人神父三人の処刑）を責められた朝鮮王朝は、翌年一八四七年のフランス船遭難時に乗員を等しく救助・保護した。そして、一八五〇年代のアメリカ船乗員の漂着事例においては、「大国人」（清人）と区別なく、「洋魁者」（アメリカ人）の保護と清朝への送還が「柔遠之義」の名の下で行われた。

3　洋擾期の朴珪寿の対外認識と対応

⑴　一八六六年丙寅洋擾から一八七一年辛未洋擾までの対アメリカ交渉過程

本節では、前節で検討した西洋船・西洋人への朝鮮王朝の対応策を踏まえた上で、洋擾期（一八六六～一八七一年）における朴珪寿の対外認識と論理を検討していく。

先述したように、一八六六年丙寅洋擾から一八七一年辛未洋擾の期間における朝鮮王朝とアメリカとの交渉に際して、朴珪寿は様々な局面でこれに関与していた。この時期、アメリカからの照会に対する朝鮮王朝の回答（答状）や、朝鮮王朝から清朝に送った、アメリカとの折衝などに関する報告（咨文）を朴珪寿が起草[*11]しているが、この一連の答状や咨文は朴珪寿の私文集『瓛齋集』巻七に収録されている。本節では、朴珪寿が起草した答状や咨文を基にして考察を進めていく。なお、本稿では、『瓛齋集』を収録した韓国学文献研究所編『朴珪寿全集（韓国近代思想叢書）』上巻（亜細亜文化社、一九七八年）を使用し、以下の現代語訳による史料引用の際には上記の頁数で示す。

まず、アメリカとの交渉に関係して朴珪寿が起草した答状や咨文、合わせて七点の概要について、原田環の詳細な研究に主に依拠しつつ簡単に説明する。[*12]

一八六六年は、アメリカ船シャーマン号事件やフランス艦隊の江華島来襲などが相次いで発生した年であった。この年に平安道観察使だった朴珪寿が直接対応に当たったのは、大同江を遡行してきたアメリカ船ジェネラル・シャーマン号来航事件である。シャーマン号は、朝鮮との交易の可能性を探る目的で、西洋雑貨を積載して来航したアメリカの武装商船であり、一八六六年七月初頭に大同江の河口に到達した。地方官との数次の交渉において、交易は国禁であり退去するよう命じられたにもかかわらず、シャーマン号は大同江を遡行し続け、追跡に当たった朝鮮の武官を船内に拘束するなどした。そして、平壌郊外で座礁した船は朴珪寿指揮下の朝鮮側の攻撃を受け、最終的に炎上沈没し、乗員全員は死亡した（シャーマン号事件）。

事件以後、アメリカ側はシャーマン号の消息に関して、調査のためにアジア艦隊所属ワチュセット号を派遣し、朝鮮王朝にシャーマン号の消息と生存者の有無、引き渡しを照会したが、最終的には朝鮮側の回答を受け取らずに去った。このワチュセット号の来航を聞いた朴珪寿は、当時平安監営で病床に臥していたにも関わらず、回答をワチュセット号側へ送付できなかったことを「機会を失い、事に誤ることは、これより甚だしいものが無い」と「憤激」(四三一—四三二頁)して、照会に対する回答に擬えて「擬黄海道観察使答美国人照会」という一文を起草した。

このワチュセット号が朝鮮来航時に、西洋人と清人各二名が平壌に拘留されているという情報を朝鮮人から得たことから、一八六八年にアメリカのウィリアムズ臨時公使は、清朝を通じて、朝鮮王朝に生存者の釈放と保護も要請する照会を行った。この照会に対する朝鮮王朝の回答(照履)を起草したのが朴珪寿である(「請開諭美国使臣勿致疑怪咨」)。

臨時公使ウィリアムズは、照会と併せて、シャーマン号の生存者保護のために、アジア艦隊所属のシュナンドア号を朝鮮に派遣する。また、同年にはドイツ商人オッペルトが朝鮮へ三度目の来航を行い、大院君の実父南延君の墓を盗掘する事件を引き起こした。[*13] このシュナンドア号来航に関する消息についての咨文草案(「美国兵船回去請使遠人釈疑咨」)、同時期に発生したオッペルト墳墓盗掘事件の報告と事件の首謀者、手引きした朝鮮人の引き渡しを要請する咨文草案(「陳洋舶情形咨」(A))、シェナンドア号来航事件とオッペルト墳墓盗掘事件を併せて報告する咨文草案(「陳洋舶情形咨」(B))を、朴珪寿はそれぞれ起草している。[*14]

シュナンドア号が帰還した後、シャーマン号事件の賠償責任追及と自国の遭難者保護のための条約締結を目的として、アメリカは一八七一年に朝鮮への艦隊派遣を決定した。この艦隊派遣に先立ち、アメリカのフレドリック・ロウ駐清特命全権公使から朝鮮国王へ、艦隊派遣を事前通告する信函が清朝礼部を経由して送付された。このアメリカ側の信函への回答草案として朴珪寿が起草したのが「美国封函転遞咨」である。ロウ公使とアメリカ海軍ロジャーズ少将が率いる艦隊は一八七一年四月に京畿南陽湾に投錨し、江華島でアメリカ陸戦隊と朝鮮軍との間で武力衝突が発生した(辛未洋擾)。最終的にアメリカ艦隊は撤退するが、これら一連の経緯を清朝に報告する咨文草案も朴珪寿によって起草されている(「美国兵船滋擾咨」)。

(2) 朴珪寿起草文における「非礼」の論理

シャーマン号事件に端を発するアメリカ側の一連の照会や要求に対して、朴珪寿が起草した答状と咨文の中では、どのような反駁がなされているのだろうか。次に、その詳細について確認していく。

アメリカ側はシャーマン号の消息に関して、調査のためにワチュセット号やシュナンドア号を派遣し、朝鮮王朝に消息と生存者の有無、引き渡しなどを照会したが、これに対して、朴珪寿起草の答状では、武力的に通商を要求して朝鮮の軍民に危害を加えたシャーマン号側の「非礼」を非難している。この朴珪寿の反論の中で特に注目したいのが、漂着異国船や異国人を厚く遇する方針を朝鮮が従来から取っていた、という主張である。

本国（朝鮮）の法令では、漂着した異国商船があれば、船が無傷な場合、食料を援助して必要なものを与え、風の様子をうかがって帰還させる。船が損傷し航海できない者には、その願いに従い、官吏を派遣して陸路で護送し、北京まで送り届ける。これまで（これを行ったのは）一度や二度に止まらない。これは天の仁徳を体現したものであり、隣国の民をいたわり慈しむこと、我が民かのごとくするものである。（「擬黄海道観察使答美国人照会」、四三二―四三三頁）

この部分では、朝鮮に漂着した異国商船に食糧を供給し、船が破損して帰還できない場合は、陸路で北京まで送り届けたことに言及している。朝鮮側にはそうした「本国法例」があり、異国船の援助や送還事例は一度や二度に止まらない、と述べている。この部分に続けて、武力によって威嚇しながら内地深くまで勝手に侵入し、通商要求や朝鮮軍民の殺傷を行ったシャーマン号の一連の行動を挙げて非難している。ここでは、従来の方針通りに漂着異国船として友好的に接しようとしていた朝鮮側の当初の対応を一方的に踏みにじったシャーマン号の行為を「非礼」として非難し、攻撃の正当性を強調しているのである。

また、シャーマン号事件の生存者の釈放と保護を要請するアメリカからの清朝経由の照会に対して、事件の生存者が平壌で拘束されているという情報は虚偽だとした上で、やはり、朝鮮側の今までの漂着異国船や異国人への対応方針(「救送之規」)について述べている。

そして、漂流遭難した人については、我が国に救護して送還するという決まり(「救送之規」)があるので、もし今、遭難した憐れむべき人命があるならば、これらをどうして遠地に留め置いて放っておくことがありましょうか。(「請開諭美国使臣勿致疑怪咨」、四三九頁)

この論理は、アメリカ船来航の事情について清朝へ報告する咨文草案においても明確に言及されている。アメリカ船シュナンドア号の来航に際して、その交渉経過を清朝に報告する咨文草案(「陳洋舶情形咨」(A))では次のように述べている。

なおその上、以前からの西洋船の漂着については、これを救助して送還を手助けするという、元来からの我が国の決まりがあります。近頃の不審船(「異船」)の出没とその行動は、(このような)漂流船と異なっていましたが、やはり同じように優待しました。これはまさに、遠くから来た人を安んじて懐かせるという大朝(清朝)の仁徳の心を承ってのことです。(「陳洋舶情形咨」(A)、四四八—四四九頁)

ここでは、従来から漂着西洋船(「洋舶」)の援助を行っていたこと、さらには、漂流船でなくとも来航船を朝鮮が優待したことに言及している。「陳洋舶情形咨」(B)では、同時期に発生したオッペルト盗掘事件の顚末について、シュナンドア号来航と併せて報告しているが、ここでも、漂着民を保護する方針について以下のように述べる。

海外異国の商民が漂着することがあれば、救助して送還を手助けするという、元来からの決まりがあり、これまで遭難して生き残った人命をないがしろにしたことはありません。(それは)まさに、遠き所も近き所も覆う、絶え間ない天朝(清朝)の徳を承ってのことです。(「陳洋舶情形咨」(B)、四五一—四五二頁)

この草案は、従来から朝鮮には「異国商民」を保護する原則があることを右のように述べた上で、それにも関わらず、「本国匪民」と手を結び朝鮮に侵入し墳墓の盗掘を行うような「洋人」の凶悪さを強調する内容となっている。前章で検討したように、一八四六年のフランス船来航の際、神父処刑を批判するフランスの書簡に対する朝鮮側の反駁では、他意なく朝鮮に来た他国人(「漂到者」)は等しく保護して本国に送還してきたこと、同時に、朝鮮に害を為す(キリスト教を広めようとする)人間は厳罰に処することの正当性が述べられていた。この朴珪寿の草案においても、他意無く朝鮮に来た人間に対する朝鮮王朝の救恤策と、それと対にして、朝鮮に害意を持ってきた人間に対する厳罰策を主張するという、ほぼ同じ論理が貫かれている。

以上のように、朴珪寿が草案の中で言及したアメリカ船シャーマン号の「非礼」とは、来航船に対する朝鮮側の従来の対応方針と密接に関連したものであった。つまり、朴珪寿によれば、朝鮮は意図せずして来航した異国船に対しては厚遇する方針を取っていたのであり、漂着に遭った「遠人」を救うことは、朝鮮国王、ひいては清朝皇帝(天朝)の「懐綏無間之徳」を体現するものでもあった。そして、そうした待遇を一方的に無下にしたシャーマン号の行動こそ、まさに「非礼」だとしてアメリカ側を非難したのである。

この論理は、一八七一年の辛未洋擾の際に朴珪寿が起草した文書の中でも改めて確認できる。これは、通商条約締結を目的として艦隊を朝鮮に派遣することを清朝経由で朝鮮に通告したアメリカのロウ公使の書簡に対する朝鮮側の回答草案であるが、ロウ公使の書簡中では、一八六六年に朝鮮に来航した二隻のアメリカ商船(サープライズ号とシャーマン号)のうち、一隻(サープライズ号)は救護されながら、もう一隻(シャーマン号)は撃沈されたこと(「一救一害」)に関して、朝鮮側の説明を求めていた。これに対して、草案では以下のように反論している。

我が国は三方を海に面しており、偶然遭難して来航した他国の客船について、ある時は食料を援助して必要なものを与え、風の様子をうかがって帰還させ、船が損傷している時には、陸路で護送して皇京(北京)まで送り、そこから本国へ帰還させます。（遭難した者）それぞれが願うとおりにして、その邪魔をすることはありません。我が聖朝（清朝）の天地にわたる恩徳、万物に及ぶ至高の仁徳を承ってのことです。そして、永らく藩邦（朝鮮）の定まった決まりでした。また、美国（アメリカ）の難民を救助し護送した事を挙げれば、かつて咸豊五年、同治四年、同治五年に（前例が）あり、前後三回の移咨をそろって貴部（礼部）に行いました。これは遠い昔の事ではないのですから、その国（アメリカ）の人も実際に見たり聞いたりしているはずです。遠き地より荒波を乗り超えて難所に至った人々には、憐れみと恩恵を与えるものであり、どうして殺害するような道理がありましょうか。（「美国封函転逓咨」、四五四頁）

この中で、遭難した異国船には食料などを援助し、船が破損して帰還が困難な場合には、陸路を通じて清朝経由で本国へ送還する、という従来からの朝鮮の方針を述べた上で、アメリカ船員（「美国難民」）を送還した前例について言及している。すなわち、すでに「咸豊五年」（一八五五年）、「同治四年」（一八六五年）、同治五年（一八六六年）の三回、清朝礼部（「貴部」）に咨文を送って送還した前例を挙げて、遭難したアメリカ船員を朝鮮が害することはなかったことを指摘している。ここで言及されている三回の送還事例は、すでに前章で挙げた通り、前例として確かに確認できる。そして、一八六六年のサープライズ号の事例も含めて、「美国難民」を救護した前例を挙げた上で、シャーマン号が朝鮮の人民や官員に危害を加え、その結果として撃沈されたのは自業自得であり、アメリカ側が説明を求める「一救一害」の理由は明らかであると反論した。

ここで、遭難した異国船や異国人を救護する方針を従来から朝鮮が実行してきたと主張するのは、通商条約に関する交渉をアメリカ側が要求してきたことに対する拒否理由にも関係している。

今、来着した（アメリカからの）信函には、「和睦して互いを待遇することを望む」と述べています。遥か遠くの異国が、もし好意を持って交際することを望んだならば、遠方から来た人を和らげ懐かせるという大朝（清朝）の徳の心によって、（彼らを）応接して送り出すことが道理です。しかし、彼らが言う「商弁交渉」とは、何の事を「商弁」し、何の件を「交渉」するのか、未だに理解できません。そもそも、君に使える臣下としては、義により他国と勝手に交際すること（「外交」）はできません。遭難客船がいれば、救助して護送することが、国の定式であるだけではなく、天朝の深い人徳の心を体現したものでもあるので、「商弁」などをせずとも疑念は生じないことを保証します。（「美国封函転遞咨」、四五六頁）

つまり、自国人保護を名目にして通商条約に関する交渉（「商弁交渉」）を要求するアメリカに対して、清朝の臣下たる朝鮮は「外交」を行う「義」がなく、従来から遭難船舶に対する救護や送還を行っているのだから通商条約を締結する必要がないと主張したのである。

以上みてきたように、一連の対アメリカ交渉過程において、朴珪寿の起草文で常に示されてきたのは、意図せず朝鮮に来た全ての異国船や異国人に対して、救護及び送還を行うという朝鮮の方針が従来からあること、それは「遠人」を懐かせる（「柔遠」）という天朝（清朝）の仁徳の心に基づいていること、そうした対応を一方的に破り、朝鮮の官民に危害を加えて内地まで侵入したシャーマン号を撃沈したのは正当なものであったこと、という論理であった。これは、前章で確認したように、一八三二年のイギリス船来航事例を端緒とし、一八四〇～一八五〇年代にかけて発生した西洋船来航事例において朝鮮王朝が取ってきた方針とほとんど重なるものである。言い換えれば、朴珪寿が草案の中で用いた論理は、一八三〇年を端緒とする朝鮮王朝の西洋船対応方針をほぼ忠実に踏襲していたとも言える。

(3) 朴珪寿の対西洋（アメリカ）認識と「礼義之邦」

それでは、この時期の朴珪寿の認識や論理において、それ以前の朝鮮王朝の方針とは異なる、いわば独自的な部分とはどこにあるのか。先行研究でも注目されてきた上記の点に関して、前節の考察も踏まえて改めて検討してみたい。

朴珪寿の対外認識に関して従来注目されてきたのは、伝統的な華夷秩序を相対化したとされる部分であった。朴珪寿の対アメリカ認識が窺える一文が、答状草案の中にも存在する。

貴国（アメリカ）の風俗が礼譲を重視し、省が合わさり名高い邦を為していることは、中国でも知られている。（「擬黄海道観察使答美国人照会」、四三五頁）

朴珪寿は右の草案の中で、アメリカが礼を貴ぶ国であることを述べているが、彼の対アメリカ認識の具体的内容に関しては、別史料にも記述が残る。辛未洋擾発生時に洋擾の実態を清朝に報告した咨文「美国兵船滋擾咨」の末尾に、朴珪寿の門人であった金允植の回想（「允植謹按」）が付記されている。この文章中には、朴珪寿が地球上で最も「公平」を号する国だとアメリカを評価していたと記述されている。

私（朴珪寿）が聞いたところ、美国（アメリカ）は地球上の国々の中で最も公平だという評判があり、上手に争いを治め、また、六大陸の中で最も豊かであり、領土を拡張しようという欲が無い。彼（アメリカ）から言わずとも、我らの方からまず交わりを結び盟約を固めるべきである。願うのは、（朝鮮が）孤立するという災いから免れることである。（「美国兵船滋擾咨」、四六七頁）

金允植が聞いた朴珪寿（「先生」）の言によれば、地球上の国の中で最も公平であるという評判があり、豊かで領土を拡大しようという欲がないアメリカと率先して交際して盟約を結ぶことで、朝鮮が孤立する危険を免れようとした、というのである。つまり、金允植によれば、朴珪寿の起草した咨文草案の内容は朴珪寿自身の本意によるものではなかったのである。

このようなアメリカ認識と併せて、辛未洋擾時の朴珪寿の「礼義之邦」批判も注目されてきた。一八七一年の辛未洋擾時、朝鮮は天下に知られた「礼義之邦」であり、その清浄さを守るためには「洋夷」との和睦を拒否し、断固排除しなければならないという議論が朝鮮王朝内部で巻き起こった。これに対して朴珪寿は、弟の朴瑄寿に送った書簡中で、朝鮮が自らを「礼義之邦」と称することについて批判的に語っている。

いわゆる「礼義の邦」というものが、こうして遠夷（アメリカ）に侮られている。これは一体どうしたことか。「礼義の邦」などと称しているが、元々私はこの主張をいやしいものだと思っている。大昔から天下において、礼義が存在しない国などあっただろうか。中国人が、夷狄の中では（朝鮮は）礼義を有していると褒めて「礼義の邦」と呼んだに過ぎない。本来、羞恥を覚えるべき語である。天下に向かって自ら誇るものではない。（『瓛齋集』巻八、書牘「与温卿」辛未五月一八日付、五五八頁）

朴珪寿は、「礼義之邦」と称する朝鮮が「遠夷」に侮られている現状を踏まえて、「天下万古」の国において礼義が無い国などなく、中国人から夷狄の中では礼義があると褒められて「礼義之邦」と言われているに過ぎないのだから、本来は羞恥を覚えるべき言葉である、と述べている。「天下万古」の国の中で礼義が無い国などない、という対米交渉時期の朴珪寿の認識について、原田環は、朝鮮だけが「礼義之邦」ではなく、「洋夷」でもアプリオリに「礼義」を有するという「夷狄観」の転回を意味し、「礼義」を有するものと通交するのは当然であるという、「洋夷」との通交の論理的前提が準備されたと評価した。[*15]

以上のように、対米交渉時期の朴珪寿の認識について、その「革新性」が従来の研究では注目されてきた。つまり、朴珪寿が、大院君や衛正斥邪派に代表されるような鎖国攘夷観や小中華思想から抜け出し、「洋夷」（アメリカ）にも「礼義」があることを認識していたとみなされたのである。

しかし、こうした評価には、以下の二点で疑問が残る。まず一点目として、アメリカを公平な国であるとして、朝鮮が率先して盟約を結ぶべき国であると朴珪寿が認識していた、という金允植の回顧である。これに関しては、金允植が後に対米通商条約の交渉を主導していた点などを踏まえれば、この回顧をそのまま朴珪寿自身の認識であったとみなすことに慎重でなければならない。確かに、「擬黄海道観察使答美国人照会」の中でも、アメリカが礼を貴ぶ国であると述べられているが、これはシャーマン号の狼藉を詳述した上での一文であり、シャーマン号の「非礼」を非難する意図と併せて考える必要がある。朴珪寿が一八六一年の北京への使行の際や、中国から輸入された西洋情報に関する書物『海国図志』を通じて、新たなアメリカ情報を獲得していたことは否定できない[*16]が、朴珪寿が画期的なアメリカ（西洋）認識を持つに至ったとまでは、この史料だけでは断言できない。

また二点目として、朴珪寿の「礼義之邦」批判についてである。これに関して、山内弘一は、朴珪寿が自国の礼を客観的にみつめる視点を持ち、礼義を相対化する発言を行っていても、全ての国の礼義が対等な価値を持つと考えていたとは言えないとし、朴珪寿が自国の中の中華の伝統に強い矜持を持つ、典型的な朝鮮の知識人であった、としている。[*17]この指摘を本稿の検討課題に引き付けて考えれば、仮に朴珪寿が「洋夷」（アメリカ）にもある種の「礼義」があるという認識に至っていたとしても、それが自国朝鮮の礼義と対等であるとまでは認識していない、ということになろう。

ここで、朴珪寿が草案の中で非難したアメリカ側の「非礼」に再度着目してみよう。次の文は、辛未洋擾の顛末を清の礼部に報告する咨文草案の一部である。

彼（アメリカ）が好意を持って来たならば、我々（朝鮮）も好意を持って応じます。彼が礼を持って来たならば、我々も礼を持ってもてなします。まさに人情として元来こうあるべきであり、国の決まりにもなっています。仲良く交際するという名目で、どうして兵を載せてやってくることがありましょうか。礼を持ってもてなすことを要求しながら、どうして（朝鮮側の）慰問を追い払うことがありましょうか。（「美国兵船滋擾咨」、四六〇頁）

ここでは、相手が友好的な態度で来れば、こちらも友好的に応じ、相手が礼をもって来れば、こちらも礼をもって応接するのが、「人情」として本来然るべきことであり、国の「通例」であると主張している。これにより、和睦を唱えながら軍艦を派遣してきたアメリカを批判しているわけだが、朴珪寿がこの草案で述べている「礼」とは何だろうか。前節の検討と併せて考えれば、この「礼」とは、従来からの朝鮮王朝の方針、すなわち、意図せずして朝鮮に来航・漂着した全ての異国船や異国人を丁重に遇し、帰還や護送を行うという一連の方針を指している。そして、それを一方的に破り軍艦を派遣して武力示威を行った辛未洋擾時のアメリカの行動は、シャーマン号の時と同じく、まさに「非礼」として非難されているのである。つまり、朴珪寿がここで言及する「礼」とは、あくまでも朝鮮の論理に沿ったものであり、相手（アメリカ）なりの「礼」を自覚して自国朝鮮の「礼」と対置するような認識は確認できない。彼が述べる「礼」認識は、「洋夷」との通交の論理的前提とは言えないのである。

以上に見てきたように、朴珪寿が起草した草案においては、一八三〇年代を端緒として、朝鮮王朝が取ってきた対西洋船・西洋人への対応方針をほぼ踏襲していることが明らかである。ただし、前章で検討した丙寅洋擾期以前、つまり一八三〇〜五〇年代には「柔遠之義」とだけしか示されていないものが、朴珪寿の草案では自国朝鮮の「礼」として示されている。これは、「柔遠之義」に従って恩恵を施す存在であった「遠夷」＝西洋人との関係を、朴珪寿が改めて「礼」—「非礼」の関係で再解釈したと言えるのではないだろうか。洋擾までに形成されてきた西洋人に対する朝鮮王朝の方針が、洋擾期の朴珪寿の認識においては自国朝鮮の「礼」として再認識されることになったとみなすことができる。

結　語

最後に、本稿の検討課題を改めて総括した上で、今後の展望と課題を述べたい。

本稿では、洋擾期の答状や咨文草案から確認できる朴珪寿の論理を、それ以前（一八三〇〜五〇年代）の朝鮮王朝の対西洋船・西洋人への対応方針とのつながりから検討した。そして、来航・漂流西洋船や西洋人への朝鮮王朝の対応方針、つまり「柔遠之義」という論理を洋擾期の朴珪寿もほぼ踏襲しながら、これを自国朝鮮の「礼」としてアメリカに提示したことを確認した。そうした「礼」を無下にして武力的示威や通商要求を行う、シャーマン号をはじめとするアメリカ側の「非礼」を批判したのである。

ここで強調しておきたいのは、従来からの朝鮮王朝の対西洋船・西洋人への方針を朴珪寿がほぼ踏襲していたからと言って、彼の認識や論理が伝統的華夷観念（小中華思想）の枠に止まっていた、言わば「限界性」があったということではないという点である。まず重要なのは、一八三〇年代を端緒として、数次の西洋船来航を経験する中で朝鮮王朝内に培われた対西洋船・西洋人認識と方針、それを裏打ちする「柔遠之義」観念＝儒教的王道観が存在し、来航西洋船を一方的に排除するのではない、一九世紀前半〜中盤の朝鮮王朝の対西洋認識の在り方が確認できる点である。そして朴珪寿は対アメリカ交渉の中でもこの路線を踏襲しつつ、西洋船や西洋人に対する従来の朝鮮の対応を、自国朝鮮の「礼」として再認識した上で、アメリカ側の「非礼」を追及した。近代的国際法の流れをくむ遭難者保護・自国人保護を求めるアメリカの非難に対して、朴珪寿は「柔遠之義」に基づく遭難者保護の原則を対峙させたことが象徴的である。朴珪寿が伝統的華夷観念から抜け出して西洋近代的な国際認識に接近したのではなく、むしろ、従来の朝鮮における伝統的な観念を再認識し、その枠組みの中から「礼」―「非礼」関係による独自的な国際認識を生み出したと言えるのではないか。一八七〇年代の対日交渉において、朴珪寿が主張する対日開国論についても、こうした朝鮮の思想的伝統の流れとの関係を踏まえて再検討する余地がある。

また、従来の先行研究において、朴珪寿の対外認識の「革新性」と対比して論じられてきた「守旧的」対外認識、つまり小中華思想の枠組みを継承・固持するとみなされてきた大院君政権や衛正斥邪派の攘夷論についても、その思想的位置付けを再考する必要があろう。「洋夷」に対する「柔遠之義」の論理を踏襲し、それ再解釈していくのが朴珪寿の思想なのだとすれば、洋擾期前後に急浮上してくる攘夷論、つまり「洋夷」を問答無用で徹底的に排除するという主張は、むしろ朝鮮の思想的伝統から外れた「異質さ」があるともみなせるのではないか。対外的危機意識が高揚する中で、攘夷論が生み出される思想的背景についても、本稿で指摘した点を踏まえて今後さらに検討していきたい。

筆者は、以上のような再検討を経た後に、開化思想と朝鮮における近代国家像・近代国際認識の問題も議論の射程に入ってくると考えている。朴珪寿を師として仰ぐ金允植ら開化派人士の思想もまた、伝統的華夷思想からの脱却、近代西欧思想の受容という観点だけでは把握することができない。例えば、開港期朝鮮へ入ってくる万国公法観について、金允植が儒教的観念を読み込んで解釈・受容していくように、朝鮮の開化派（特に穏健開化派）の国際認識や国家構想において、現実の国際情勢を伝統的な華夷思想や儒教的観念に引き付けて再解釈していくプロセスがあったと考えられる。本稿で指摘したように、朝鮮における伝統的華夷思想の論理は、決して固定的・静態的なものではなく、そうした新たな再解釈を可能にして西欧近代思想への架橋となる、多様で柔軟なものとして捉え直すべきだろう。問われるべきは、開化思想をはじめとする近代移行期の朝鮮の思想において、それ以前の朝鮮の伝統思想の果たした役割と、それを再認識・再解釈していく具体的な動向であると考えている。

註

＊1　これらの論文は［原田環　一九九七］に収録。なお、本稿では、原田の研究を具体的に参照した箇所について、上記研究書の頁数で表記する。

＊2　この点に関して、先行研究の方法論的枠組み自体を批判した趙は、主に朴珪寿の士道論に注目し、彼の思想の独自性や実学思想からの転回を論じたが、朴珪寿の対外認識や華夷秩序観（自他認識）の問題にはあまり言及しておらず、従来通りの評価を踏襲している。

＊3　この時期の朝鮮王朝の西洋船対応策と認識については、その内実と意義に関して改めて別の機会に論じる予定である。

＊4　イギリス東インド会社駐粤（マカオ）代表のリンゼイとその通訳でプロテスタント宣教師でもあったカール・ギュツラフが乗ったロード・アマースト号は、朝鮮に対する通商探索のため朝鮮に来航した［金源模　二〇〇四：九八一］。

＊5　一八三二年以前にも、一七九七年（正祖二一年）にイギリス船プロヴィデンス号、一八一七年（純祖一七年）にイギリス船ライラ号・アルセスト号が朝鮮に来航しているが、朝鮮来訪が主目的ではなかった［渡邊勝美　一九四一：一二］。

＊6　一八三九年に発生したキリスト教弾圧（己亥邪獄）によって朝鮮に潜入していたフランス人神父三名が処刑されたという情報を得たフランスは、朝鮮に軍艦を派遣し、一八四六年にフランス船クレオパトラ号ら三隻が忠清道洪州管下の外煙島に来航した。以上の一八四六年フランス船の朝鮮来航の概略については、渡邊前掲書、四五頁を参照。

＊7　以下の一八四七年フランス船来航の経緯について、渡邊前掲書、五〇―五三頁を参照。

＊8　この時期のアメリカ船漂着事例の概要については、［金源模　一九七九：八八～一〇九］［宋炳基　一九九二：三六〇～三六四］を参照。なお、一八五〇年代に入ってからは、アメリカ船来航事例の他にもロシア船来航事例が数件発生しているが、後の洋擾期における朴珪寿の認識に焦点を当てるため、後の洋擾とは直接的な関連性が薄いロシア船の事例に関する検討は本稿で行わない。

＊9　なお、一八五二年（哲宗三年）に慶尚道東莱府龍塘浦に漂着した捕鯨船が、アメリカ船としての最初の朝鮮漂着事例だとされる［金源模　一九七九：八四～八八］。ただし、この時には船員の保護及び清朝へ送還するという事態には至っていない。

＊10　金源模前掲書、九一頁。なお、保護・送還した当時、言語の問題により「異様人四名」の出身国がわからなかった朝鮮王朝も、清朝での事情聴取の結果を受けてアメリカ人（花旗国）であったことを認識したと推測される。

＊11　原田環は、朴珪寿起草の答状と咨文について、朝鮮外交史料や清朝外交史料と対照させた上で、内容の修正などはあるものの、実際に朝鮮王朝からアメリカや清朝に公的に送られた外交文書の中に生かされていることを明らかにした［原田環　一九九七：一〇八～一一七］。本報告では、朴珪寿の対外認識に注目するため、実際に送られた外交文書ではなく、朴珪寿が私的に作成した草案に主に焦点を当てて論じる。

＊12　朴珪寿が起草した一連の答状や咨文の内容と作成された時系列、その背景については［原田環　一九七九ａ］を参照。その他に、シャーマン号事件やオッペルト盗掘事件、辛未洋擾に関する事件経緯については、［金源模　一九七九：一四五～一六三］［渡邊勝美　一九四一：九二～一〇五］［田保橋潔　一九四〇：八〇～八三］を適宜参照した。

＊13　ハンブルグ出身の在住上海商人オッペルトは、朝鮮との交易開始を目論んで一八六六年に二度来航したが、朝鮮王朝から要求を拒否され、いずれも目的を果たせなかった。オッペルトは、一八六八年の三度目の朝鮮来航の際、朝鮮人キリスト教徒（崔善一）の手引きにより、大院君の実父南延君の墓を盗掘しようとした。結果的に盗掘は果たせなかったが、この事件が報告されると、王朝内部で西洋人に対する斥邪意識が高まった［渡邊勝美　一九四一：一五一～一六〇］。

＊14　なお、「陳洋船情形咨」(B)は『瓛齋集』には「咨文」として収められているが、実際には清朝皇帝への「奏文」として起草された［原田環　一九九七：一一三］。

＊15　［原田環　一九九七：一三一〜一三三］。

＊16　［李光麟　一九六九：一六〜一七］。アヘン戦争後に中国で出版された魏源の『海国図志』が朝鮮に与えた影響については、上記論文を参照した。

＊17　［山内弘一　一九九五：五四］。

参考文献

【日本語】

尹素英　一九九五「転換期の朝鮮の対外認識と対外政策―朴珪寿を中心に」お茶の水女子大学大学院人文科学博士学位論文

金文子　一九八〇「朴珪寿の実学―地球儀の製作を中心に」『朝鮮史研究会論文集』一七

姜在彦　一九八〇『朝鮮の開化思想』岩波書店

田保橋潔　一九四〇『近代日鮮関係の研究（上）』朝鮮総督府中枢院

趙景達　一九八五「朝鮮における大国主義と小国主義の相克―初期開化派の思想」『朝鮮史研究会論文集』二二

趙景達　一九九五「朝鮮における実学から開化への思想的転回―朴珪寿を中心に」『歴史学研究』六七八

原田環　一九七八「一八六〇年前後における朴珪寿の政治思想」『朝鮮学報』八六

原田環　一九七九a「朴珪寿と洋擾」旗田巍先生古稀記念会編『朝鮮歴史論文集（下）』龍渓書舎

原田環　一九七九b「朴珪寿の対日開国論」『人文学報』四六

原田環　一九九七『朝鮮の開国と近代化』渓水社

山内弘一　一九九五「朴珪寿と「礼義之邦」考証学との関わりをめぐって」『上智史学』四一

渡邊勝美　一九四一『朝鮮開国外交史研究』、東光堂書店

【韓国語】

金源模　一九七九『近代韓美交渉史』、弘盛社

金源模　二〇〇四「一九세기 韓英 航海文化交流와 朝鮮의 海禁政策」『文化史学』二一

孫 烔 富　一九九七『朴珪寿의 開化思想研究』一潮閣
宋 炳 基　一九九二「憲宗・哲宗代（一九세기 중엽）韓国人의 対美認識」中斉張忠植博士華甲記念論叢刊行委員会『中斉張忠植博士華甲記念論叢』
李 光 麟　一九六九「『海国図志』의 韓国伝来와 그 影響」（同『韓国開化史研究』一潮閣、二一―一八頁）
李 完 宰　一九八九『初期開化思想研究』、民族文化社
李 完 宰　一九九九『朴珪寿研究』集文堂

【刊行史料】

韓国学文献研究所編『朴珪寿全集（韓国近代思想叢書）』上、亜細亜文化社、一九七八年

二 近代朝鮮における民国思想

趙景達

はじめに

朱子学革命によって成立した朝鮮は、不断に儒教化を推し進めるとともに、数々の政争を乗り越え、英祖《ヨンジョ》（在位一七二四〜一七七六）・正祖《チョンジョ》（在位一七七六〜一八〇〇）代になってようやく一君万民政治を現実のものにしようとした。李泰鎮によれば、朝鮮初期には君・国・民は別個のものとして考えられていたが、英祖・正祖代とりわけ後者の時代になると、君と国は一体化し、「民国」という場合、君民一体の国体であることが含意され、民と君が国家の主人であるという認識が生まれるようになったという。そして、のちに高宗《コジョン》（在位一八六三〜一九〇七）は開明啓蒙君主として「民国」理念を継承していくことになるとする［李泰鎮 二〇〇〇a・二〇〇〇b・二〇〇八・二〇一二］。また黄台淵は、このような李泰鎮の議論を発展させ、「民国」の意味は本来並列合成語として「民と国」と理解されていたのが、君民一体となることによって「民の国」という従属合成語に変じていったとし、それは「始原的国民国

家」として評されるべき国家であったとする［황태연　二〇一六b］。早くも一八世紀後半には、国民国家の原型が誕生していたというわけである。黄はさらに、高宗時代には「民国」という語が氾濫し、大韓帝国期にはすでに「大韓民国」という語さえ非公式に使用されており、大韓民国臨時政府がその国号を採用したのも民国理念を継承したものに過ぎず、辛亥革命によって成立した中華民国を模倣したものなどではなかったことを明らかにしている［황태연　二〇一六a］。

朝鮮における近代国家が内在的な歴史文脈から誕生すると捉えている点で、注目すべき見解である。しかし、国民国家という、本来西欧起源の近代国家が朝鮮史固有の文脈から出現するというのは、あり得ることなのだろうか。国民国家というのは、何よりも厳格な個人把握に基づく規律権力による集権的支配を特徴とする。儒教的民本主義が民国理念に結実し、国民国家創設に際しての受け皿になるという認識しか導き出せないのではないであろうか。そして、むしろそのことこそが大変重要な問題を投げかけているのだと思われる。規律主義と民本主義というのは、本来ベクトルが違う。民本主義が民国理念を生み出したとするなら、それは西欧的な国民国家とは性格が異なる国家構想をもったはずである。また、そこにこそ朝鮮近代固有の国家観をめぐる葛藤があったのではないであろうか。

そこで本稿では、近代朝鮮における代表的な国民国家構想を取り上げ、国民国家の朝鮮的な解釈や、それにまつわる葛藤について論じてみようと思う。取り上げるのは、開国期・保護国期・植民地期をそれぞれ代表する朴泳孝《パクヨンヒョ》「建白書」、申采浩《シンチェホ》「二十世紀新国民」、趙素昂《チョソアン》「大韓民国建国綱領」の三文書である。これらは体系的かつ綱領的に国民国家のあり方について論じており、近代朝鮮の三大国民国家構想として評価するに値するものだと考える。紙幅の関係上、それぞれについて過不足ない全面的な考察はできないが、要点的な議論と特徴、継承性などを検討し、三者の議論を段階的に跡づけてみたい。*1

1　朴泳孝の民国思想

朴泳孝（一八六一～一九三九）「建白書」は一八八八年に国王高宗への上疏文として書かれ、『日本外交文書』第二一巻（二九二～三一一頁）に「朝鮮国内政ニ関スル朴泳孝建白書」と題して全文が載せられている。[*2] 甲申政変失敗後の日本亡命時の文書であるが、いわゆる急進開化派の思想を知る上で格好の史料となっている。朝鮮における国民国家構想の先駆ということができる。甲申政変は日本の明治維新に範をとろうとした政変であったために、「建白書」にも日本をモデルとした国民国家構想が述べられていると考えるのが普通である。現にその序文では、日本は開明の道に就いて文芸を修め武備を行い、「富強」の国とほとんど同列に馳せているのに対して、朝鮮はなお蒙昧の中にあって世界から「侮辱」を受けているとしている。朴は甲申政変以前すでに、漢城府判尹として明治維新に倣い厳格な道路管理・整備や警察行政を行おうとした結果、民衆の不人気を招いて左遷されている［伊藤俊介　二〇一五、及び本書論文］。しかし果たして、朴の国民国家構想は単に日本追従的なものであったと理解するのは妥当であろうか。

「建白書」に関する研究は多くあるが、青木功一の研究が先駆にして今なお重要なものである［青木功一　一九六九・一九七六・一九七七］。青木は、「建白書」は福沢諭吉の影響を多く受けながらも、むしろ儒教を最大限拡大解釈する中で西欧思想を受容したことを、そこに引用されている四書五経などの古典を逐一確認しながら丹念に実証した。だが同時に、「その儒教思想としての枠組みが、完全な摂取の妨げになった」ともし、近代思想受容の不徹底性を指摘している。これはやはり西欧中心的な見方であり、近代思想受容の速度が日本に及ばないという結論しか導けなくなってしまう。

儒教が近代思想の完全な受容を妨げたという近代主義的な議論は、今日ではむしろ逆にポジティブに認識されている。代表的な研究としては朴忠錫の研究がある［朴忠錫　二〇〇六］。彼は一八〜一九世紀初の実学思想を朱子学のアンチテーゼと見て、それを継承する開化思想は民を統治の対象ではなく文明開化を通じた富国強兵の主体と捉えたとし、その代表的著作として「建白書」を取り上げた。伝統的儒教の民本主義では「教化」が目的で「保民」が手段であったが、朴泳孝にあってはそれを逆転させ、目的化された「保民」の延長として富国強兵が導き出されるに至ったというのである。本来、民本主義と富国強兵は相容れるものではないのだから、これは伝統的な民本主義が克服されたという結論になる。しかし果たして、「建白書」に文字通りの富国強兵思想を見いだすことができるのであろうか。「富強」という字面だけにとらわれてはならない。また民国思想にあっては、「教化」も「保民」も民国の目的であり、逆転するという現象も起こりようがないというのが、筆者の立場である。

こうした中、宮嶋博史はつとに西欧近代思想を相対化するという観点から、「建白書」には伝統儒教に基づく朝鮮的思惟があるとし、そこに「開化思想の西欧や日本とは異なる近代的展開の可能性」を探ろうとした［宮嶋博史　一九八四］。宮嶋は「建白書」についてはさほど多くを語っていないが、近年では「儒教的近代」を見出す作業を行うに至っている［宮嶋博史　二〇一〇］。「儒教的近代」という概念が成立しうるのかについては、筆者は懐疑的だが、西欧や日本の近代を相対化するという思想史研究は、筆者もかねて提唱してきたところであり［趙景達　一九八五］、宮嶋の「建白書」の読み方には共感するところがある。「建白書」における儒教的思惟の近代朝鮮的特質については、のちに金顯哲も注目するようになっている［金顯哲　一九九七］。ここではこうした観点を共有する立場から、「建白書」における、とりわけ朱子学的思惟や民本主義的言説のあり方について論じてみたい。

「建白書」は序文以下八条目からなり、①世界情勢（宇内之形勢――原文、以下同じ）、②法律（興法紀安民国）、③経済（経済以潤民国）、④厚生（養生以健殖人民）、⑤軍事（治武備保民護国）、⑥文教（教民才徳文藝以治本）、⑦政治（正政治使民国有定）、⑧人権（使民得当分之自由以養元気）について論じている。それぞれの内容は詳細だが、すでに述べたように紙幅の関係上、特徴的な点についてのみ考察し、また④と⑥については論じない。

まず序文だが、朴泳孝は、「一国の慶とは何でありましょうか。国治まって富強、民信じて安楽、教化つねに新たにして、上下塞がらずに、人々が各々なすべきことを得て、一年二年と天地と福をともにすることであります」といっている点が注目される。「富強」が民安や教化、君民一体などとセットになって論じられている。「富強」は民衆生活の犠牲の上に成り立つものではない。朴忠錫の議論はまずもって序文からつまずくしかない。朴泳孝がいう「富強」が、明治維新的な富国強兵の影響を受けているのは明白だが、しかしその意味合いはかなり違う。近代朝鮮では、「富強」より「自強」を語るのが一般的であった。「自強」とは、民本を基礎に置いて内政と教化の充実を図ることである。それがよくなされれば侵略を防ぐことができ、軍事力増強の道は民本主義に反するものであり、軍事力は国を防御するに足る最小限度のものでよいとされた。こうした考えは朴の師である朴珪寿《パクキュス》の思想にすでに明確に現れており、開化派の一般的な考えにも継承された。いわば「自強」は王道論として理解され、覇道論的な富国強兵とは本来区別されていた。日本の影響で富国強兵の語が流布されるようになりはするが、しかし「富強」に含意される内容は「自強」であり、そこには朱子学的な民本主義の論理が強く作用していた［趙景達　一九九五・二〇一〇a］。「建白書」では「自強」ではなく、「富強」が一貫して使われているが、やはりそれは日本的な富国強兵とは違っており、「自強」と解されるべきである。そのことは③経済と⑤軍事において明らかになる。

本文に移ってまず①世界情勢だが、当時の世界を戦国争雄的な弱肉強食時代と捉えている。こうした認識は当時にあってごく普通のことだが、注目すべきはイギリスのインド支配を文明的であると認めてしまっている点である。すなわち、「インドはアジアにおいて盛大な国でありますが、内乱によって備えがなくなり、イギリスに支配されるようになったところ、その人民はイギリス政府の命を楽しんで受け入れるようになりました。自ら政府を建てようとしないのは他でもありません。イギリスの法律が寛であって政治が正であり、人々は各々その生を安んじているがゆえに、イギリス政府から離れ、再び苛政に陥るのを恐れているからです」と述べている。これは、福沢諭吉『西洋事情』外編巻之二「人民の各国に分る、ことを論ず」に出てくる一節とほとんど変わらない。しかし、これは一八六八年に書かれたものであって、朴が出会った頃の福沢は、『通俗国権論』（一八七八）や『時事小言』（一八八一）を通じて、国際社会における「道理」の支配を否定して「権道」主義を唱えるに至っていた。朴は明らかに福沢の過去から学んだのであって、転向した福沢の考えは受け入れなかった。政治と道徳を連続せしめるオプティミスティックな朱子学的思惟から容易に抜け出せない、朴における朝鮮的な思惟のあり方が逆に端的に読み取れる。

こうした朱子学的オプティミズムは、②法律で明確になる。朴は、行刑・行罰・行法は仁義信をもって行われ、恩威並行しなければならないとしつつ、中でも信を最も重視する。「およそ治国立法の要は信をもって重となすがゆえに、信は天下の至宝であります。臣が聞くところによりますれば、「法は俗に順ってこれを治めるを貴しとする」といいます。なれば、旧章に従って漸次良道に就き、にわかに変じて擾乱を惹起してはなりません」というわけである。法治第一主義が排され、教化＝漸進主義が標榜されている。この部分は『西洋事情』外編巻之二「国法及び風俗」に基づいているが、しかし福沢は、「およそ治国立法の要は信をもって重となすがゆえに、信は天下の至宝であります」などとは述べていない。信を重視する朱子学的思惟の所在は明らかである。朴は現実的には、先に述べたように急進的な漢城府改革を行おうとして民心を失い、またのちの甲午改革でも日本と協力して日本モデルの警察行政を行おうとした［伊藤俊介　二〇一〇］。言行不一致の嫌いを免れないが、少なくとも彼の理想の上では、明治維新的な急進的法整備は躊躇され、伝統的な教化主義を否定することができなかった。そこには理想と現実の齟齬があった。

朱子学的な思惟は、③経済になると、よりくっきりと浮かび上がってくる。本条では、資本主義近代化について論じているのだが、宮嶋博史が指摘したように、朴は経済を政治や道徳と厳密に分別できないでいる。確かに朴は、資本主義の前提になる私欲を肯定するところから議論を進めている。「およそ人の重んずるのは衣食住の三事をもって大となし、財を増して富を得て、需用を充たして歓楽をなそうとしない者はおりません」として私欲は当然視されている。これも『西洋事情』外編からの引用で、巻之三「経済の総論」に出てくるが、周知のように伝統的な朱子学にあっては、「天理と人欲の戦い」が説かれるがゆえに、理念の上では私欲を肯定することは難しかった。そのためには古典の読み替えが必要であり、穏健開化派の金允植《キムユンシク》などは『論語』を近代的に読み替え、孔子さえ富を欲したと解釈しようとした［趙景達　二〇〇八］。朴にそのような古典の読み替えがあったかどうかは確認できないが、いずれにせよ私欲を認めた。しかし、国家論において朴はどこまでも道徳的、民本主義的であった。[*3]「徳は本なり。財は末なり。本を外にして末を内にすれば、民を争わして奪うことを施す。これゆえに財聚まればすなわち民散じ、財散ずれば民聚まる」という『大学』の一節を引いて、「一国の富を得る本は民を保って財を聚めないことです」という。そして、「法令が苛酷で民の通義（権利）を害し、防御に失敗して国に恥辱をもたらし、義なき軍《いくさ》を起こして百姓を困窮させ、にわかに疫病が流行して四方に伝染し、教育に意なくして人民が固陋となり、四窮を顧みずに丘壑に捨て、無用な官に禄を与えて無功な人を賞し、無益な土木を行って公財を費やすなどは、民の財を盗んで民の力を尽きさせることであり、そうであっては政府ということができません」と続ける。これは規律権力への警鐘であると同時に、小さな政府構想[*4]であり、明らかに富国強兵政策の否定である。また、まさしく経済は政治と道徳との連続の上に認識されており、三位一体である。ここには単に民本主義というばかりではなく、伝統的な朝鮮の小国主義が貫徹している［趙景達　二〇一〇a］。

その小国主義は、⑤軍事でより明確にされている。ここでは武備を論ずるはずであるのに、そのほとんどは、仁義による軍の規律化とか、将兵の気力統一などの精神論に終始している。本文のあとに軍備の具体策が箇条書きされてはいるが、この条の主眼は軍隊の士気をいかに高めるかにあるといってよい。そして、その中で注目すべきは「愛国」の論じ方である。朴は、「そもそも人に恥る気持ちがあって、それが大であるならば戦うに足り、小であれば守るに足ります。それゆえ、民が己を愛して恥を知ることを押し広げ、国を愛することに及んでいけば、身を保って国を護ることができます」といっている。「愛己」は「愛国」の前提になっており、国家主義とは一線を画している。朱子学における修己治人的な、何事も己から始まるという発想があるのだといえよう。またこれは、「建白書」の二年後に発布された日本の教育勅語とはまるで違う論理である。周知のように教育勅語では、「一旦緩急アレハ義勇公ニ奉シ以テ天壌無窮ノ皇運ヲ扶翼スヘシ」とあり、国体に対する奉公は無条件的なものであり、己を無私にすることによって国体に殉じることが宿命づけられている。朴の軍事論は日本的な富国強兵とはまるで違うものであって、大国志向は前提にされていない。朴は、「数万を養兵すれば、しばらくは邦内を鎮めるに足りる」として、軍隊は対外的な存在というよりは、反乱への備えのような対内的位置づけであり、警察とも未分離のようである。しかも徴兵構想は何ら示されていない。近代朝鮮では大韓帝国に至るまで徴兵制度が施行されることはなかった。朝鮮では軍事増強に関わる思想は、例外的に李珥の養兵一〇万論にみられるが、しかしそれは武器消耗論の立場に立ち、過度な軍事力の常備を戒めるものであった［藤間生大　一九七七］。小国主義では士気充実した少数精鋭の軍隊育成が軍事思想の基本であり、朴の議論はこれを明らかに踏襲している。

朴における民本主義と小国主義の所在は明白である。彼はこのような議論の上に、⑦政治では「政府の職分は、穏やかに国民を治めて束縛せず、国法を固守して任意にさせず、外国との交際を保って信義を重んじ、民の生を養って廉節を守り栄辱を知らしめ、民に文徳と才芸を教えて窮理と発明の路を開くことです」（傍点引用者、以下同じ）と述べる。これは、『西洋事情』外編巻之二「政府の職分」の冒頭部分に「政府の職分は、国民を穏やかに治め、国法を固く守り、外国の交際を保つの三箇条を以てその大綱領となす」とあるのと重なっているところがあるが、『西洋事情』では「外国の交際を保つ」とはいっても、「信義を重んじ」とはいっていない。また、朴にとって政府の職分は、「養民」＝「保民」と「教民」＝「教化」を目的とするものでなければならなかった。

では、国王の権力はどのようにあらねばならないか。朴は、「万機を親裁してはならず、各々はこれをその官に任せる事」として、一君万民を排している。一君万民思想は当時にあっては一般的であり、穏健開化派も共有していたし、民衆世界もそうであった。のちに高宗は、甲午農民戦争や独立協会運動などにおける下からの一君万民の要望を梃子にして、大韓帝国の創設と自らの皇帝即位を実現していく［趙景達　二〇一〇b］。こうした中にあって朴は「君民共治」を説くのだが、これは実質がともなわないものであるにせよ、理念的には一君万民を説く明治政府の方向性とも違っている。しかしそれは、朴なりの民本主義に基づく理念であった。朴は、「君賢く吏良にして、偏することなく党することなく、民を愛すること己のごとく、民を教すること子のごとくすれば、民国は安んじます」と述べ、「愛民」「教民」という民本の論理を忘れない。そして「君民共治」の立場から、かつての「朋党」とは違う「忠国の党」たる「政党」を認めるべきだというのである。

もっとも「君民共治」といいながら、その実質は「君臣共治」である。立憲君主制は朴の主張するところではない。彼は県会について論じても国会については論じない。また、その議員の選出法も選挙が念頭にあるわけではなく、「県宰」や「司訟の官」などは人望によって登用されるべきものとしている。政治と道徳の未分離な徳治主義に基づく伝統的な人材観である。しかもそれは、「公卿大夫に治務をさせ、小吏を任じてはならない」として閉鎖的である。自らが哲宗の婿という公卿の立場にあったことから、朴は民の政治参加は容易に認めることができなかったものと思われる。しかしこれもまた、民本主義そのものであって、何ら矛盾するものではない。民本主義においては愚民観が前提にされており、民は政治の享受主体ではあっても、政治主体はあくまでも士大夫層であった。日本では翌年に憲法公布を控えていたにもかかわらず、立憲政治や議会政治は朴の政治思想からなお排除されていた。

ところが、民の自由を説く点において「建白書」は執拗である。⑦でも「およそ自由の権があってこそ君権が定まり、民国は永安する」と述べているが、⑧人権では冒頭に、「通義（権利）というのは人が自ら生命を保ち、自由を求め、幸福を願うことである」と述べ、天賦人権や四民平等も主張している。実のところ、⑧もまた福沢の受け売り的な性格が強い。「士たらんとする者は士となり、農たらんとする者は農となり、工たらんと欲する者は工となり、商たらんとする者は商となり、少しも区別はありません」というのは『西洋事情』初編巻之一「備考」〈政治〉にほぼそのまま出てくる。しかし本来、四民平等思想は朝鮮では朱子学の体内から自己形成されていったものである。このことは本書序論においても言及した。朴の師朴珪寿は「孝悌忠順」の徳を読書人＝士のみに限定せず、農工商にも「孝悌忠順」の徳の所有を認めることによって、四民平等思想に内在的に到達していた［趙景達 一九九五］。民衆思想の東学もそうである。むしろ福沢の方が、西欧思想の受け売りとして『学問のすゝめ』初編冒頭に「天は人の上に人を造らず、人の下に人を造らずと云へり」と伝聞として書かざるを得なかったことを指摘しておきたい。

以上、「建白書」は伝統的な民本主義や小国主義がベースとなっており、それが克服されたなどとは到底いえない。そこに出てくる「富強」は文字通りの富国強兵とは違い、「自強」と読み替えるべきである。また、「建白書」では「民国」も多用されているのだが、これも「民と国」ではなく、「民の国」と理解されている可能性が高い。③には、「民国の富強は人々の大いに欲するところです」とあるのだが、これは文字通り「民の国の富強」であろう。月脚達彦は「民と国の富強」と翻訳しているが、一考を要する。一般に「民富」とはいうが、「民強」とはいわない。ただし、「民の国」を標榜していたとはいえ、「君民共治」を拒否するような朴の民国論は、国民国家構想としてはなお未熟である。黄台淵がいう「始原的国民国家」とは、「建白書」の内容により相応しい。

2 中采浩の民国思想

一九〇五年、保護条約が結ばれると国権回復運動が起き、近代的知識人の間では首都漢城を中心に愛国啓蒙運動が巻き起こる。この民族運動は、国権回復のための実力を養成しようとする自強運動であった。しかしその大勢は、なおオプティミスティックな朱子学的思惟を随伴させ、いまだ帝国主義への甘い認識から自由ではなかった。社会進化論は、中国の厳復や梁啓超、あるいは日本を通じて受け入れられ、「弱肉強食」「生存競争」「適者生存」「優勝劣敗」などの苛酷な現実を認識してはいたが、一方で社会進化論が文明の進歩を説くことにも大きな関心を示していた。そこには「万国公法」はおろか、朝鮮が「富強」になった暁には朝鮮を独立国に戻すとした伊藤博文の老獪な言説への期待さえあった。その結果、「親日主義」の立場から日本を盟主とする「東洋主義」＝アジア主義を標榜し、対日妥協的な同盟論・保護論・合邦論などが台頭するに至る。これはまさに、日本帝国主義批判の論理が欠如した思想であった［趙景達　一九八九］。

こうした中、このような「東洋主義」を断固批判し、国家主義と国粋主義を至上化することによって、世界列強に伍する国民国家構想を明らかにしたのが申采浩（一八八〇～一九三六）であり、その論説が「二十世紀新国民」である。彼は当時の最高学府であった成均館に入学し、成均館博士の称号も得たが、官界には進まずに言論界に入り、『皇城新聞』や『大韓毎日申報』の主筆となった。彼は本来朱子学を信奉しながらも、あえて政治と道徳を連続視する伝統的思惟の立場を捨てて、現実世界を徹底した弱肉強食社会と見た。

「二十世紀新国民」は一九一〇年二月二二日～三月三日に『大韓毎日申報』に連載された論説である。その内容は端的にいって、国家競争がかつてないほどに熾烈に行われる帝国主義の時代にあっては、国民全体が勝者とならなければならず、そのためには朝鮮人は事大主義を放棄して「新国民」となり、「国民的国家」を作って「全国民による競争」に打ち勝たなければならないというものである。しかし同時に、世界は民族主義と自由主義の時代ともなっており、文明の革新を起こして衰退した韓国の地位を引き上げようとする覚悟をもたなければならない。そして、そのために必要な施策は次の六点であるとする。

①まずもって国民の道徳を高めることが重要だが、それには平等主義・自由主義・正義観念・毅勇精神・公共観念の五点を培うことが必須となる。②しかし、現実世界は「軍国世界」なのだから、精神的にも物質的にも軍事武装化に励まなければならない。③また、現実世界は「経済奮闘の世界」であるから、勤勉と進取の精神をもって商工業の発展に努め、国民経済を創出しなければならない。④政治的には、朝鮮人は清国人ほどには政治能力が劣っていないから、「独立的国民の天能」を伸ばし、「立憲的国民の資格」を備えるようにしなければならない。⑤そのためには、国家精神・民族主義・文明主義はもちろんだが、尚武教育を重視した義務教育を行わなければならない。⑥そして最後に宗教問題を論じ、朝鮮人は「宗教の奴隷」になってはならず、今日韓国で勢力をもっている儒教とキリスト教などは、「国民的宗教」として育成していかなければならない。

以上が「二十世紀新国民」の概要である。一見して気づくのは、分量ははるかに少ないのだが、梁啓超の「新民説」(初出『新民叢報』一―七二号〈一九〇二―一九〇六年〉連載、のち一九〇七年刊行)と酷似している点である。つとに明らかにされているように、国家主義を力説した梁啓超は当時韓国で絶大な影響力を誇っていた［申一澈 一九八一］［佐々充昭 二〇〇二］。わけても「新民説」は強い影響を与え、『大韓毎日申報』などはそれに影響された論説をいくつも載せているし、秘密結社の新民会もその影響下に作られた［李光麟 一九七九］。「二十世紀新国民」が「新民説」の強い影響で書かれたことも、すでに明らかにされている［崔洪奎 一九八三］。だとすれば、この論説をここで取り上げる意味も相当に減殺されるであろう。

しかも、「二十世紀新国民」の議論が梁啓超に引きずられすぎだということをもって、これは申采浩の著作ではないということもできるかも知れない。この論説は従来から申采浩の著作だとされてはきたが、実は無署名である。最新の『丹齋申采浩全集』(独立記念館韓国独立運動史研究所、二〇〇八年)では、所収論説を「記名」=申采浩の署名入りのもの、「確定」=署名はないが申が書いたものであることが確実なもの、「推定」=確実とまではいえないがそのように推測されるものの三つに分類し、「二十世紀新国民」を慎重に「推定」として第六巻（四六一～四七〇頁）に収めている。なるほど、申は国粋主義者であるにもかかわらず、「二十世紀新国民」は国家主義的ではあるが、国粋については何ら語らない。梁啓超は「中国魂」について語りはしたが、「新民説」では国粋を語らなかっただけでなく、そもそも彼は唯我独尊的な国粋主義を提唱しなかった［王青 二〇〇九］。「二十世紀新国民」で申が国粋を語らなかったのは、果たして訝しいことである。また、本来の申は西欧に対して理念型的には論じていないが、「新民説」は理想主義的に語っている嫌いがあり、「二十世紀新国民」でもやや理想化している。

しかし、申は『大韓毎日申報』の主筆を務めていた以上、たとえ彼の直接の執筆になるものではなかったとしても、申の指示ないしは許諾のもとに載せられたものであることは間違いなく、彼の考えが反映されていることを否定することはできない。この論説で国粋主義が論じられていないのは、おそらく国民国家の普遍主義的なあり方を啓蒙しようとするところに主眼があったためではないかと推測される。そして実は、この論説は重要な点で「新民説」の議論を全面的に採用せず、申采浩的な議論を展開している。この論説を近代朝鮮の三大国民国家構想の一つとするゆえんは、まさにそこにある。ここでこの論説を取り上げる意味は、減殺されるどころか、むしろ大いにあるというべきであり、また梁啓超との比較において申采浩思想の独自性を明らかにしうる点からも、この論説は重要である。では、両者の違いは何か。筆者は大きく三つの問題において、両者には大きな違いがあると考えている。

まず第一は、国民と政体をめぐる問題である。申は自由なる新民＝国民を創出することに同意したが、その前提は違っていた。梁は、「四民平等問題は中国に存在しない。我々は戦国以来、卿大夫の世襲制度を廃止し、階級の陋習は早くに消滅していた」（高島航訳注『新民説』平凡社、二〇一四、一四八頁）[*5]と述べており、中国には基本的に身分階級問題は存在しないという立場であった。それに対して申は、朝鮮には本来氏族・官民・嫡庶の差別があり、それは甲午改革で廃止されたものの、まだその残滓があるという立場である。従って、国民の自由について論じる場合、

申は平等主義的自由を強調することになる。このことについては、すでに禹男淑が指摘するところである［우남숙 二〇〇七］。

これと関連して、梁は天賦人権論ではなく、社会進化論の立場から権利の獲得を説明したが、申は天賦人権論に比重を置いて説明している点が重要である。梁は、「権利はどこから生じるのか。強さから生じる」（一一四頁）とか「権利の強弱は、まさにその人の品格に関係する」（一一六頁）、あるいは「権利の競争はやむことがない」（一一七頁）などと述べているが、これは加藤弘之の『強者の権利の競争』（一八九三）に依拠したものである。周知のように加藤は、自由民権運動に対抗するため天賦人権論を放棄して社会進化論に帰依することによって、権利なるものは強者の権利として誕生するものであることを説いた。最初これを『人権新説』（一八八二）で述べ、のちに『強者の権利の競争』で詳論し、「凡ソ吾人ノ権利自由ハ独リ強者ノ権利ノ競争ニヨリテ進歩発達スルコトヲ得タリ」と簡明に述べた（日本評論社、再版一九四二、一四〇頁）。これは国家論的には強権国家を正当化することになる。だが、申はこうした権利の後天獲得説を拒否する。すなわち、「人類はかの創造説のように上帝が創造したのであれ、またかの進化説のように自然に進化したのであれ、人類は平等であり、ならば強者も人、弱者も人、富者も人、貧者も人、王侯・将相・英雄・聖人も人、樵夫・牧童・愚夫・愚婦も人である」という。これは権利の起源について、天賦人権論か社会進化論かの判断を留保しているかに見えて、その実は本来主義的な権利論であり、天賦人権論に依拠しているのだといわざるを得ない。申は、現在の西洋では「孔孟の輔世長民主義が実行され、ルソーの平等自由精神が成功している」とも述べている。儒教的民本主義が天賦人権論を受容する重要な受け皿になっているのである。

こうした違いは、すぐにも望まれる政体は何かという点にも自然に及んでいく。梁は「新民説」では政体についてほとんど論じていないが、一九〇三年の米国訪問で華僑社会の分裂ぶりを見て以降その政治姿勢を後退させ、共和にも立憲にも疑問を持ち「開明専制論」を主張するようになるのは周知の事実である。[*6] しかし申は、「国民的国家ではない国（立憲国でなく、一、二人が専制する国——原注）と世界の大勢に逆らう国は必ず亡びる」とし、梁の見解には与しない。そこには確固たる民国理念があったものと思われる。彼は別のところで、「君は君主で、社稷は皇室で、民は国家である」（「論忠臣」『大韓毎日申報』一九〇九・八・一三、前掲『全集』第六巻、三六五頁）と述べている。「二十世紀新国民」でも「民国」という用語を使っているが、その意味が「民の国」であることは間違いない。

以上のことからすると、申の国家主義は梁より弱かったように見える。だが、そう単純ではない。国民と政体をめぐる認識の違いは、第二の問題として公徳と私徳の認識の違いにも連動するのだが、両者においては、国家的人間になるべき民衆への信頼度が違っていた。梁が「新民説」で最もいいたいことは、「新民」になるための「道徳革命」を起こさなければならないということである。梁は、当時の中国人の道徳であっては新国家を樹立することは到底できないと考えた。早くも一九〇一年の「中国積弱溯源論」では、「わが国が病を得たのは、政府と人民の双方に罪があるのだ」（村田雄二郎編『新編原典中国近代思想史』2、岩波書店、二〇一〇、二四九頁）としながら、その実は中国人一般固有の道徳を問題とした。すなわち、国家観念の希薄性を始め奴性・愚昧・利己心・虚偽・懦弱などである。こうして梁は公徳の重要性を説くのだが、しかし私徳を否定したわけではない。私徳のみに生きようとする現実の中国人に妥協するとともに、その私徳そのものの改造を唱え、「公徳は私徳を推し広めたものである」（三六八頁）としたのである。

このような梁に対して申は、朝鮮人もまた公徳を喪失し、政治能力が欠乏していることを認める。しかし申は、私徳と公徳を関連づけるのではなく、むしろ対立的なものと見ていた。韓国併合直後に書いた「道徳」という論説では、「公徳が大で私徳が小であるのに……軽重が逆転した道徳こそが、国を滅亡させた道徳ではないか」といっている（前掲『全集』第七巻、三六三頁）。ところがにもかかわらず、申は梁のようにはそのことを自民族固有の問題だとは考えなかった。「二十世紀新国民」に戻ると、「韓人が政治思想と政治能力がかくのごとくに欠乏したのは決して韓人の先天的性質ではない」とし、それらを喪失したのは「専制の毒」「経済の困」「知識の乏」によるものなのであって、朝鮮人は本来「独立的国民の天能を伸ばして立憲的国民の資格を備えて」いるという。このように申が主張できた理由こそが、国粋への確信なのだが、国民国家の普遍性を啓蒙することに主眼を置いたため、「二十世紀新国民」では論じられなかったということについてはすでに述べた。申は別なところで、国粋とは「その国に歴史的に伝来する風俗・習慣・法律・制度などの精神である。そもそもこの風俗・習慣・法律・制度は、先聖・昔賢の心血が凝縮したものであり、巨儒・哲人の誠力が結集したものである」(「国粋保全論」『大韓毎日申報』一九〇八・八・一二、前掲『全集』二八四頁)と説明している。国粋には確かに今や古めかしくなったものもあるが、しかし「いやしくも「破壊」の二字を誤解し、歴史的習慣の善悪を分かたず、すべてを廃棄するなら、将来何に基づいて国民の精神を維持し、何によって国民の愛国心を喚起するのか」ともいい、申にとって国粋は国民を形成する上において必須の精神であった。国民という普遍的存在は、国粋という特殊的価値によって担保されなければならなかったのである。申は、「古来からの家族的道徳は、その範囲が狭く、個人に止まっているので、私はそれを捨ててしまった」といって私徳を否定さえし、替わって「国粋的道徳」を高揚させるべきことを唱えた(前掲「道徳」三六五〜三六六頁)。申は、儒教化されたことによって国粋を喪失していったという認識はもったが、それでも国粋は残り、「巨儒・哲人の誠力」の中にも国粋を見出していたのである。

こうした認識は梁の道徳革命論とは方向性が明らかに違う。道徳革命論は民族改造を説くものであり、梁は「ああ、「道徳革命」の議論がきっと国を挙げて批判されるであろうことは承知している」(五七頁)といって批判されるのを覚悟していた。朝鮮でも一九二二年、親日主義者の李光洙によって朝鮮民族の道徳改造を意味する「民族改造論」(『開闢』五月号)が唱えられ大きな物議を醸している。李はそこで朝鮮民族に虚偽・私欲・懶惰・怯懦・無信義などの道徳的欠陥があることを認めた。もとより李の思想には日本の影響が大きく、この論文には梁啓超の影響は明示されていない。しかし、二〇歳ほど後輩になるとはいえ、同時代を生きた者として、李が梁啓超に間接的にせよ、影響を受けなかったとは考えられない。梁の議論はかえって李光洙に大きな影響を与えたものと思われる。

申が梁の道徳革命に与しなかったことは、「国家的宗教」の創設を提唱したことによっても明らかである。「新民説」では、「宗教の奴隷」となってはならないが、「宗教の作用はもとより無視できない」というも、中国は宗教国ではないという立場である（一四八、一六〇頁）。それに対して申は、当時朝鮮で有力な地歩を占めていた儒教とキリスト教を「国家的宗教」として育成していかなければならないという。本来儒教徒である申の儒教観は、屈折している。儒教は外来の思想であるから不可なのではなく、それを朝鮮化できなかったことが問題だという認識である。いずれにせよ、国粋によって担保された国家主義の主張は、申の方がむしろ梁より強く見える。

このことと関連して梁と申の違いの第三点は、強権論と公法論についてである。先に述べたように、梁は加藤弘之の『強者の権利の競争』に則って社会進化論の立場から権利の獲得を説明した。これは世界認識とも大いに関わっている。梁は、「かの野蛮と半開の国では、統治者の知識ははるかに被治者より優れているので、被治者を支配するのは甚だ容易い。それゆえ権力は勢い強大にならざるを得ない。文明国の場合は、被治者の知識は統治者に劣らないので、権力を伸張して統治者に対応しようとする。二つの力が遭遇すれば、その力はほとんど平均化され、互いに温良にならざるを得ない。これを自由という」（「自由書」〈論強権〉『飲冰室専集之二』三一頁）といっている。強権をもつ者は自由であり、文明が発達していくと、弱者の知力が増して権力が平均化し、温良な秩序が生まれるというのであるが、強権国家を志向しているはずの梁としては、いささかオプティミスティックな認識であることを免れない。これは梁の欧米列強や日本に対する認識にも連動していた。事実、日本に拠点をもっていた梁の日本への信頼感は比較的高く、帝国主義一般に対しても警戒感が薄い［狭間直樹　二〇一六］。その万国公法観も、「人に悪口を返すにせよ、力で対抗するにせよ、必ず公法に従い、外交手段によって敵を制するのでなければ、効果を挙げることはできない。必ず内部に堅固な武力を有するのでなければ、自衛の実権を行使することはできない」(「新民説」三五〇頁)というものであり、「堅固な武力」があることを条件にしながらも、万国公法の有用性を認定していた。

こうした認識に対して申は、はるかにペシミスティックである。「百巻の万国公法は数門の大砲に若かず」(『通俗国権論』一八七八年)といった福沢諭吉に倣い、「二十世紀新国民」は、「二〇世紀の世界は軍国世界であり、強兵が向かうところに正義は霊せず、大砲が到る所に公法は無用にして、ただ強権あるのみである」と語る。これは、政治と道徳を分離するようなマキャベリスティックなナショナリズムの成立を意味し、朝鮮近代史上、申が初めてなしたものであったといえる。と同時に、そこには現実世界への深い憎悪があった。ただしそこには、申自ら強く批判した「東洋主義」同様に帝国主義批判の論理はない。国際社会に正義を求めず、自らもそれを放棄して、ひたすらに強権をもって「軍国世界」に打って出ようとするナショナリズムは、帝国主義を原理的に批判することはできない[趙景達 一九八九]。

以上、「二十世紀新国民」は「新民説」の影響を受けながらも、その国民国家構想は重要な論点において性格を異にするものであった。総じていえば、申は梁より国家主義的ではあるが、にもかかわらず民国思想を継承したがゆえに、理論的には未熟であるにせよ、原理的次元で人間平等論を主張できた。そして、そこには堕落したという認識があったとはいえ、朝鮮民族、いや朝鮮民衆に対する信頼があった。韓国併合から一〇年ほどの葛藤を経て二〇年代に入ると、申はドラスティックに無政府主義に転じていくが、その契機はすでに「二十世紀新国民」に胚胎していたといえよう。無政府主義者になってからは国家の道徳を否定する一方で、オプティミスティックに政治と道徳を連続せしめる普遍主義に回帰することによって、民衆文化の創造と民衆の直接革命を提唱する「朝鮮革命宣言」(一九二三年)を執筆するに至る[趙景達 一九九六]。「二十世紀新国民」こそは、朝鮮最初の本格的な国民国家構想といいうるものであるが、しかしこれもまた克服される運命にあった。ただしそれは、無政府主義的には容易になされるものではない。しかも申は一九二八年に台湾で逮捕され、三六年旅順刑務所で没した。それはかつての学友趙素昂によってなされることになる。

3　趙素昂の民国思想

趙素昂（一八八七〜一九五八）は三均主義の提唱者としてつとに有名な独立運動家であり、また思想家にして文人である。「大韓民国建国綱領」（『大韓民国臨時政府公報』独立記念館、二〇〇四年、二一〇〜二一五頁、『素昂先生文集』上、횃불사、一九七九年、一四八〜一五三頁）は、大韓民国臨時政府が一九四一年一一月二八日に公布した独立後の建国綱領であり、当時国務委員会副主席であった趙が起草した。主席は金九《キムグ》であるが、臨時政府は趙の三均主義を国家指針として認め、「大韓民国建国綱領」はそれを基本理念とした。三均主義とは、一口にいって政治・経済・教育の均等を理念とする社会民主主義的な思想であるが、これは単に西欧近代思想の輸入として構想されたものではない。朝鮮の伝統思想と朝鮮の独立運動の系譜上に位置づけることができるものである。このことを理解するためには、まず何よりもその発案者である趙素昂の経歴にふれないわけにはいかない。

趙は申采浩より若いが、一九〇二年成均館に入学して学友となった。しかし、〇四年二月、日韓議定書の調印に抗議して申よりも早く成均館を退学してしまった。その後皇室留学生となって日本に渡り、東京府立一中・明治大学法科などで学んだ。そして、一二年に卒業して帰国した翌年、上海に亡命し、一九年に創建された臨時政府に参加する。するとすぐに、パリ講和会議代表団支援のために渡欧し、会議終了後も欧州各国やソ連などを歴訪した。その間、国際社会党大会やソ連の革命記念大会など数多くの国際会議に出席するとともに、各国要人や革命家、思想家、文化人など数多くの有名人士と会った。二一年五月に中国に戻ってからは臨時政府の要職に就くとともに、三〇年創設の韓国独立党に参加し、以後分裂、解党、再結成を経ることになるこの党の中心的存在であり続けた。独立党は四〇年以降臨時政府の与党となり、金九がその代表の地位に就いた。「大韓民国建国綱領」はこうして臨時政府の一大綱領となるのだが、その実質的な最大の功労者が趙素昂であることは明らかである。解放後は、帰国すると、金九などとともに信託統治反対、単政反対、南北協商などを主張したが、平壌から帰国後に大韓民国を承認して社会党を組織し、第二代国会議員となった。そして、朝鮮戦争の際に北朝鮮に連行され、その地で没した。

趙素昂は当時にあって図抜けた国際人であり、新旧にわたる深い教養を身につけた人物であった。なるほど一見したところ、彼の社会民主主義的な思想は西欧的な教養からもたらされたものであるかに見える。しかし、そう単純な思想形成をなした人物ではない。朱子学はもとより孫文の三民主義、康有為の大同主義、無政府主義、社会主義などの思想を学んだし、日本留学時にはキリスト教に入信している。しかし、キリスト教入信の五年後である一九一五年には、檀君・仏陀・孔子・キリスト・ソクラテス・マホメットを六大聖人とする六聖教を自ら提唱した。六聖相合の場を一神とし、その教化によって独立・自由・平等・幸福を精神的に得ることができるという趣旨の新興宗教である。六大聖人の中に檀君を入れているのは、民族宗教として有名な大倧教の影響があるが、趙の国粋主義の所在は明らかであり、普遍主義と特殊主義の統一を図ろうとした痕跡だといえよう。彼の三均主義はそうした宗教経験や思想経験の中から生み出されたものなのである［홍선희　二〇一四］。わけても、申采浩や中国人無政府主義者たちの影響を受け、二〇年代に六聖教を経て大同主義から無政府主義に転じていったことは注目される。彼は二二年に上海で韓薩《ハンサリ》任《ム》という無政府主義の秘密結社を作っている［佐々充昭　二〇一六］。

しかし、やがて無政府主義の限界が見えてくる中で民族主義の立場を明確にし、三〇年一月に創建された韓国独立党に参加する。三均主義は二〇年代後半に構想が練られ、独立党の党義になるが、それが明瞭に示されたのが三一年に書かれた「韓国独立党之近像」という論文である。そこでは独立党の主義は、「人と人、族と族、国と国が均等に生存していくことを主義とする」ことであり、それは、政治の均等化、経済の均等化、教育の均等化によってなされるとする。具体的には、「普通選挙制を実行して執権機会を均等とし、国有制を実行して経済生活を均等とし、国費義務学制を実行して教育機会を均等とすることによって、国内の人と人の均等生活を実現する」ことである。そして、族と族の均等は、「「民族自決」をすべての民族に適用して、少数民族と弱小民族が被圧迫、被統治の地位に陥るのを免れしめること」によってなされ、国と国との均等は、「植民政策を否定して資本主義・帝国主義を打倒し、弱国を併せ、後進国を攻め、乱れた国を取り、亡びようとする国を侮る戦争行為を禁止すること」によってなされるとする。こうして国際社会は平等になり、やがて「四海一家の世界」が実現されるとするのである（『素昂先生文集』上、一〇八頁）。

社会民主主義的というより、限りなく共産主義に近いとさえいえる。ただ、趙は最後まで共産主義とは一線を画していた。彼は社会民主主義には大きく共感したが、ソ連を実際に見る中で、ボルシェビキ的な一党独裁には共感することができなかった。「韓国独立党党義解釈」では、「社会主義ソ連では労農専制を実施している。本党が主張する政治的均等は、いかなる一階級の独裁専制も許さず、ただ真正な全民的政治均等を要求するだけである」（『素昂先生文集』上、二一六頁）といっている。しかし、このような容共的綱領であるなら、左派との統一戦線は可能である。姜萬吉は、「三均主義は左右の路線対立を解消して連合戦線を志向した時期に、大体において右派路線によって提示された民族主義論の一つだということができる」［姜萬吉　一九八二］といっているが、その通りであろう。三五年に創立された左派優位の民族統一戦線的性格をもつ民族革命党には、独立党代表として趙素昂が新党創立代表委員として参席し、三均主義は民族革命党の党義にも反映された。そしてその後も内紛や分裂がありはしたが、ついに「大韓民国建国綱領」に結実し、臨時政府はアジア太平洋戦争期には統一戦線的性格をもつに至ったのである。

では、「大韓民国建国綱領」にはどのようなことが書かれているのか。この文書は、第一章総綱、第二章復国、第三章建国の三章からなっているが、国民国家構想として重要なのは第三章である。ここでは、「三均制度を骨子とした憲法を実施し、政治・経済・教育の民主的施設を作って均衡の実現を図り、全国の土地と大生産機関の国有が完成し、全国すべての学齢児童が無償で高級教育を受けられるようになり、普通選挙制度が自由、完全に実施」されるようになることを目指すと明記されている。具体的には、労働権・休息権・被救済権・無償就学権・参政権・男女平等などを保証することが謳われているが、重要なのは企業経営と土地分配の問題である。企業は中小規模の企業以外はすべて国営とされ、日本から没収した財産は、無産者の利益のために運営される国営・公営の集団生産機関に割当てられる。土地は自力自耕の人に分給することを原則とし、雇傭農や小作農など低級の者から順次分配し、相続・売買・抵当・譲渡・遺贈・転貸などを禁止する。高利貸金業と私人の雇傭農業も禁止される。また、農工人の無償医療を実施し、教育も初等教育から高等教育まですべて無料とする。

一党独裁規定がないだけで、ほとんど社会主義の綱領といっていいであろう。こうした綱領に金九などの民族主義右派といわれる独立運動家のほとんどが賛成したのである。被植民地民族の解放闘争が反帝国主義であって、多分に反資本主義的性格をもたざるを得なくなるために、その国民国家構想が社会主義的になるのは、ある意味当然である。しかし重要なことは、趙素昂はこうした綱領＝三均主義を朝鮮史の内在的な歴史文脈の上から正当化している点である。第一章総綱には、次のようにある。

二、わが国の建国精神は三均制度に歴史的根拠を置いている。先民は、「首と尾が均しく均衡が取れれば、国を興して太平を保つことができる」と言われている。これは、社会各層、各級の智力と権力と富力の享有を均平にして国家を振興し、太平を保全維持しようということであり、広く人間に益を与え、世界を治め教化しようというわが民族が守るべき最高の公理である。

三、わが国の土地制度は国有の遺法に基づく。先賢は、「聖祖の至公分授の法に遵って、後人の私有兼併の弊を革める」と痛論されている。これは紊乱した私有制度を国有に戻そうという土地革命の歴史的宣言である。わが民族は古規と新法を参酌して土地制度を国有にすることを確定する。

二の「先民」というのは、神話上の檀君時代に生きた人物神誌《シンジ》のことである。高麗時代には神誌が書いたとされる秘記『神誌秘詞』が存在していた。高麗時代の術士金謂磾《キムウィジェ》が遷都すべきことを上疏するに際して『神誌秘詞』を引用しており、『高麗史』列伝巻三五にある金謂磾の伝記にその一部が引用されている。「首と尾が均しく均衡が取れれば、国を興して太平を保つことができる」というのは、その中の一説である。趙素昂は一九一二年明治大学卒業の年に、書店にて『高麗史』を三円の代金で驚きをもって購入している（「東遊略抄」『素昂先生文集』下、四七三頁）。以後愛読したものと思われ、三の文言も『高麗史』に基づいている。「先賢」というのは朝鮮建国の開国功臣趙浚《チョジュン》のことで、彼は李成桂《イソンゲ》の厚い信頼を得て私田廃止に重要な役割を果たした。「聖祖（高麗始祖王建《ワンゴン》のこと）の至公分授の法に遵って、後人の私有兼併の弊を革める」というのは、高麗末における趙浚の田制改革に関する上疏文の一節で、『高麗史』志巻三二食貨一の辛禑《シンウ》一四年条に載っている。三二年に書かれた「韓国之現状及其革命趨勢」（『素昂先生文集』上、六四頁）では、趙素昂はこの上疏文を要約して掲載し、趙浚が王建の時代に私田が廃止されたことをもって私田廃止を訴え、これを李成桂とともに実行したことを「土地革命」だと評価している。趙素昂は、平等主義・平均主義というのは朝鮮民族固有のものとしてあったとしているのだが、国家は民のためにあるという朝鮮王朝以来の認識を継承しようとしているのは明らかである。しかも、神誌の話は儒教とは関係のない神話上の話であり、国粋主義的な観点からも民国思想＝民本主義がその線上に位置づけられ、朝鮮独立の論理が導き出されている点は注目される。

ただし、解放後は三均主義の急進性はやや薄れる。これは建国段階になって趙素昂が現実的になったためである。姜萬吉は、企業の国有化の範囲が限定されたり、土地の国有化に言及されなくなったりしたという［姜萬吉一九八二］。筆者もその通りであると思うが、より理念的な面でいえば、三均主義にある小国主義的な発想が後退している点が重要ではないかと思う。「韓国在未来世界中的地位」という論説で趙は、「朝鮮は単一民族で、人口はスペインやポーランドと同じくらいで小国ではなく、面積もイギリス本国に匹敵しており、これまた小国とはいえない」し、「永世中立の制度は自存することができない小国に限定される」のだから、朝鮮が取るべき方向性ではないといっている（『素昂先生文集』上、一七五、一七七頁）。独立機運は、やはり大国願望を刺激するのであろうか。しかしである。最後には、「韓人が要求する自主独立は、富国強兵の旧形式にはなく、必ず人に対して善をなすことにある。天下は公であるという真正な民主世界は韓人がいうところの世界一家の究極の目的である」（一七八頁）とし、富国強兵が否定され、普遍主義的世界観が語られている。若干の後退を見せはしているが、理想主義はいまだ健在であり、趙にとって民国思想は世界に連なるものでなければならなかったのである。

おわりに

朝鮮は、日本や中国経由で近代思想を受容しはしたが、日本のような転向的な受容はしなかったし、また中国の影響は日本以上に強いものがあるようにみえて、そこからの受容はやはり選択的であった。そこには伝統の近代的読み替えが当然にあり、それは同じく儒教社会でありながら、中国の読み替えとも違うものであったことに留意する必要がある。竹内好の言葉に倣えば、朝鮮もまた「回心文化」的であった［竹内好　一九九六］。朝鮮王朝時代に育まれた儒教思想のあり方は、本家の中国とは違うものであり、儒教的民本主義は同じように見えて、実は民国思想に結実していく朝鮮のそれは特異であり、反植民地闘争にも大きな影響を与えるものであった。

ただし解放後、民国思想は北でも南でも、破綻ないし放棄された。北朝鮮は民の「地上の楽園」をしきりに喧伝したが、社会主義とは名ばかりの独裁「王朝国家」を作ったし、韓国は大韓臨時政府を正統とし、その法統を継承する立場にありながら、「大韓民国建国綱領」とは対極にある国家を作った。民本主義というのは民への深い哀れみの気持ちから発するものであるとはいえ、民国を語る主体は基本的には知識人たる士である。従って、そこにはつねに傲慢な士の存在とその愚民観がつきまとい、それは権威主義を生み出す温床にもなる。韓国では、権威主義批判がいわれて久しくなっているが、民主化されてもなお、権威主義は社会の様々なところに潜んでいる。民本主義と権威主義は硬貨の表裏の関係にあるのではないか、というのが年来の筆者の認識である。

しかし、そうであってなお民本主義と民国思想の伝統は、朝鮮半島の民主化を推し進めていく上での理念的な起爆剤である。民本主義は、民衆を政治主体としては容易に認めないが、異議申し立てなら積極的に認めようとする政治文化であることをその特徴としている。つまり、民意が重視されるということである。韓国政治が多分に民意に動かされ、NGO・NPOの活動や市民運動、学生運動などが日本に比べてはるかに活発なのは、そのことをよく示している。問題は、人々が硬貨の表裏の関係について、いかに自覚的であるかにあるのだと思われる。いずれにせよ、民本主義と民国思想の伝統は今も息づいているのである。

註

＊1　この三文書はいずれもさほど長文のものではなく、目次もしっかりしている。紙幅の問題のほか煩瑣にもなるので、これらに限って以下いちいち頁数は示さない。

＊2　「建白書」は近年日本語訳され、月脚達彦訳注『朝鮮開化派選集』（平凡社〈東洋文庫〉、二〇一四年）に収められているが、本稿での引用は『日本外交文書』を底本とした。

＊3　拙稿［趙景達　二〇一〇a］において、朴泳孝が際限のない私欲を禁じ、儒教的民本主義によって資本主義の発展さえ牽制しようとしたことの証左として、「富貴を貪るを禁じ、子孫の腎嚢を除去する事」という訳の分からない一文を引用したが、これは原文「禁貪富貴、而除去子孫之腎嚢事」の訳として全く文意が通じないばかりか、証左の一文として全く不適切である。これはそのままでは「富貴を貪って（貪ろうとして）子孫の腎嚢（睾丸）を除去するのを禁じる事」としか読めない。本来「除去」の前に「使

勿」とあって「富貴を貪るを禁じ、子孫の腎嚢を除去するをなからしむる事」となるのではないかと考えたのだが、うっかりしたパソコン操作によって「をなからしむる」を消去してしまい、校正時にも見過ごしてしまったものである。ただいずれにせよ、これは王朝時代には子や孫などを去勢して宦官として宮廷に差し出し、富貴を得ようとする者がいたので、朴泳孝は身体保護の観点からこれを禁じようとしたものに過ぎない。人権無視の無限私欲の抑止を謳ったものではあっても、とてもではないが、資本主義の発展を牽制しようとした証左にはなりようがない。朴泳孝の私欲＝資本主義観については、当初より本論におけるように理解していたが、論文作成時に紙幅の関係から手っ取り早い史料をと思ったのと、何らか茫々としていたために二重三重の錯誤を犯してしまった。本論のように訂正する。なお、「禁貪富貴、而除去子孫之腎嚢事」は一八九五年三月に内務衙門訓示第一五条として実際に法令化されている。

＊4　今日的視点からすれば、民本主義は福祉国家に連続するはずだと思われるかも知れないが、資本主義化されていない時代にあっては、そもそも大きな政府を前提とする福祉国家という発想が生まれようがない。ここでは論じない④厚生でも、大規模な財政出動を要するような厚生策は示されていない。

＊5　以下梁啓超の文章引用は、翻訳があるものについてはそれに従うが、ないものについては『飲冰室合集』（中華書局、一九三六年）中の『飲冰室文集』ないし『飲冰室専集』からの直接翻訳とする。

＊6　梁は一九〇一年の「立憲法議」（『飲冰室文集之五』）では、現在世界にある君主専制・君主立憲・民主立憲の三種の政体の内、「君主立憲は政体の最良のものである」（一頁）とし、「現在の世界は実に専制と立憲の両政体が新陳代謝する時代である」（四頁）とした。だが、君主立憲に移行するには君主が立憲の詔定を下してから五段階を経る必要があり、二〇年はかかるだろうとしていた（六～七頁）。

参考文献

青木功一　一九六九「朝鮮開化思想と福沢諭吉の著作—朴泳孝「上疏」における福沢諭吉の影響」（『朝鮮学報』五二）
青木功一　一九七六・一九七七「朴泳孝の民本主義・新民論・民族革命論—「興復上疏」に於ける変法開化論の性格」（『朝鮮学報』八〇・八二）
伊藤俊介　二〇一〇「甲午改革と王権構想」（『歴史学研究』八六四）
伊藤俊介　二〇一五「甲午改革における警察制度改革と民衆の警察認識」（アジア民衆史研究会・歴史問題研究所編『日韓民衆史研究

の最前線』有志舎）
王　青　二〇〇九「梁啓超と明治啓蒙思想」（『北東アジア研究』一七）
佐々充昭　二〇〇二「韓末における「強権」的社会進化論の展開―梁啓超と朝鮮愛国啓蒙運動」（『朝鮮史研究会論文集』四〇）
竹内　好　一九九六「中国の近代と日本の近代」（『竹内好評論集』第三巻、筑摩書房）
趙景達　一九八五「朝鮮における大国主義と小国主義の相克―初期開化派の思想」（『朝鮮史研究会論文集』二二）
趙景達　一九八九「朝鮮における日本帝国主義批判の論理の形成―愛国啓蒙運動期における文明観の相克」（『史潮』新二五）
趙景達　一九九五「朝鮮における実学から開化への思想的転回―朴珪寿を中心に」（『歴史学研究』六七八号）
趙景達　一九九六「金玉均から申采浩へ―朝鮮における国家主義の形成と転回」（歴史学研究会編『講座世界史』七、東京大学出版会）
趙景達　二〇〇八『植民地期朝鮮の知識人と民衆』有志舎、第二章
趙景達　二〇〇九「政治文化の変容と民衆運動―朝鮮民衆運動史研究の立場から」（『歴史学研究』八五九号）
趙景達　二〇一〇a「朝鮮の国民国家構想と民本主義の伝統」（久留島浩・趙景達編『国民国家の比較史』有志舎）
趙景達　二〇一〇b「危機に立つ大韓帝国」（『岩波講座　東アジア近現代通史』第二巻）
藤間生大　一九七七『近代東アジア世界の形成』春秋社、第二章
朴忠錫　二〇〇六「朴泳孝の富国強兵論―伝統と近代の内的連関を中心に」（朴忠錫・渡辺浩『「文明」「開化」「平和」』慶應義塾大学出版会）
狭間直樹　二〇一六『梁啓超』岩波書店
宮嶋博史　一九八四「開化派研究の今日的意味」（『三千里』四〇）
宮嶋博史　二〇一〇「儒教的近代としての東アジア「近世」」（『岩波講座　東アジア近現代通史』第一巻）
姜萬吉　一九八二「民族運動·三均主義·趙素昻」（姜萬吉編『趙素昻』한길사）
金顯哲　一九九七「朴泳孝의 政治思想에 관한 研究―『国政改革에 관한 建白書』에나타난 富国強兵論」（『軍史』三四）
申一澈　一九八一『申采浩의 歴史思想研究』高麗大学校出版部、第三章
李光麟　一九七九「旧韓末 進化論의 受容과 그 影響」（『韓国開化思想研究』一潮閣）
李泰鎮（六反田豊訳）二〇〇〇a『朝鮮王朝社会と儒教』法政大学出版局、第一四章

李泰鎮　二〇〇〇b『고종시대의 재조명』태학사、序章

李泰鎮　二〇〇八「민국이념은 역사의 새로운 원동력」（教授新聞編『고종황제 역사　청문회』푸른역사）

李泰鎮　二〇一二『새 韓国史』까치、第一七章

佐々充昭　二〇一六「조소앙의 대동사상과 아나키즘—육성교（六聖教）의 구상과 한살임（韓薩任）의 결성을 중심으로」（『한국종교』四〇）

우남숙　二〇〇七「梁啓超와 신채호의 자유론 비교—『新民説』과「二十世紀新国民」을 중심으로」（『한국동양정치사상사연구』六—一）

崔洪奎　一九八三『申采浩의 民族主義思想』蛍雪出版社、第二章

황태연　二〇一六a『대한민국 국호의 유래와 민국의 의미』청계

황태연　二〇一六b「조선시대공공성의 구조변동」（황태연 외『조선시대공공성의 구조변동』한국학중앙연구원출판부）

홍선희　二〇一四『조소앙의 삼균주의 연구』부코

三　清末士大夫における二つの民認識について

小野泰教

はじめに

儒教的政治思想の特徴を考える際、為政者による民の重視という観念が一つの重要な論点としてあげられるであろう。儒教の歴史において「民」という存在が早くから重視されていたことはよく知られている。例えば、次の『孟子』の一節などは、それを端的に示すものとして有名である。

孟子曰わく「民を貴しと為し、社稷《しゃしょく》之に次ぎ、君を軽しと為す」。（『孟子』尽心下）

漢代以降、儒教が中国の正統思想の位置を占めるようになると、為政者たちにとって民生を安定させ民の信頼を得ることは、自身の政権の安定にもかかわる重要な政治課題として捉えられた。またこうした民を重視すべきとする観念は、為政者の政治を常に規制する作用も果たしてきたのである。

そして為政者による民の重視という観念の画期は、宋代に見いだされると言えよう。それ以降、科挙試験が整備され、儒教の経典に精通した学者が官僚として活躍するようになる。このような学者官僚である士大夫《したいふ》たちは、皇帝の手足となって行政を担い、まさに民生の安定に資することを自らの任務と考え、また周囲からも民生の安定に貢献すべき存在と見なされた。このように、為政者による民の重視という観念は、士大夫の登場によって、いっそう中国社会に広くかつ深く浸透していったのである。本章は以上のような経緯から、士大夫たちが為政者による民の重視という課題をどのように捉えていたか、いわば彼らの民認識のあり方を考察の対象とする。

本章は、このような士大夫の民認識のなかでも、一九世紀後半の清末士大夫のそれを考察の対象としたい。その理由は、彼らの民認識が、以下のような意味で士大夫の民認識の歴史において重要性を持つからである。すなわち、民を重視するという士大夫たちの自明の民認識が、西洋の国政のあり方との比較を通じて再度自覚的に認識され、士大夫たちの思索を促すという、それまでになかった現象が生じたからである。士大夫たちは、二度のアヘン戦争や大量の西洋情報の流入により、西洋が軍事的にもまた国家のあり方としても従来の夷狄とは異なる存在であることを認識しはじめていた。折しも彼らは、太平天国の乱などによる中国社会内部の秩序崩壊に深刻な危機意識を抱いていた。そのような状況のなか、士大夫たちの間に、中国と西洋の国政のあり方を比較する視点が芽生えはじめるのである。このような経緯で西洋に関心を抱いた清末の士大夫たちの多くは、西洋における為政者と民との関係に強い関心を示していた。それはまさに彼ら自身、為政者と民との関係を常に考え、為政者による民の重視を自身の課題としていたからにほかならない。

本章の第一の目標は、清末の士大夫たちが西洋の国政のあり方のなかにどのような為政者と民との関係を見出していたか、またそれによりどのように自己の民認識を再確認したかを考察することである。その考察によって、清末の士大夫たちが西洋の国政の見聞を通し、二つのあい反する民認識を抱くようになっていたことが明らかにされるであろう。

そして本章の第二の目標は、上述の二つのあい反する民認識のうち、従来あまり検討されてこなかった一方の認識を取りあげ、その思想史的意義を検証することである。その検証を通じて、そこに儒教と近代との接点を示すような重要な要素が含まれていたことを明らかにする。

総じて、以上のような考察を通じ、西洋との接触を引き金に展開された儒教内部における多様な民認識を描き出したい。

1　中国の官民隔絶と西洋の上下一心

一九世紀半ばの中国では、太平天国の乱などの内乱をきっかけに、中国社会のさまざまな問題点が士大夫たちに認識されるようになっていた。清末の士大夫たちは当時の中国のあり方について多くの論評を残しているが、そうした史料に頻繁に現れるのは、中国が「官民隔絶」の状態にあるという危機意識である。官民隔絶とは、官が民の実情を把握できず、また民が自身のあり方を官に上達できないために、種々の弊害が生じていることを指す。例えば、清末の士大夫でありかつ初代駐英公使を務めた郭嵩燾《かくすうとう》（一八一八〜一八九一）は、李鴻章《りこうしょう》（一八二三〜一九〇一）にあてた書簡のなかで、以下のような発言をしている。

> 中国の官民の勢は極めて隔絶し、さらに互いに朝廷の耳目を覆い隠して自らの都合を図るので、民気はいつも滞って上達できません。（「倫敦致李伯相」『養知書屋文集』巻一一、五葉）

もっとも、多くの先行研究が指摘するように、このような中国における統治者と被治者の乖離は、構造的な問題であった。統治者側は刑罰と徴税にしか関心を抱かず、被治者は統治者への不信を強め、身近な民間レベルで自治組織を築く――こういった現象は中国の歴史において恒常的に見られたものであり、清末にはじめて生じたものではなかった［岡本隆司　二〇一一］。ただ、こうした問題が清末にあらためて自覚化された背景には、前述のとおり、当時の士大夫たちが太平天国の乱などによる中国社会の秩序崩壊に深刻な危機感をつのらせていたこと、また中国と西洋とのかかわりが深まっていくなかで、一部の士大夫の間に中国と西洋の国政のあり方を比較する視点が生じていったことなどがあげられるであろう。

ここで興味深いのは、西洋に関心を抱き、あるいはそれを自ら観察した士大夫たちの多くが、西洋が為政者と民との理想的な協力関係――「上下一心」を実現していると評価していることである。

ではなぜ西洋ではそうした「上下一心」が可能になるのであろうか。その要因について当時の士大夫たちは多様な見解を残している。以下では、彼らのこうした見解からその民認識を抽出していきたい。

2　政治主体としての民

清末の士大夫たちが、西洋の上下一心の要因として注目したものの一つが、為政者と民とをつなぐ議会制度の存在であった。

当時、一部の士大夫たちは、宣教師が発行した漢訳の書籍や新聞雑誌、さらに中国人自身が編纂した海外地理書等から西洋における議会制度の存在を知り、また外交官として現地に赴いた者はそこで実際に議会制度を目にする機会を得ている。そして彼らは、自らの問題意識や見聞をもとに、多様な議会観を形成していったのである［小野川秀美　一九六九］［溝口雄三　一九八六］［薛化元・潘光哲　一九九七］［小野泰教　二〇一二a］。

そうした多様な議会観のうち、民認識にかかわるという点で重要だと思われるのは、次のような議会観である。すなわち、西洋では、選挙によって民の代表である議員が選ばれ、議員と官僚とが協力して国政を運営しているというものである。

例えば、前述の郭嵩燾とともにイギリスに渡り、駐英副使、駐独公使を務めた劉錫鴻《りゅうしゃくこう》（生卒年未詳）は、ロンドンでの見聞を次のように描写している。

> 都市、農村、町、そして港では、それぞれ議院紳を一、二人選挙し、随時民情を諸官に伝える。外国で商売する者は、ロンドンに総商会を設立し、やはり議院紳をリーダーとして運営させ、上下のかなめとする。民の希望は、官がもしそれを不都合だとした場合、〔民と官が〕事理に基づいて詰問しあい、人々の心がみな打ち解けて後、実施されるのである。（『英軺私記』走向世界叢書、岳麓書社、一九八六年、一〇頁）

また劉錫鴻についで駐独公使を務めた李鳳苞《りほうほう》（一八三四～一八八七）は次のように述べている。

> 西洋国家の統治のかなめとしては、およそ五つの重要な点がある。一つは、民気を通じさせているということだ。民はばらばらに住み、地位もかけ離れているから、それらを通じさせることは容易ではない。そこで郷挙里選によって上下議院を設置し、問題が起こると直言して憚らず、少しでも民に不便であることについては、必ず至誠にもとづき方法を講じて適切なものにする。（「巴黎答友人書」『皇朝経世文続編』巻一〇三、五葉）

選挙によって民の代表を選び、官側に民の意思を伝える。官側はそれに基づいて、民に配慮した政治を行う。彼らの見るところ、こうした方法をとることで、各地の民の意思が、国政に反映されるというのである。

ここで注目すべきは、彼らが選挙制度に着目し、議員があくまで民の代表であり、官僚とは異なる存在であるという見方をとっていることである。こうした見方は、時代がさらにくだると、次のような立法と行政との分権という発想につながっていく。そうした発想を最も明瞭に表現しているのが、梁啓超《りょうけいちょう》（一八七三～一九二九）による以下の発言である。

> 西洋人は議事を行事と分けます。議事の人は、章程を定める権限を持ちますが、処理する権限は持ちません。行

事の人は、処理する権限を持ちますが、章程を定める権限は持ちません。あることを実行しようとすれば、議員は集まってその可否を議論し、可であってはじめてその章程について議論します。章程がおおまかに定まれば、これを有司にゆだねて実行しますが、有司は勝手に変えることができません。もし実行して障害があれば、議員に知らせて議論し改めます。西洋人の法度はそれゆえ改まらない時がなく、一回改まるごとにその法はさらに緻密になり、民にとってさらに都合がよくなるのです。(『戊戌政変記』『飲冰室合集』巻六、専集之一、一二三頁)

一方で、このような西洋における民の政治参加を認識しつつも、それを中国において行うことはできないとする見方も存在した。例えば、先ほど取りあげた劉錫鴻は渡英以前から次のような見解を有していた。

洋人のいわゆる国主とは、郷里の首事にほかならず(劉錫鴻注、上下等威の区別はない)、いわゆる官とは、郷里の富室大家にほかならない(劉錫鴻注、中国に来て商売しているのは多くがこれらの人々である)。国主は公衆より推挙し、……一国のことを請け負うがそれを勝手に決断することはできない。問題があれば、富室大家や国中の人々を集めてそれを公議する。……議が定まったら貧富に基づいてそれぞれが財力を出し合いともに処理する。……中国は天下を一家としてから数千年になるが、政令は一尊〔皇帝〕に統べられ、財賦は一君に帰し、尊卑貴賤の礼制は大変厳格で、士農工商の品流はそれぞれに別があり、詔勅が発せられれば従わない者はいない。ましてや商人がみだりに国の方針にかかわることなどありえない。(「読郭廉使論時事書偶筆」『劉光禄遺稿』巻二、二三〜二四葉)

劉錫鴻の以上の見解は、西洋の議会制度の導入を否定するという点では一見保守的に見えるものの、西洋と中国の国政における政治主体の違いをはっきりと指摘しており興味深い。

総じて、西洋の議会制度を評価するにせよ否定するにせよ、西洋では民の政治参加が行われているという認識が一部の士大夫のなかに生まれていくことになった。

そしてこうした認識の浸透は、士大夫たちに官のあり方への再考を促すことにもつながっていく。前述の劉錫鴻や李鳳苞の発言の背後にあるのは、中国における官のあり方への批判であるように思われる。劉錫鴻などは実際、中国の官がしばしば民への干渉や搾取を行ったり、逆に民に全く関心を持たなかったりすることを批判しているのである（「倣造西洋火車無利多害摺」『劉光禄遺稿』巻一）。彼らの見るところ、こうした官の影響によって民の意思が国政に反映されないために、官民隔絶の状況が引き起こされていたのである。

さらには、官の現状を批判するだけでなく、官が果たすべき役割自体について見直しを図るような見解さえ現れるようになっていく。周知のとおり、中国における官である士大夫とは本来、行政の専門知識や技能によってではなく、道徳能力と文化能力によって民を教化することがその任務とされてきた［佐藤慎一　一九九六］。したがって、行政に関わる細かな専門知識や技能については、部下の幕友にまかせることが常であった。ところが立法や政策決定を議員が行い、それを官は忠実に実行するとなると、官はむしろ行政専門家でなければならないことになる。こうした意見を展開したのが、日本やアメリカ、そしてシンガポールで外交官を務めた経験を持つ黄遵憲《こうじゅんけん》（一八四八～一九〇五）であった。彼は以下のような発言を残している。

科挙試験から身を起こした者であっても、むだに虚文に拘泥して実習を欠いており、法律例規、軍事、農業、行政文書、租税などはみな普段から慣れ親しんだものではないのである。いったん官途につくや、心は動揺して目はくらみ、ただびくびくと自分の勤務評定のことばかりを考え、能吏がはかりごとをするのを恐れる。どんな事務を実行するにも胥吏のいいなりとなり、ふるまいも慎重になるのである。（「会籌課吏館詳文」陳錚編『黄遵憲全集』上、中華書局、二〇〇五年、五一七頁）

黄遵憲の見るところ、当時の士大夫たちは行政の実務能力や意欲が低く、その結果、事務要員にすぎない胥吏が行政において幅をきかせてしまうという現象が起こっていた。黄遵憲はこのような弊害の解決を目指し、一八九〇年代に湖南省で実施された一連の政治制度変革において、官員の教育を目的とした課吏館を運営しようとしているのである［小野泰教　二〇〇九］。

以上のように、西洋やその議会制度に注目した士大夫たちは、それが民の政治参加を意味し、また自らが務める官というあり方にも再検討を迫るものであるということを認識していたと言えるであろう。

さて、こうした政治主体としての民という認識は、その後の近代的な議会制度理解につながっていく可能性を秘めており、きわめて興味深いものである。しかし筆者の見るところ、清末の士大夫の思想においては、もう一つの重要な民認識が存在したと思われるのである。以下では郭嵩燾の思想を題材に、このもう一つの民認識とその思想史的重要性を考察していこう。

3　為政者の政教により教化される民

前節では、西洋の上下一心の要因を議会制度による民の政治参加に求める見解を考察してきた。これに対し筆者が本節で注目するのは、西洋の上下一心の要因を、為政者による民の教化という点に求める見方である。このような見方をとった清末士大夫の一人が郭嵩燾であった。

郭嵩燾は湖南湘陰の出身で、一八四七年の進士。咸豊年間には曾国藩《そうこくはん》（一八一一～一八七二）の幕友として湘軍に参加し、同治年間には署広東巡撫に就任。一八七七年からはロンドンで初代駐英公使を務め、翌年、駐仏公使も兼任し、七九年に帰国した。そしてそれ以外の時期には、地元湖南で郷紳として大きな影響力を有した。儒教の教養を身につけた旧来型の士大夫であるにもかかわらず、西洋の政治、経済、文化に深い関心を示し、かつ高い評価を与えていることから、多くの研究者が彼の思想に注目してきた［鍾叔河　一九八五］［曾永玲　一九八九］［佐々木

揚　一九八九・一九九〇・一九九二・二〇〇〇〕［汪栄祖　一九九三］［王賓　一九九四a・一九九四b］［王興国　一九九八］［手代木有児　一九九九・二〇一三］［張静　二〇〇一］［小野泰教　二〇〇七］［李新士　二〇一四］。

郭嵩燾はイギリスに渡る直前、西洋の国政について次のような見方を示していた。当時の士大夫の一般的な認識において、西洋は商業的利益ばかりを求める「商人の国」だと見なされていたが、それに対し郭嵩燾は、西洋の国家の根本には朝廷の政教（政治教化）が存在していることを指摘している。

私が思うには、西洋は国を立てるに本末があり、その本は朝廷の政教にあり、その末は商賈にあります。造船、兵器製造は補い合って国の強さを高めますが、それらは末のなかの一節であります。（「条議海防事宜」楊堅校補『郭嵩燾奏稿』岳麓書社、一九八三年、三四五頁）

そして郭嵩燾は、渡英して現地の政治をつぶさに観察するなかで、以上の認識へいっそう確信を深めていく。彼の見るところ、西洋では君や官といった為政者が政教という手段を用いて民生の安定を図っていたのである。郭嵩燾はイギリスの政治のあり方を論じて以下のように述べている。

その立国の本末の起源をたどると、国が長いこと保たれその勢がいっそう伸びるわけは、パーラメント議政院に国是を維持するという義があり、市長を置いて民を治め、民の願いに従うという情があるからである。二者が互いに助けあったため、君と民とは互いに関係を維持しあい、盛衰を繰り返したものの立国後千年たってもついに疲弊することはなく、人才学問は継承されて発達し、みな自らの力を尽くしているのだ。これがその立国の本である。ただ、議会で君民は政治を争い、殺し合いは数百年かかってようやく治まった。市長だけが互いのいざこざがなく過ごしたのであった。（『郭嵩燾日記』第三巻、一八七七年一二月二二日の条、湖南人民出版社、一九八二年、三七三頁）

以上の見方でまず注目されるのは、郭嵩燾が議会制度に対し、国是を定めるという機能を認めつつも、若干の不信感を抱いていることである。後述するとおり、郭嵩燾は西洋体験を通して議会制度に対する見方を変化させていくが、当初は君民の闘争の場として否定的に捉えているのである。そして議会制度に比して高く評価されるのは、市長の存在であった。

ここで次に注目されるのが、郭嵩燾の市長に対する認識である。上の引用からは、民とは一応区別された市長が、民のための政治を行うイメージが導き出せる。郭嵩燾はもちろん市長が民選であることを知っていたが、後述するように、彼は選挙制度にほとんど関心を示していないのである［佐々木揚　二〇〇〇］。郭嵩燾にとって市長とは、民の教化を行う官として認識されていたと言えよう。

このように郭の見るところ、イギリスにおいては有能な官が民生に配慮した統治を行っていたのである。彼の渡英中の日記には、そうした統治のあり方がいきいきと描かれている。例えば、郭嵩燾はイギリスの郵政事業に注目し、次のように述べている。

イギリスの行政は、民に便利なことを追求し、民の余った分をとって国の歳出に役立てる。そのためイギリスが設ける各官は、みな民のために仕事をし、極めて行き届いている。国を利する方法が、民を便利にすることのなかに寓せられているのだ。例えば切手は、遠くは数万里から、近くは自分の住む町のなかまで、ただ切手をその上に貼れば、郵便局が即配達をする。毎年の収入は千数百万ポンドであり、国を利すると言える。しかし民はまことにこれを便利だと思っているのである。（前掲『郭嵩燾日記』第三巻、一八七七年五月一四日の条、二〇六～二〇七頁）

国を利するというのが官の目的であるが、それが自然と民を利することにつながっているというわけである。郭嵩燾はこのような民生に配慮した統治をできる官に注目していったのである［小野泰教　二〇〇七］。

さてここで前述の議会制度に話を戻すと、郭嵩燾は当初、議会制度に否定的なイメージを抱いていたが、西洋での見聞を経てしだいに好意的見解を抱くようになる。しかしながら、彼が議会制度を好意的に評価していった理由は、前節に登場した士大夫たちのそれとは大きく異なっていた。

前節の士大夫たちは、議員が選挙で選ばれた民の代表であり、議会が民の意見を政治に反映させる場所だと考えたわけであるが、これに対し郭嵩燾は、民の政治参加という観点から議会を捉えなかった。前述のとおり彼は選挙制度にはほとんど関心を示しておらず、むしろ議員を民とは区別された為政者の一員として認識していたのである。そして議会では、こうした為政者の一員たる議員が暴力的な闘争に陥らずルールを守って真摯な討論を行い、さらに西洋の君はこのような議会を民に公開し、民全体の風俗教化を図っているというのである。

> 西洋の君の徳は、三代の賢明な君主に匹敵する者はいない。……だが、西洋の君は国政をすべて臣民に公にし、私物化しなかった。……議政院を設けてからは、同・異の二党に各々その意思を尽くして探求弁駁させ、是非を定めさせた。政権を握る者は、そこに次々と起こっては勝利を得ようとした。そうして二党が対立する局面は、いったん形成されると変えることのできないものとなった。質問や応答では、自らの状況を直言し、隠し立てすることはなかった。そうして長い時間がたち、その習慣は風俗となった。庶民は応酬する際、みな実際の状況に照らし、謙遜や遠慮といった虚飾をしない。（前掲『郭嵩燾日記』第三巻、一八七八年一月二〇日の条、三九三頁）

このように郭は、民の風俗形成としての作用を議会に見出していた［曾永玲　一九八九］［小野泰教　二〇一二a］。そして西洋の君や議員は、議会という政教によって良き風俗を作り出したという点で、高く評価されているのである。

以上、本節では、郭嵩燾が西洋の国政のあり方について次のような見方を持っていたことを明らかにした。すなわち、為政者が優れた政教によって民の教化を実現しているというものである。郭嵩燾のこのような見方は、現代のわれわれにとって一見あまりに為政者中心の発想のように映る。そうしたことから、彼の見解に対しては、儒教的伝統をそのまま西洋に反映させたものであり、彼の限界性や特殊性を示すものとして評価されることがある［佐々木揚二〇〇〇］。

しかしながら、前節の士大夫の民認識を念頭に置くと、郭嵩燾の民認識がそれとは全く異なっていることに気づかされる。同じく儒教的教養を持ちながら、士大夫たちの間でかくも異なった民認識が抱かれていたのである。郭嵩燾の民認識は、当時士大夫たちの間で存在した民認識のうちの重要なものの一つとして位置づけるのが適切なのではないだろうか。

そしてさらに筆者が重要であると考えるのは、以下検討していくように、郭嵩燾のこうした民認識が、儒教経典の権威的解釈を再検討するなかから生まれ、またそこに明末清初の儒教の重要な一潮流の影響が見られることである。総じて、郭嵩燾の民認識の意義を正確に位置づけることによって、儒教の内部における多様な民認識を描くことができるると考えられるのである。

4　郭嵩燾の経書解釈における民認識

郭嵩燾の民認識をより深く考察するのに最適な史料として、彼が一八九〇年に地元湖南の思賢講舎から刊行した『大学章句質疑』があげられる。該書の原稿は渡英以前に完成しており、渡英直前に李鴻章に託されていることが知られているが、刊行は帰国後となった。この書物は、南宋の朱熹《しゅき》（一一三〇～一二〇〇）の『四書章句集注』を批判的に検討するなかで郭自身の『大学』理解を示したものである［王賓　一九九四a・一九九四b］［范広欣　二〇一〇］［小野泰教　二〇一一b］。

朱熹は、本来『礼記』の一篇であった「大学」を、独立した経書として重視した。彼の見るところ『大学』は、士大夫のあり方にとって重要な八条目を説いたものだったからである。八条目とは、格物、致知、誠意、正心、修身、斉家、治国、平天下というように君子の自己修養が天下の秩序形成へとつながっていくとする政治思想である。

朱熹はそのなかでも特に「格物」を士大夫の自己修養として重視した。朱熹はそれを「物に格《いた》る」と読み、自己を含むあらゆる人や物に賦与された理を見出そうとすることと解釈する。朱熹のこの見方の前提には、人には善なる性が天から賦与されているという本性論（性即理）が存在した。士大夫は格物によって自己と他者とに共通する善なる性を見出し、その善なる性の存在に基づいて他者を感化していくということが目指されるのである。本来『礼記』大学篇には格物に関する説明はほとんど存在しなかったが、朱熹は自説に説得力を持たせるため、自ら「格物補伝」を著すことさえ行っている。

郭嵩燾の朱熹批判は、主にこうした性即理の本性論に向けてなされている。本章では、その郭嵩燾の批判からうかがわれる彼の民認識を分析していきたい。

郭嵩燾の民認識と朱熹のそれとの違いが最もよく表れているのは、君子が「天下を平らかにする」ために用いる「絜矩の道」という方法についての解釈である。『大学』には、絜矩の道という観念について次のような経文がある。

> 所謂《いわゆ》る天下を平らかにするは其の国を治むるに在りとは、上老《かみろう》を老として、民孝《たみこう》に興る。上長《ちょう》を長《ちょう》として、民弟に興る。上孤《こ》を恤《あわれ》みて民倍《そむ》かず。是を以て君子は絜矩《けっく》の道有り。上に悪《にく》む所は、以て下《しも》を使うこと毋《なか》れ。下に悪む所は、以て上に事《つか》うること毋れ。前に悪む所は、以て後に先んずること毋れ。後に悪む所は、以て前に従うこと毋れ。右に悪む所は、以て左に交わること毋れ。左に悪む所は、以て右に交わること毋れ。此れを之れ絜矩の道と謂《い》う。詩に云う「楽只《たの》しき君子は、民の父母」と。民の好む所を好み、民の悪む所を悪む、此れを之れ民の父母と謂う。（『大学』）［島田虔次　一九六七］

まず、この経文に対する朱熹の解釈を見てみよう［島田虔次　一九六七］。

絜は、はかること、矩は方形を描くための道具である。この節の意味は、この三つ〔老老・長長・恤孤〕について、上の者が行うのを下の者が見習うさまは、影や反響よりも速いのであり、これが家が斉って国が治まるということである。人心が同じであることや、それを獲られない卑しい者を一人も存在させてはならないということがわかる。それゆえ君子は人心が同じだということに依拠して、自らを推して他人をはかり、彼我にそれぞれ分に応じた願望をとげさせなければならない。そうすれば上下四方は均斉に正方形となり、天下が平らかになるのである。(『四書章句集注』中華書局、一九八三年、一〇頁)

「絜矩」とは、「絜」が「はかる」、「矩」が「定規」の意味を持つものである。そこから朱熹は、絜矩の道を次のようなものと見なす。すなわち、自己の心を定規のごとく根拠として他者に接する——例えば自身がにくむことを他人にしないということである。

注目すべきは、君子が他者にそのような接し方をすると、民も自然とそれを模倣するとされていることである。ここには朱熹特有の民認識が表れている。それは、君子のあり方を模倣できる民というものである。そしてこうした民認識には、君子と民とが共通の理を有しているという前提が存在している。前述のとおり、朱熹は格物を重んじ、「格物補伝」を著してまでこの理の追求を重視した。民もこうした理を持つからこそ、君子のあり方を自然に見習うことができるわけである。

では、郭嵩燾は『大学』のこの経文についてどのような解釈をしたのであろうか。郭嵩燾は次のように述べている。

絜矩もまた恕から出てくるものだが、恕は己を推しはかって他人に及ぶことである。天下を平らかにし、それぞれ〔の君子〕が国に君臨し、民を子供のように見なすようになると、すべてを己から推しはかることはできない。人情の好悪をはかり、人を推しはかって己に及ぼすことが必要となる。(『大学章句質疑』二五葉)

ここで注目すべきは、郭嵩燾が、朱熹の言うような「己を推しはかって他人に及ぶこと」と絜矩とを明確に区別していることである。国を治め天下を平らかにする段階にいたると、必ずしも君子自身が直接に接することのできない他者と他者との関係が生じてくる。その際は、自身と他者との直接の関わりを前提とするのとは異なる秩序構築の方法が必要であり、その方法こそが絜矩であると言うのである。

以下、郭嵩燾の絜矩の道に関する説明を引用してみよう。

天下を平らかにするとはほかでもなく、人の好悪を平らかにする以外の意味はない。その好むことを平らかにしてはじめて私情にとらわれ偏愛することなどなくなるし、そのにくむことを平らかにしてはじめて悪をなすことはなくなるのである。絜矩とは、身に矩を持つことである。天下の好悪すべてを矩ではかり、処置し補佐すべきことを自ら行うのである。自身の家の老人を敬い、年長者を尊び、幼くして父がいない者をいたわるというのは、身の矩である。（前掲『大学章句質疑』二五葉）

絜矩の道とは此をもって彼をはかり、それぞれその分を得させるのであり、恕の字のようにこの一心を推してこの人をはかるだけではないのである。人の付き合いは上下前後左右の六つにより尽くすことができ、上下を互いに安定させ、前後を互いに準拠させ、左右を互いに交わらせて、天下の人をすべて矩のなかにまとめるには、紀綱法度をもってこのきまりを明示し、人にそれを越えてしまわないようにさせることが必要である。そもそも上下前後左右がそれぞれにぴったりとしているというのは、礼にほかならないのである。……上下前後左右というのは、すべての人が互いにつきあう方法として有しているものである。聖人が規矩法度によって天下を整える際も、その方法によるのである。（前掲『大学章句質疑』二六葉）

ここで注目すべきは、朱熹が君子の行いを自発的に模倣する民のあり方を強調していたのに対し、郭嵩燾は、君子が絜矩によって民へ積極的に働きかけるという側面を強調していることである。郭嵩燾は前引の『大学』の経文を、君子による民への働きかけの具体例として見ている。例えば、君子が「自身の家の老人を敬い、年長者を尊び、幼くして父がいない者をいたわる」ことを自ら実行して天下の人々に受け入れさせたり、「礼」を定めて、天下の人々を上下前後左右という秩序のなかに位置づけようとしたりしたことがあげられる。

筆者の見るところ、郭嵩燾のこうした絜矩の道の解釈には、次のような重要な前提が存在していると思われる。

第一に、君子と民との接点は、好悪という点のみであるという前提である。朱熹が前提としたのは君子と民とが共通して有する理であり、それが民の自発性という発想に結びついたのであるが、郭嵩燾によれば民は好むかにくむかというレベルでしか君子にかかわらず、民が自発的に君子の行いを模倣するという可能性については一切触れられていないのである。

第二に、民が好むべきもの、にくむべきものが最初から為政者の側で決められていることである。すなわち「自身の家の老人を敬い、年長者を尊び、幼くして父がいない者をいたわる」ことをはじめとする儒教的価値に適うものを好むべきで、それに適わないものをにくむべきだというのである。そして為政者の民への積極的な働きかけにより、天下全体が一つの好悪になることが目標として掲げられるのである。

以上のような諸点から、郭嵩燾の次のような民認識が浮かび上がる。すなわち、民は現実には自発的に君子を見習うようなものではなく、また民の好悪もバラバラであるというものである。

こうした民認識を示す発言として以下のようなものがある。郭嵩燾は前引の『大学』の経文の「民の好む所を好み、民の悪む所を悪む、此れを之れ民の父母と謂う」という箇所に次のような注釈をつけている。郭の見るところ、民が必ず好むことの一つに、聖人の「立人達人」（自分が立ちたければ人に立たせ、自分が到達したければ人を到達させてやる）という政治があげられる。聖人は、土地を開墾し老人を養い賢人を敬った諸侯にほうびをあたえ、その逆の諸侯をとがめたが、こうした聖人の行いは、すべての民がそうであることを好み、そうでないことをにくむところの「立人達人」という基準にしたがったものである。郭はそう解釈したうえで次のように述べている。

好むこと、にくむことというのは、矩の起点である。聖人はそのため天下の志を貫き、物をはかり均等に施すのである。どうしてただひたすらに民の好むところやにくむところを求め、物を追いそれに従うことなどあろうか。（前掲『大学章句質疑』二六〜二七葉）

注目すべきは、すべての民が好みにくむことと、単に民が好みにくむこととが厳格に区別されていることである。君子が与するべきは前者であって、決して後者ではないのである。このような見方の背景には、それぞれの好悪を有する民が存在し、そこに秩序をもたらすためには君子が積極的に介入しなければならないという認識が存在するのである。この点も、朱熹が同じ箇所について「絜矩して民の心を自分の心とすることができるというのは、民を子供のように愛し、民も君子を愛すること父母のようであること」（前掲『四書章句集注』一〇頁）としか述べていないのとは大きく異なるのである。郭嵩燾の解釈には、民を実際治めていくことの困難さという非常にリアリスティックな見方がかいまみられ、また朱熹の時代と郭嵩燾の時代とでは、民の捉えられ方が大きく変化していることがうかがわれる。こうした両者の相違は、儒教内部における民認識の多様性を示す事例として極めて重要であると思われるのである。

では、郭嵩燾のこうした民認識はどのようにして生まれたのであろうか。その要因の一つとして注目したいのは、郭嵩燾が生涯崇拝していた明末清初の思想家・王夫之《おうふうし》（一六一九〜一六九二）の影響である。

王夫之は『読四書大全説』において、国や天下というものが家よりも遠く雑多であることを指摘し、おのずとそこには家を治めるのとは異なる方法が必要となることを強調している。その方法とは「大公之矩」が具体化された「規矩制度」である（『読四書大全説』上、中華書局、一九七五年、四三〜四四頁）。また以下のように、単なる私欲としての民の好悪に従うことを説くのではなく、公の好悪をもって民に平等に対応すべきことを説いている。

ゆえに民の好悪は結局このように不ぞろいで、甲に利があれば乙に害があるのであり、どのようにすればその好悪を用いて父母のようにできるのであろうか。ただこの絜矩の道だけを頼りにして、その好悪を整え均等にあてはめれば、天下の理は得られ、君子の心もまた落ち着かないことがないのである。（前掲『読四書大全説』四六頁）

そして以上の観点から王夫之は、朱熹が民の自発性を前提に君子の恕を説くことを批判するのであった（前掲『読四書大全説』四六頁）。王夫之の思想が郭嵩燾に与えた影響については多くの論者が指摘するが、筆者の見るところ、このような民認識の類似が最も重要なものの一つであると考える。

以上を踏まえれば、郭嵩燾の民に対する一見さめたリアリスティックな見方は、王夫之ら明末清初以来の民への見方の変化と、西洋の国政のあり方に対する見聞とが結びついたものだと言うことができるであろう。

おわりに

本章では、清末の士大夫たちが西洋の国政を見聞することにより、自身の従来の民認識をどのように自覚し、その後の思索につなげていったのかを明らかにした。

彼らは、中国社会の問題点を官民隔絶という状態に見出し、その解決を目指すなかで、西洋の国政を見聞していくこととなった。そしてこうした問題意識から多様な民認識――とりわけ二つのあい反する民認識が生まれていくことになった。その一つは、民を政治主体と捉えるというものである。このような民認識をした士大夫たちは、民の代表が選挙で議員として選ばれ、国政に意見を反映させるという議会制度に関心を示した。そして彼らは必然的に、民を統治する官のあり方をも再考するようになった。その再考の過程では、行政の専門家たる官という新たな官僚像さえ唱えられることがあった。

次に、本章では郭嵩燾の思想を題材に、上記とは異なったもう一つの民認識に詳しい検討を加えた。これは西洋の国政の特徴を為政者の政教の優秀性に見出し、民はあくまで政教によって治められるものとする見方であった。郭嵩燾はこのような民認識に基づいて、イギリスの市長を評価し、議会制度についても、それを為政者による風俗教化の手段と見なしたのであった。

そして最後に本章では、郭嵩燾の民認識についてさらに立ち入った分析を加えた。彼が示した為政者の教化を高く評価する見方がこれまで十分に検討されてこなかったからである。その分析によって、郭嵩燾の民認識が、儒教的伝統といった言葉で概括できるようなものではなく、むしろ過去の権威的儒教解釈――南宋の朱熹の思想への批判的解釈に基づくもので、さらには明末清初の王夫之の民認識に影響を受けたものであったことが明らかとなった。つまり郭嵩燾の民認識は儒教のなかでも独特な一つの潮流の上にあるのであり、こうした民認識の存在は儒教内部の多様性を示すものだったのである。そして郭嵩燾の民認識は儒教の独自の解釈と西洋認識とが交差するなかで生まれたものという点でも、まさに儒教的政治思想と東アジアの近代との交差を描く格好の事例であったと言える。

なお郭嵩燾は、為政者による民の教化という観点から西洋の国政を捉えたわけであるが、こうした西洋認識は、われわれの西洋認識にも再考を促してくれるものであると思われる。例えば、一九世紀末のイギリスについては、選挙法の改正による民主化や進歩のイメージが想起されるが、イギリス史研究がつとに指摘するように、ことはそう単純なものではなかった。中流階級、労働者階級が徐々に政界進出するも、すくなくとも一九世紀半ばまでは議員や閣僚において旧来の地主貴族層が依然影響力をもっていたのである［村岡健次　一九八〇］。また郭嵩燾が主張した市長についても、バーミンガム市長を務めたチェンバレン（Joseph Chamberlain、一八三六～一九一四）のインフラ整備等の市政に見られるように、選挙権を得はじめた産業労働者や農業労働者を政治に組み込むための施策が講じられていた［坂井秀夫　一九七四］。まさにこうした当時のイギリスの国政のあり方は、郭嵩燾の民認識と親和的な要素を有していたものと思われるのである。

さて、清末士大夫が西洋の登場をきっかけに再確認を迫られた諸問題――民の政治参加の可否、為政者の持つべき役割――は、程度の差こそあれ、日本近代や朝鮮近代の知識人たちもまた経験したものであると思われ、相互に比較可能な諸問題ではないかと考えられる。今後、上記の諸問題をめぐる三地域の比較研究が進展することで、東アジアの近代における儒教的政治思想の特色がいっそう解明されていくことが望まれる。

参考文献

【日本語】

王　賓　一九九四a「郭嵩燾の儒学思想―『大学』解釈と時局論」（『大阪大学　日本学報』第一三号）

王　賓　一九九四b『近代中日両国における対外認識の比較研究―郭嵩燾と横井小楠を中心として』（大阪大学博士論文）

岡本隆司　二〇一一『中国「反日」の源流』講談社選書メチエ

小野川秀美　一九六九『清末政治思想研究』みすず書房

小野泰教　二〇〇七「郭嵩燾・劉錫鴻の士大夫観とイギリス政治像」（『中国哲学研究』第二二号）

小野泰教　二〇〇九「陳宝箴と黄遵憲の官僚制観―湖南変法運動の諸相」（『中国哲学研究』第二四号）

小野泰教　二〇一二a「清末士大夫の見た西洋議会制―いかにして理想の君民関係を築くか」（『アジア遊学　東アジアの王権と宗教』勉誠出版）

小野泰教　二〇一二b「郭嵩燾の政治思想―誠意・慎独・絜矩を中心に」（『孫文研究』第五一号）

坂井秀夫　一九七四『近代イギリス政治外交史　I』創文社

佐々木揚　一九八九「郭嵩燾（一八一八―一八九一）における中国外交と中国史―アロー戦争期」（『佐賀大学教育学部研究論文集』第三七集第一号）→のち［佐々木揚　二〇〇〇］に収録

佐々木揚　一九九〇「郭嵩燾（一八一八―一八九一）の西洋論―清国初代駐英公使が見た西洋と中国」（『佐賀大学教育学部研究論文集』第三八集第一号）→のち［佐々木揚　二〇〇〇］に収録

佐々木揚　一九九二「清国初代駐英公使郭嵩燾の明治初期日本論」（『東方学』八三輯）→のち［佐々木揚　二〇〇〇］に収録

佐々木揚　二〇〇〇『清末中国における日本観と西洋観』東京大学出版会
佐藤慎一　一九九六『近代中国の知識人と文明』東京大学出版会
島田虔次　一九六七『大学・中庸』朝日新聞社
手代木有児　一九九九「清末初代駐英使節（一八七七—七九）における西洋体験と世界像の変動（三）—文明観と国際秩序観」（『商学論集』第六八巻第二号）→のち［手代木有児　二〇一三］に収録
手代木有児　二〇一三『清末中国の西洋体験と文明観』汲古書院
溝口雄三　一九八六「光緒初期の議会論」（『中国—社会と文化』第一号）
村岡健次　一九八〇『ヴィクトリア時代の政治と社会』ミネルヴァ書房

【中国語】
范広欣　二〇一〇「従『大学章句質疑』看晩清義理、考拠和経世之学的整合」（『思想与文化』第一〇輯）
李新士　二〇一四『郭嵩燾洋務観研究』河南人民出版社
王興国　一九九八『郭嵩燾評伝』南京大学出版社
汪栄祖　一九九三『走向世界的挫折—郭嵩燾与道咸同光時代』東大図書公司
薛化元・潘光哲　一九九七「晩清的『議院論』—与伝統思惟相関為中心的討論（一八六一—一九〇〇）」（『中国史学』第七巻）
曾永玲　一九八九『郭嵩燾大伝—中国清代第一位駐外公使』遼寧人民出版社
張　静　二〇〇一『郭嵩燾思想文化研究』南開大学出版社
鍾叔河　一九八五『走向世界—近代中国知識分子考察西方的歴史』中華書局

四

江戸時代の政治思想・文化の特質
――「武威」「仁政」のせめぎ合いと「富国強兵」論――

須田　努

はじめに

二〇〇六年、『歴史学研究』八二一号（特集「近世化を考える」）において、宮嶋博史が「東アジア世界における日本の「近世化」」を論じてからおよそ一〇年が経過した現在においても、東アジア世界の「近世化」とはなにか、という問いは続いている。[*1] 同じく『歴史学研究』八二五号に「中国史における「近世」の概念」を載せた岸本美緒は、「地域論・時代区分論の展開」［岸本美緒　二〇一七］において、宮嶋と深谷克己『東アジア法文明圏の中の日本史』［深谷克己　二〇一二］を俎上に載せ、この問題を整理している。岸本は、両者が日本史研究（者）の「脱亜」的傾向を批判していることを共通点としてあげ、さらに深谷が東アジア諸地域における政治文化・法文明の共通性を、東アジアの連帯にむけての「希望の種子」として見い出そうとしている点を評価する。しかし、これらはいわば、歴史研究者の立場と学問に向かう姿勢の問題であり、岸本も指摘しているように、両者の東アジアの「近世化」についての理解の相違は大きい——その詳細は岸本論文を参照されたい——。この小論では、宮嶋の立論に遡り論点を確認しつつ、日本の近世（以下、江戸時代）の政治思想・文化の特質を考察することにしたい。

宮嶋の論点は大きく二つある。その一つは先述したように、日本史研究（者）の「脱亜」的傾向に対する批判である。この問題に関しては、わたしも発言してきたので［須田努　二〇〇八］、ここでは繰り返さない。二つ目は、江戸時代社会は、儒教受容が脆弱であった、という指摘である。

宮嶋は朱子学が小農社会特有の思想であったとし、それを国家理念として掲げて建国された朝鮮王朝では、科挙を通じて朱子学的理念が「国家体制、社会体制のすみずみまで浸透してい」たが、日本では、朱子学の理念と相容れない存在である武士によって「近世化」が推進されたため、本来、小農社会にとってもっとも適合的な朱子学体制が形成されなかった、と論じている［宮嶋博史　二〇〇六］。さらに、宮嶋は、中国・朝鮮・ベトナムが朱子学を統治理念とする国家・社会体制を同時期（一五世紀）に形成したが、日本だけがこうした動きに同調しなかった、とも述べ、従来、この事実は日本の近代化を生み出したとして肯定的に捉えられてきたが、近代日本の侵略性を生み出す歴史的要因になっている、という批判的立場を確保すべきだ、と提起した［宮嶋博史　二〇一一］。

宮嶋が指摘するように、江戸時代の社会において、儒教が定着しなかったことは事実であり（後述）、その意味では、東アジアにおいて日本が〝特殊〟であったといえる。これに対して、〝特殊〟性を指摘することは、やはり、日本の独自性の評価へと転化し、欧米型近代受容に成功した日本という歴史認識の助長につながる、という見解がある。しかし、その危惧は欧米型近代を相対化し、「脱亜」的傾向を批判することにより回避することができる。というよりも、ポスト・モダニズム以降の「現代歴史学」の方法論を意識するならば、そのような陥穽にはまることはないであろう。

次に、江戸時代の政治思想・文化を考察する上で、従来の研究で明らかにされていることを確認しておきたい。

①「武威」を重んじる江戸時代の社会は儒教に不適合であった。

江戸時代の社会が受け入れた儒学は、世襲の身分制度を基盤にした武家政権向けに都合よく〝加工〟されたものであり、中国・朝鮮の儒教と比較すると異質なものであった──以下、それを便宜的に日本型儒学と呼称する──。江戸時代の社会は儒教に不適合であった、という指摘はすでに、尾藤正英・渡辺浩・前田勉によって論証されている［尾藤正英　一九六一］［渡辺浩　一九八五］［前田勉　一九九六］。江戸時代の学問教養は、朱子学と陽明学といった学派・学統として教科書的な分類ができるものではなかったのである。[*2] そこでの問題は「武威」の存在となる。わたしも、宮嶋の問題提起に刺激を受けて、江戸時代民衆の朝鮮・朝鮮人観を分析した際に、日本型華夷意識を基底にもつ「武威」の心性[*3]が、民衆レベルまで浸透していたことを明らかにしたつもりである［須田努　二〇一〇a］。また、安政期に吉田松陰がとなえた朝鮮侵攻論の底流には、やはり「武威」の心性に基づく江戸時代的な朝鮮・朝鮮人認識があったとして、「武威」は、江戸時代人のアイデンティティを形成した、と論じた［須田努　二〇一三・二〇一七］。

②江戸時代の社会において、為政者である武士たちの教養は日本型儒学と兵学であった。

野口武彦は「実際の戦争というものをまるで知らぬ世代」によって江戸時代の兵学は体系化された、と述べている［野口武彦　一九九一］。江戸時代、「偃武」体制（徳川の平和）の下、戦闘者である武士が為政者となり、身分制の頂点に君臨しつつ、平時の行政単位を有事には戦闘単位に転化できるような政治制度が保たれていた。丸山眞男はそれを兵営国家と理解したわけである［丸山眞男　一九九二］。江戸時代社会の秩序と安寧は、「礼教」ではなく「軍法」によって維持されており、平時の兵営国家の支配規範を理論化したものが江戸時代の兵学であった、と前田は論じている［前田勉　一九九六］。

以上の二点は、すでに日本近世史研究の領域においては共通認識となっており、江戸時代の政治思想・文化の特質を考察する上での論点にはならない。この小論で問題にすべきは、ひとまず以下となる。

江戸時代、為政者（武士）は「武威」だけではなく「仁政」も幕藩体制を支える政治理念として掲げていた［須田努 二〇一〇b］。従来の研究では、この両者をそれぞれ別個に論じきたが、[*4] 本来相容れないこの二つの政治理念の関係性を時代の変遷の中に位置づける必要がある。これにより、儒教不適合＝〝特殊〟とされてしまうことで、曖昧にされた事象を可視化させることが可能となる。

この小論では、この問題を全面的に展開することは不可能であり、「富国強兵」というキーワードを設定して試論を述べていく。わたしたちの多くは、この言葉に対する違和感を失ってしまっているが、前近代社会において、「富国」を実践すれば、限られた富を国家（皇帝・国王）が民から奪うことになり、そのような政治は「仁」の道からの逸脱を意味する。また、「民本徳知」を掲げる儒教文明圏において、「徳」を天に認められ「仁」を実践できる皇帝（国王）の下では、民乱（内乱）は発生せず、周辺の異民族（夷狄）はその威光にひれ伏すのであり、あえて軍事力を強化する必要はないのである。『孟子』にはこの論点が明示されており、朝鮮王朝では、建国当時から『孟子』的議論が当為としてあり、「富強」という覇道は朝鮮が容易に追求してはならない政治原理であった、と趙景達は論じている［趙景達 二〇一〇］。儒教的民本主義を政治理念とする東アジア社会にとって、天命を受けた為政者が「富国強兵」を公言することは、まさに覇道そのものなのである。

では、儒教不適合であった江戸時代の社会において、知識人たちは、時代の変遷の中——その時代特有の政治・社会情勢の下——、「富国強兵」論をいかに語っていたのであろうか。これがこの小論のテーマである。

1　一七世紀後半～一八世紀前半――「富有大業」論から「富国強兵」論へ――

(1)　熊沢蕃山（一六一九～一六九一）

元和五年（一六一九）、熊沢蕃山は京都において武士の家系――祖父は織田信長に仕えたとされる――に生まれる。彼は、儒学を学ぶ中で、中国の士大夫と日本の武士とを同一視しつつ士道論を深めるが、同時に兵学も学び武士（戦闘者）である、という自意識を強めていく［後藤陽一　一九七一］。寛永一一年（一六三四）、池田光政（岡山藩主）に仕えるが、ほどなく離れ、中江藤樹の門下に入る。教科書的理解では、蕃山は陽明学派とされるが、彼の学問は陽明学・朱子学といった学派に属するものではなかった［後藤陽一　一九七一］。たしかに、蕃山自らも『集義和書』巻第一書簡之一で、[*5]以下のように語っている。

拙者をも世間には心学者と申と承候、初学の時心得そこなひて、みづからまねきたる事に候へども、心学の名目しかるべからず存候、道ならば道、学ならば学にてこそ有べく候へ、いづれと名を付、かたよるはよからず候

蕃山の儒学受容は、師・藤樹を介してなされ、その解釈は日本の伝統や風俗との融和の中から理解していた、とされる［友松龍太郎　一九七二］［伊東多三郎　一九七六］。

また、蕃山は為政者である武士の責務として、「文武の芸」を磨き「国の武威」を強くすることが必要であると唱える。[*6]武士である蕃山の学問は、「武威」を意識し、兵学をも加味した日本型儒学受容の典型として創り出され、その中から一七世紀後半の政治・社会情勢に応じた独自の経世論を形成したと言える。

以上を確認した上で、貞享四年（一六八七）に成稿し、幕府に提出した蕃山の経世論書である『大学或問』[*7]を分析する。なお、この書は幕政を批判したとされ、古河幽閉の一因となった。『大学或問』の中で、蕃山は「国」――こ

の場合「国」は大名領地（藩領）と江戸幕府により統治される国家領域（以下、便宜的に日本国中と称す）の両方を含意している――の「富有大業」の在り方を模索している。そして同時に、「北狄の備」を強調している。ここにある「北狄」とは清のことである。

一六四四年における明の滅亡（明清交代）は、日本において華夷変態とし位置づけられ、山鹿素行にみるように、日本型華夷意識が形成された。明清交代から、四〇年も経過した貞享期、蕃山は『大学或問』の中において、繰り返して「北狄の備」を強調している。なぜであろうか。この問題を考えるためには『集義和書』巻第三義論之五[*8]における以下の見解を理解しておく必要がある。

敵国外患なき者は、国、恒に亡ぶ、然る後、憂患に生じ安楽に死するを知る

蕃山は政治を安定させ、当該権力の支配を安定的に継続させるためには「敵国外患」が必要である、と述べている。ここにある「国」は藩領と日本国中の両方を意味し、「敵国」とは、〝我〟とことなる〝彼〟＝政体・集団を指している。しかし、この見解は観念的なものであり、現実には「大樹君」＝徳川将軍が天下一統を支配しており、当然ながら〝内なる敵〟などは存在しない。また、公儀への危惧からそのようなことは語れない。ゆえに、「敵国外患」は対外（国外）に求めざるを得ず、それは「北狄」へと帰結していく。

一定の組織・社会集団・国家が、その存続を図るために外敵を措定する、という見解は超歴史的なものであり、江戸時代前期（一七世紀後半）という時代を投影したものではない。では、蕃山が語る「敵国外患」の特質、及び、それを語る意図とはなんであろうか。

彼は「北狄への備」を「富有大業」の一つであるとしている。蕃山は『大学或問』「上冊」の冒頭で、

一或問　人君の天職は何ぞや

云、人民の父母たる仁心ありて、仁政を行ふを天職とす

と語る。蕃山は「仁政」を「人君」の天から与えられた責務としてもっとも重要であるとし、

或問　富有・大業をなすべき事如何

云、仁政を天下に行はん事は、富有ならざれば不叶

と言いきる。文脈から「富有」となる主体は為政者（幕藩領主）と理解できる。「富有」にならなければ、「人君」＝為政者（幕藩領主）は「仁政」を施すことはできない、というのである。さらに蕃山は、

問　政とは何ぞや

云、富有也、世間の富有は、己を利すれば人を損じ、己よろこべば人うらむ、国君富有なれば、国中うらみ、大君富有ならば、天下恨む、小富有なればなり、大道の富有は、国君富有なれば一国悦び、大君富有ならば天下悦ぶ

と語り、「富有」の主体と――ここでは明確に「国君」＝藩主、「大君」＝将軍、としている――、その在り方を問いかける。利己的な「富有」は人の恨みをかう。つまり、藩主だけが「富有」になるのでは領民の、将軍だけが「富有」になるのでは「天下」の民の、それぞれ恨みを増すだけなのである。「大道」＝「仁政」にもとづいた「富有」であるならば、領民や天下の民は喜ぶのである。

「富有」という概念とその実践は、利己的思惑へと流れやすく、それは民の富を奪うことになる、ということを蕃山は理解している。ゆえに、「富有」とは、藩主・将軍の責務としての「仁政」に規定される、としたのである。

さて、「北狄の備」の問題に戻ろう。鎖国体制下（江戸時代前期）、具象化されうる「敵国」は「北狄」以外に措定できなかったのである。彼の「富有大業」論は「北狄の武備」と並列されて論じられている。つまり、蕃山の「富有大業」論の正当性は、「仁政」のみではなく、「北狄の備」＝「武威」の維持と一体化されることによって担保されたのである。換言すれば、領主の益と民富との相関関係・対抗関係は「仁政」により止揚され、さらに、「武威」がそれ

を補填しているともいえる。蕃山の中で、「仁政」と「武威」は違和感なく同居しているのである。

(2) 太宰春台（一六八〇〜一七四七）

太宰春台の父・言辰は、もともと平手姓であったが――先祖は、信長の家臣で諫死したとされる平手政秀とされる――、太宰謙翁（飯田藩士）の養子となり、飯田藩・鉄砲組頭（二〇〇石）となる。しかし、彼は貞享四年（一六八七）、飯田藩から追放処分をうけ（理由は不明確）、江戸に出て浪人となる。

正徳元年（一七一一）、春台は荻生徂徠に入門、正徳期頃、江戸小石川に紫芝園を開く。一時期、松平家（岩槻藩主）に仕えるが、その後は浪人身分の学者として、徂徠の経世論を継承発展、具体化させた、とされる。周知のように徂徠は、商品経済の進展により米価・諸物価が商人のコントロールの下におかれている状況に危機意識を強くしていた。一方、春台はその状況を打破するために、米価を公共の利益であると規定し、為政者（武士）が「常平倉」を設置し、米を備蓄し移動・売買を凍結するという、積極的な米価統制を行うべきである、と唱えた（『経済録』[*9]）。

春台の経世論の著作として有名な『経済録』（享保一四年〈一七二九〉）の「食貨」の章には「食貨とは上天子より、下庶民まで天下の人の治生の道を云なり」とある。そして、春台は以下のような「富国」論を展開する。

> 国富めば兵を強くすることも易し、因て是を富国強兵の道といふ、富国強兵は覇者の術と云ふは、後世の腐儒の妄説なり、尭・舜より以来、孔子の教に至る迄、聖人の天下を治る道、富国強兵にあらざるはなし、富国強兵と云ふ内に、富国は又強兵の本也

春台は「富国強兵」論を覇道と認識していたのである。それにしても、孔子もふくめ「聖人の天下を治る道」が「富国強兵」にある、という彼の主張は強弁でしかない。ここで、重視したい点は「富国」が「強兵」と直結していることである。この問題は後述したい。

春台は「経学・経済実学の探究において、徂徠の思想を継承しながら、なおこれを整理、拡充し蘐園学派経済学を集大成していった」、とされる［渡邊與五郎　一九七一］。また、徂徠の経済論は蕃山の継承であるとされている［宮崎道生　一九八四］。つまり、「富国」＝領主の富有化を重要概念とした江戸時代中期（一七世紀後半〜一八世紀前半）の経世論（経済思想）は、蕃山→徂徠→春台と継承され具体化された、と理解できる。そして、享保年間（一八世紀前半）、春台は「敵国外患」を措定することなく「富国」と「強兵」を結合させたのである。意図的に。

春台の「富国強兵」論の本質は、幕藩領主による経済統制策にある――この意味でも徂徠の「旅宿」論の影響は強い――。彼は「仁政」とのせめぎ合いを斟酌していない、というよりも「仁政」に重きを置いていない。ゆえに、春台の「富国強兵」論は即時的に、民の利益を奪う藩営商業・藩専売制へと帰結する。

慢性的な財政難の渦中にある幕藩領主は、このような経世論（経済思想）を「国益」策として積極的に取り入れていく。すると、当然ながら、それに反対・抵抗する百姓一揆が多発するようになる。この問題は「戦後歴史学」とくに百姓一揆・国訴研究の中で論じ尽くされた感がある。[*10] 文化・文政期以降、「仁政」に蓋をした「国益」策は百姓たちの抵抗（百姓一揆・国訴）によって破綻していった。[*11]

春台が活躍した時代（一八世紀前半）、もはや華夷変態を軍事的危機として認識することはありえず、また欧米列強の接近には早い、という安定した対外関係の下、「敵国外患」などは措定できない。「武威」は弛緩している。「偃武」環境の下、武士は治者であり続ける、という現実のもと、「武威」は理念上の意味を問われることもなくなっていたのではなかろうか。ゆえに「強兵」論も――少なくとも春台の用法の限りでは――、緊張をともなわずに慣習的に使用されはじめた、と思えてならない。

(3) 本多利明(一七四三〜一八二〇)

本多利明は寛保三年(一七四三)越後に誕生、先祖は加賀藩士であったが浪人し、越後に土着した家系の出身とされる。利明は江戸に出て、関孝和から算術・天文学・暦学等を学び、一時期(短期間)、加賀前田家に出仕したが、のち江戸に戻り、家持ち町人として生き、文政三年(一八二〇)死去した。利明の蘭学知識は本格的なものではなく、翻案によるものであり、また、熊沢蕃山・新井白石・荻生徂徠からの影響を受けるが、儒教(中国古典)を直接学んだ形跡はない、とされている[塚谷晃弘 一九七〇]。

利明の時代認識は、江戸・大坂ならびに京都の三都市場を中心に米穀や商品作物の全国的展開が活性化する一方、農村への商品経済の浸透により農民層分解や、本百姓体制の解体が始まり、国内の富の大部分を商人が占有する、というものであった。彼は日本国中の「豊穣」化を企図、寛永七年(一七九五)に著した『自然治道之弁』[*12]において「自然治道」論を展開する。「自然治道」論とは、衰微した当時の社会的趨勢を「自然」であると捉え、これに対して人為的な「治道」を導入することによって、「国家豊穣」の「時勢」を創出できる、という考えであり、それは利明の経世論の中枢をなすものであった[塚谷晃弘 一九七〇][宮田純 二〇一六]。

利明は「自然治道」実現のための方策として「四大急務」策を提起、それを実行することにより「国益」がもたらされると語る。その四点とは、①焔硝を堀取る、②金銀銅鉛鉄を堀取る、③渡海用船舶を新造する、④属嶋の開業を丹誠する、というものである(『自然治道之弁』[*13])。

利明が「国」とした空間領域は、日本国中を意味している。重要なことは、蝦夷地を日本の一部=「属嶋」であると強調した点である。

春台的経世論から具体化された一八世紀型の藩専売制が、百姓の抵抗(百姓一揆・国訴)を惹起したことは既述した。利明はそれ(内政上の危機)を自覚しつつ、さらに一八世紀後半におけるロシアの日本沿岸出没という外圧への対応を意識していた［塚谷晃弘　一九七〇］。

利明は北方問題に関心が深く、蝦夷地の開発を企図する。それは、商人を介在させず、幕府みずからが「夷人」＝アイヌ民族と交易を行う、というものであり、農産物・暦・漢字を蝦夷地に導入し、「夷人」に農業を教え、生産物を租税として徴収する、というプランであった。

利明はこのプランを「撫育交易」と呼称している。彼は、農耕を知らず、文字や暦を持たない――と利明は理解していた――アイヌ民族を、同じ日本国内に存在する〝文明度の低い〟「夷人」と位置づける。彼は、蝦夷地に農業が導入されることにより「夷人」も「救いを蒙て、大に悦」ぶ、と述べている（『自然治道之弁』[*14]）。

「撫育交易」策とは、春台型の「国益」策による藩専売制は限界であると認識していた利明が、内政上の危機の矛先を日本の「属嶋」＝蝦夷地へと向けたもの、と理解できる。「撫育交易」策には、アイヌ民族が交易の利易を直接得ることは出来ない、というカラクリが潜んでいる。「夷人」は「仁政」の対象にはならないという論理である。しかし、利明は「夷人」の住む蝦夷地を日本の「属嶋」と主張するのであるから、この「撫育交易」策の論理は矛盾している。蝦夷地を日本の領土とし「夷人」を領民とするならば、当然、その地は政治理念である「仁政」の対象となるのであるが[*15]、為政者（武士身分）ではない町人学者であり、かつ儒教を本格的に学んでいない利明は、「仁政」の実践という責務を担わないゆえに、その矛盾に気づいていないのかも知れない。

この「自然治道」論が創出され、蝦夷地との「撫育交易」策が提起されてから、三年後の寛政一〇年（一七九八）の『経世秘策』[*16]では、以下のように「国君」の交易論も提唱されている。

日本は海国なれば、渡海・運送・交易は、固より国君の天職第一の国務なれば、万国へ船舶を遣りて、国用の要用たる産物、および金銀銅を抜き取て日本へ入れ、国力を厚くすべきは海国具足の仕方なり

ここにある「国君」とは諸大名を指している。

つまり、ロシアの外圧を背景にした「属嶋」である蝦夷地での「撫育交易」は幕府が行い、諸大名も日本が海国であることの優位性を自覚しつつ交易を実行すべき、というのである。

このように利明の「自然治道」論の基盤は「属嶋」「万国」との交易にあるが、その主体は幕府・諸藩（将軍・諸大名）である。つまり、交易による利潤は、幕藩領主が独占するわけであり、それが民の世界に廻ことはない。

なお、「市井の町人」として生きた利明の経世論＝「自然治道」論には「強兵」論が付随していないことを指摘しておきたい。

2 一八世紀後期～一九世紀初期――「仁政」と「国益」のせめぎ合い――

(1) 佐藤信淵（一七六九～一八五〇）

佐藤信淵は明和六年（一七六九）、出羽国雄勝郡西馬音内村の佐藤信季の長男（百姓身分）として生まれる。佐藤家は代々経世論を家学としてきた、と自ら語るが（『経済要略』[*17]）、すでに先行研究のなかで、これらは信淵のねつ造であると理解されている［島崎隆夫　一九七七］［稲雄次　二〇〇一］。

明治期の農政家・織田完之が信淵の著作を編集出版したことによって、佐藤信淵は〝発見〟され、彼が『混同秘策』等において、朝鮮や満州に兵を出しその地を「攻落」すべし、と語ったことが、帝国のテーゼと合致する、と読み替えられ、明治期から昭和戦前期にかけ、先覚者・偉人として評価されたのである。[*18]

信淵は天明四年（一七八四）、江戸に出て、宇田川玄随から蘭学を、木村泰蔵から天文・地理・暦数・測量等を学んだとされる［島崎隆夫　一九七七］。また、安永六年（一七七七）蝦夷地に渡り「風土を巡覧」したと語るが、それもまったくの虚偽であった［稲雄次　二〇〇一］。

長崎奉行・平賀貞愛の従者となったり、津山藩（美作国）・上総一宮藩（上総国）・徳島藩（阿波国）・田原藩（三河国）・沼津藩（駿河国）・綾部藩（丹波国）・宇和島藩（伊予国）・盛岡藩（陸奥国）と数多くの藩に招聘され藩政改革案を建議した、と信淵本人は語るが、綾部藩以外、そのような事実を確認することはできず、長崎奉行の従者であったという経歴も詐称であるという。唯一の事実とされる、綾部藩での信淵の成績は「相談役として可もなく、不可もない」ものであった、とされている［稲雄次　二〇〇一］。信淵の経世論・農政学とは、「富国」の道を講ずるとして、地図を制作し、緯度経度をはかり、気候・土質を調べ、その土地に適した作物を栽培することを奨励する程度のことであり、まったくの机上の空論であり、それでも効果が上がらなければ、「佐藤家の秘策と称」し、「領民より現金を集めてその金を流用して高利を収めようとするものであった」という［稲雄次　二〇〇一］。さらに、彼の著書の多くは「盗作　剽窃」であったことも明らかにされている［稲雄次　二〇〇一］。

このように、先行研究を紹介すると、佐藤信淵をこの小論であつかう意味と意図を疑問視されるであろうが、彼のような胡散臭い人物が寛政から文化期に存在し、彼の意見を聞いていた――間接的にではあるが――諸大名もいた、ということは事実であり、彼の経世論には、寛政から文化期の政治・社会が反映されていた、といえる。

先述したように、信淵が活動した時代、幕藩領主の財政危機は常態化し、民の利益を奪う「国益」策＝藩専売制は、百姓一揆・国訴を誘発することが明らかとなった。「仁政」に抵触しない（ようにみえる）「国益」の在り方をめざし、幕藩領主はより有効なプランを企画できる人材を藩外部にまでひろく求め、人脈をたぐり寄せていた、といえよう。当時、経世家を名乗る有象無象が多くおり、そのような胡散臭い連中の一人が佐藤信淵であった、というわけである。

以下、文政五年（一八二二）に著したことが確定されている『経済要略』[*19]のみを分析の対象とし、彼の唱える「富国」論を検討してみたい。

信淵は「其国君ノ平日ノ行状ヨリ始マルコト」が「富国」になる政治であるとし、それは「国君」の「恭倹」にかかっているとする。「恭」とは容貌を正しくし、言葉使いを穏やかにして、有徳を尊ぶこと、「倹」とは、質素倹約、神祇祭祀・先祖の法事を豊潔にすることなど、こまごまとした形式論となっている。そして、

有土ノ君ト云フ者ハ格別ナル霊異ノ有ルコトニテ、宿世ノ徳業、莫大ナルヲ以テ、天照大神甚ダ此ヲ寵愛ス、故ニ一境ノ国土ヲ富有シ、数万ノ蒼生ニ君臨ス

と言いきってしまう。「有土の君」とは「格別なる霊異」を有している者であり、天照大神に寵愛されており、ゆえに国土を「富有」にすることができる、というのである。この論理では、「富国」の成果如何は「国君」の能力（個性）に帰す、ということになる。当時、「富国」の成果は「国君」の能力（個性）次第である、というような発想があったという点に注目しておきたい。

(2) 上杉鷹山（一七五一～一八二二）

ここまで、「仁政」を欠落もしくは、後退させた「国益」策を確認したが、江戸時代後期の政治思想・経世論が、それだけではなかったことも指摘しておきたい。その典型が、上杉鷹山のリーダーシップによる、明和・安永期、寛政期の米沢藩藩政改革の思想である。これに関しては、小関悠一郎の詳細な実証研究がある［小関裕一郎二〇一二］。上杉家は関ヶ原の戦いで徳川家康に敵対したことによって、領地を激減されたが、家臣を減らすさずに米沢へ移った。上杉家中は、上杉謙信を始祖とするというプライドにより、家格・官位へのこだわりが強いために、出費が多く、慢性的な財政難に陥っていた。鷹山は、日向国高鍋藩六代藩主・秋月種美の次男であったが、米沢藩八代藩主・上杉重定の養子となり上杉家を継いだ。米沢藩の藩政改革を実行した実務家は、竹俣当綱・莅戸善政らで、藩政改革の理念を担ったのが、細井平洲（一七二八～一八〇一）であった。平洲は尾張国知多郡平島村（現　東海市）

の細井正長の次男に生まれた。百姓身分出身であるが、京都・長崎に遊学したのち江戸に出て鸎鳴館を開いた。彼の学問は、徂徠学を基盤とした折衷学であったとされる［鬼頭有一　一九七七］［小関裕一郎　二〇一六］。平洲の思想の一端を記した『勝太問答』[*20]には、

　徂徠よりはじめ、いづれにも純一に従不申、よき処を取候内に徂徠が方古にちかく候間、此をとり申候得共、とかく泥み不申、流めだたぬ様に仕候

とある。また、彼は難解な内容（方法）は「聖人の道」ではなく「誰も合点やすき事」こそが重要であり、

　むつかしき理屈には、くたびれ候て、これを打すて、先王の渾然として手筋ある治国安民の学問にとり付候

とも述べている。

　平洲の教えをうけた上杉鷹山は、明和六年米沢に入り、農村飢饉対策として義倉を設置、家臣団動員による荒れ地開墾＝「御手伝忠信道」や、農民に対する教学政策と平行して、藍・楮・和紙といった国産品生産指導などを実行した。小関はこれらの政策、とくに「御手伝忠信道」に兵学の影響を見ている。平洲の「治国安民」の概念と兵学を組み合わせて「富国安民」論という藩政改革の理念が形成され、「民利御国益」策が実行に移されたわけである［小関裕一郎　二〇一二］。それは、「仁政イデオロギーの変容として現れた」ものであったとされる［小関裕一郎　二〇一二］。

　米沢藩の明和・安永期、寛政期の藩政改革は、成功した。改革前の宝暦期には、百姓一揆・打ちこわしが発生していたが、この改革に対する百姓たちの抵抗は起こっていない。その成果は「仁政」の重要性を認識し、藩校・興譲館を設立、藩士・領民の教化まで実行した鷹山・平洲の個人の能力・資質に負うところが大きいといえる。そして、鷹山は「明君」と喧伝されていく。ただし、趙景達は「上杉鷹山にあっても」民よりも国が上位におかれていたとして、本来の儒教的民本主義にはありえない思想であるとしている［趙景達・須田努編　二〇一一］。

3　一九世紀前半――「富国強兵」への一元化――

(1)　会沢正志斎（一七八二～一八六三）

会沢正志斎は、天明二年（一七八二）、水戸藩下級藩士・会沢恭敬の長男として生まれる。寛政三年（一七九一）、藤田幽谷に入門、文化元年（一八〇四）、幽谷の主催する彰考館で『大日本史』の編纂に従事する。文政一二年（一八二九）、徳川斉昭が藩主に就任し、藩政改革を実行すると、正志斎は改革派の中核として活躍する。

一八世紀後半からロシアが日本近海に出没、本多利明の項目で述べたように、為政者・知識人の北方への関心は高まっていた。寛政一三年、会沢は『千島異聞』を執筆、ロシアの覇権的性格と強大な軍事力の様相を記し、蝦夷地への侵略を警戒すべき、と論じていた。

文政七年、イギリス捕鯨船員数人が水戸藩領・大津浜に上陸した。会沢は筆談役として現地に赴き、彼らとの折衝に当たった。会沢はこの大津浜事件を契機に対外危機意識をさらに高め、翌文政八年に『新論』[*21]を執筆する。『新論』は「国体」上中下、「形勢」「虜情」「守禦」「長計」と七編にも及ぶ大部なもので、公刊されなかったが、後期水戸学の政治的テーゼとなった尊王攘夷論の指針として筆写され、全国に拡がり影響力をもった。会沢は、欧米列強の侵略を恐れ――具体的にはキリスト教の民間布教――、それにより支配体制は動揺し、幕藩体制の政治理念であり、江戸時代人のアイデンティティとしての「武威」は崩壊、内政的危機も到来する、と認識していた。彼は欧米という新しい他者を意識しつつ、「武威」の根源にある日本型華夷意識に基づき、欧米との差異を強調、「神州」日本が「上国」であることを誇示するために、「国体」という新たな政治理念を創出する。そして、「神州」日本の「国体」の特質・独自性を明示し――そこではやはり「武威」が強調されている――、そこに民意を繋属させて行くことを企図する。

日本思想史研究において『新論』は注目され、とくに「国体」論に関しては多くの研究成果があるが、わたしは、おなじ『新論』のなかで「富国強兵」論が唱えられていることに注目した［須田努 二〇一七］。

会沢が「四に曰く守禦、以て国を富まし兵を強くするの要務を論ず」と述べているように、「守禦」編の中心は「富国強兵」論となっている。会沢の「富国強兵」論は、財政的視座＝「国益」策を削り落としたもので、欧米列強の外圧を背景とした国防論――港湾防禦の海防論ではない――となっている。会沢は、以下のように、国防の方針は欧米列強の外圧に対して、「和」か「戦」かの方針を明確に出すべきである、と語る。

> およそ国家を守り、兵備を修むるには、和戦の策、まづ定めざるべからず、二者未だ決せざれば、すなわち天下は汎汎然として向ふところを知るなく、綱紀廃弛し

彼が使用する「和」とは恭順と同義であり――それでは「武威」は完全に崩壊してしまう――、ゆえに『新論』では「戦」を選択した場合の方策が具体化され、「屯兵」＝守備兵の設置と精兵養成、さらに、大艦建造と海軍創出といったことが提案されている。

嘉永五年（一八五二）、何度も会沢に会い、教えを受けた吉田松陰は『東北遊日記』[*22]の中で、水戸藩が実際に大艦建造を企図していたことを記している。欧米列強の外圧が現実となる中、「国益」策を欠落させ、国防に特化した「富国強兵」論が、会沢によって初めてアジェンダとして提起されたのである。

(2) 横井小楠（一八〇九〜一八六九）

横井小楠は文化六年（一八〇九）、肥後国熊本藩士・横井時直の次男として生まれた。天保一〇年（一八三九）、藩命により江戸に留学、川路聖謨・藤田東湖らと親交を結ぶ。嘉永六年（一八五三）七月、プチャーチンが長崎に来航した。この一報を聞いた小楠は、露使応接掛に任命され長崎に赴く川路聖謨に献策すべく『夷虜応接大意』[*23]を執筆し

た。

この論文には小楠の対外観と自国認識が凝集されている。小楠は日本がむやみに鎖国を堅持するわけではないことを「万国」に示すべき、と論じる。そして、アメリカのように、軍事力により日本を圧迫する「無体無道」な国との通信通商は拒絶すべき、と述べる。さらに、「無体」の対極に「信義」「仁義」という観念を位置づけ、これらを「万国」に共通する普遍的価値＝「道」として提起し、「大義」を通せば、相手国は日本のことを理解し、「信義」による通信通商を求めて来るであろう、と語っている。この「有道・無道」論は、楽天的な理想主義であるが、一方そこには、日本こそが「有道」「仁義」の国である、という自国優位の上国意識が底流している。趙景達が述べたように、小楠には「日本中心の独善的な国家意識」が根強かったのである［趙景達　一九九七］。

小楠は、魏源が著した『海国図志』を読了した後、万延元年（一八六〇）に『国是三論』[*24]を執筆した。先行研究は『国是三論』を「東アジア的な公共」を考える可能性を持つ、としてこの論文を高く評価しているが［平石直昭・金泰昌　二〇一〇］、わたしは「国是」の一つとして「強兵論」が置かれていることに注目した［須田努　二〇一三］。また、趙景達は、儒者である小楠が「富国強兵」を唱えていた点を批判している［趙景達　二〇一〇］。それでは、小楠が提起した「富国強兵」論を検討してみよう。

小楠は日本とイギリスを比較し、以下のように述べる。

富国の道は已に聞く事を得たり、強兵是に次ぐべし（中略）、且日本と英国とは、国勢相似たれば、強兵を務むるも英に則り、仮に英国の常用に擬して四百二十号の軍艦砲一万五千位を備へ、水手二万九千五百人（中略）、将校九百人計を海軍となし、開港の諸地に於て、兵営を設け、兵艦を繋ぎ、不慮に備へ、変に応じ、互に相救はば略大方の侮りを禦ぐに足るべし

地政学的にイギリスは日本と酷似している、ゆえに、イギリスにならい日本も海軍の育成に力をいれるべきであり、

「富国強兵」を達成できれば外国の侮蔑を受けなくてすむ、というのである。かつて『夷虜応接大意』で唱えた「道」という儒学的普遍性の問題＝「有道・無道」論は、『海国図志』を読み、欧米列強を〝識る〟ことにより、「富国強兵」論に転回したわけである。そして、それは欧米型の海外膨張策に直結していく。問題は、彼がそれを「道」からはずれた覇とは認識していない点である。小楠にとって「道」が普遍的価値ならば、「強兵」も普遍的価値を有するのである。ウエスタン・インパクトへの対応策を変えただけで、小楠の思想（自国優位の発想・上国意識）は一貫していたのである。

(3) 吉田松陰（一八三〇〜一八五九）

文政一三年（一八三〇）、吉田松陰は長州藩士・杉百合之助の次男として誕生する。天保五年（一八三四）、彼は叔父・吉田大助家（山鹿流兵学師範）を相続、天保一一年（一八四〇）には、山鹿流兵学師範・吉田家当主として一一歳で藩校・明倫館で講義を行っている。松陰は山鹿流兵学師範として思索し、行動し死んでいった。[*25]ここでは、会沢から教えを受け、ペリー来航を経験した松陰が、いかなる「富国強兵」論を提起したのかをみていく。

安政二年（一八五五）、野山獄入牢・自宅謹慎中の松陰は、入牢者や近親者とともに『孟子』をテキストとした学習会を開催していた。松陰の中国古典への向き合い方（解釈）は、聖人の語った一字一句を厳密に理解するという方法はとらず、現実の社会・政治情勢にいかに対応すべきか、という実践的目的を重視したものであった。彼は『孟子』の学習会でもその方針を貫き、その結果を『講孟余話』[*26]に著した。この書の中で、以下の『孟子』巻第一二―九「告子章句下」を素材にし、「富国強兵」論を展開している。

孟子曰く　今の君に事ふる者は曰く「我れ能く君の為めに土地をひらき、府庫を充たす」と、今の所謂良臣は古の所謂民賊なり、君道に郷はず仁に志さずして、之れを富まさんことを求む、是れ桀を富ましむるなり、「我れ能く君の為めに与国を約し、戦へば必ず克つ」と、今の所謂良臣は古の所謂民賊なり、君道に郷はず、仁に志さずして、之れが為めに強戦せんことを求む、是れ桀を輔くるなり、

孟子は「仁」の志を失い「府庫」を富ます方策をたてるような人物を「民賊」としているのであるが、松陰は以下のように解釈（解説）している。

孟子をして志を得せしめば、亦必ず富国強兵の策を採用し、善戦善陣の士を駆使すること必せり、故に孟子の憎む所は道に郷はず、仁に志さざるを憎むのみ

松陰は「仁に志さざるを憎む」を反転させ、「仁」を欠落させた「強兵富国」という概念を創出し、それを否定しつつ、「仁」を前提とするならば「土地をひらき府庫を充たすの臣、与国を約し戦へば必ず克つの臣も亦有用なり」と述べ、「仁」に基づいた「富国強兵」論を提起する。しかし、「強兵富国」の提起による「富国強兵」論の正当化は、トートロジーでしかない強弁である。孟子は「府庫を充たす」こと自体が「仁政」と相容れない「桀」＝暴君の行為である、と述べているのであるから。

松陰は、嘉永六・七年（一八五三・四）のペリー来航を「癸丑・甲寅の変」と意識し表記していた。そして、以下のように語る。

人を養ふは五穀に過ぎたるはなし、病をかるは烏頭・大黄にこえたるはなし（中略）、仁と道とは五穀なり、富国強兵・善戦善陳は烏頭・大黄なり

「仁と道」を普遍的・絶対的な価値とする一方、病気・非常の際の薬が「富国強兵」というわけである。つまり、「癸丑・甲寅の変」後の国威が低下した現実を非常・病の状態と位置づけ、それを克服する術は「富国強兵」しかない、との帰結に至る。

そして、安政二年、松陰の「富国強兵」論も以下のように海外膨張策へと転化する（「来原良三に与ふる書」[*27]）。

天下の勢、日に陵夷に趨き、二虜未だ平がざるに、人はまさに槃楽す、誠に憂ふべしと為す、癸丑・甲寅は一大機会なりしに、乃ち坐して之れを失ふ、然れども事巳に往けり、今の計を為さんには、和親して以て、二虜を制し、間に乗じて国を富まし、兵を強くし、蝦夷を墾き、満洲を奪ひ、朝鮮を来たし、南地を併せ、然る後に米を拉ぎ欧を折かば、則ち事克たざるはなし

「癸丑・甲寅の変」を契機に、すでに衰えていた日本の国威を回復することが可能である――アメリカ艦隊・ロシア艦隊との戦闘も含意する――、というのが松陰の認識であった。しかし、それもすでに逸したので、この「二虜」=アメリカ・ロシアとは和親条約を締結し、その間に「富国強兵」論を実行に移し、「蝦夷地」を開発、満州を侵略、朝鮮に朝貢させるなどすれば、欧米列強との戦闘にも勝利する、というのである。蝦夷地以下の文章は妄想でしかないが、松陰の「富国強兵」論が、明確に海外侵略をともなうものであったことを指摘しておきたい。

さらに、松陰は右の書簡を書いた頃（安政二年）から、朝鮮侵攻論を唱え始める［吉野誠 二〇〇二］［須田努 二〇一二・二〇一七］。彼は「癸丑・甲寅の変」により、国威は地に墜ちたとし、これを回復するために、長州藩が中心となって海外に進出し、通商を行うべき、と語る。安政五年六月「国相益田君に上る書」[*28]には、その具体策が記されている。「国相益田」とは、長州藩国家老の益田弾正（松陰の兵学門下）のことである。これは、長州藩士・富永有隣の案（左引用部分）を基に、松陰が書簡の形で記した政治意見書である。

須佐は蓋し北浜の一名港なり、而れども、船隻甚だ少なく、物資亦乏し、且つ防長は三面海にひんす（中略）、大いに通商を開き、船隻を増し、物資を殖やし、港口より輸出し、士人をして之れを統領せしめんには、則ち亦富国強兵の資なり

長州は「三面」を海に囲まれているのであり、日本海側の港である須佐を拠点として、海外交易を実行し、それを長州藩が統轄すれば、「富国強兵」に寄与する、というのである。松陰は海外交易を、「富国強兵」達成の手段と

して位置づけており、交易への民間の参入などまったく意識していない。そして、海外交易を論じると同時に、久坂玄瑞・桂小五郎・高杉晋作に竹島（鬱陵島）開墾策を説いた書簡を出す。[*29] 松陰の「富国強兵」論は、海外膨張・侵略（朝鮮侵攻）へと向けられる。

次の文章は安政五年五月二八日、「続愚論」[*30]に記されたものである。

今更下田の條約も破断とは仰せ出され難く（中略）、鎖国の説は一時は無事に候へども、宴安姑息の徒の喜ぶ所にして、始終遠大の御大計に御座なく候（中略）、何卒大艦打造、公卿より列侯以下、万国航海仕り、智見を開き、富国強兵の大策相立ち候様仕り度き事に御座候

これが記された五月二八日は、日米修好通商条約締結（安政五年六月一九日）以前である。ゆえに、松陰は下田条約を問題とし、もはや鎖国云々をいう段階ではなく、こうなれば、大艦を建造し海外渡航をこころみ「智見を開き」「富国強兵」を実現すべきである、と語る。海外侵略を含む「富国強兵」論を実行する主体は、長州藩を中心とした公卿・諸大名である。

このあと、松陰は幕府による日米修好通商条約締結を「違勅」の行為であり、「神州の大禍患」であるとし（安政五年七月一六日付『時義略論』[*31]）、「草莽崛起」による老中・間部詮勝襲撃を企図するが、久坂玄瑞・高杉晋作らの門人は離れていく。このように学統が崩壊しようとする中、朝鮮侵攻論はさらに強調されていく。

しかし、安政期という時代、水戸藩・鹿児島藩・福井藩などにくらべ、長州藩の政治的影響力ははるかに低く、山鹿流兵学師範であった松陰は同時代的には、長州藩の外（世間）では無名の青年であった［須田努　二〇一七］。松陰の門人のうち、老中襲撃に賛同し行動する者（入江杉蔵・野村和作兄弟など）はわずかにいたが、竹島開墾策、朝鮮侵攻論に組みするものは、誰一人いなかった。つまり、松陰が唱える「富国強兵」論＝海外膨張・侵略論、とくに朝鮮侵攻論は、同時代的にはまったく影響がなかったのである。

おわりに

江戸時代を通じて、「武威」と「仁政」という相反する政治理念のせめぎ合いが起こっていた。日本型華夷意識にもとづいた「武威」の心性は民衆レベルまで浸透していた。一方、戦闘者としての役割を終え、治者となった武士は「偃武」環境＝平和を維持しなければならない、という責務を自覚する中から「仁政」に依拠した民政の実現をも企図していたのである。

民との直接対峙がせまられる「仁政」の実践は、果てることのない緊張を伴うものであり、一八世紀以降、為政者（幕藩領主）の財政難が恒常化する中で、難儀となっていく、一方、「偃武」環境が継続し、外敵を措定しえない対外環境下において「武威」は弛緩していった。

一八世紀に形成された「富国強兵」論は、「武威」と「仁政」という政治理念上のせめぎ合いに、財政難という現実の問題が絡み合った三つ巴の綱引きの中から作られていった。問題とすべきは、その現象ではなく、佐藤信淵が述べたように、また上杉鷹山・細井平洲の藩政改革にみるように、江戸時代における政治理念の実践のあり方と、そこから形成される政治思想・文化は、それを担う（提案する）個人の世襲身分・能力・個性に規定された色合いが強いものであり、それが、この三つ巴の綱引きの行方に影響を与えていた、という点である。これをどう理解すべきであろうか。

いうまでもないが、江戸時代の特質の一つは、幕藩体制という分権支配の下、科挙という官僚登用システムが存在しないことにある。それは、宮嶋の言葉を借りれば「朱子学を統治理念とする国家・社会体制」［宮嶋博史二〇一一］を構築しなかった（できなかった）ことによる政治思想の脆弱性を示しているかもしれない。しかし一方、政治思想の硬直化を招くことはなく、時代の変化に適応し、多様な対応策を創出する可能性もあったのである。佐藤信淵という胡散臭い経世家が出る一方、「明君」上杉鷹山や細井平洲にみるように「富国安民」論を提起し、民に富を還元する（かの）ような「国益」策が生み出されたのである。ただし、趙景達が指摘したように、それは理念の上でも「国」が民の上位に置かれるのである（先述）。

ところが、欧米列強の外圧が具体化される一九世紀前半、多元的に存在した「富国強兵」論は「強兵」策に特化したものへと一元化されていく。「富国安民」という概念は霧散したわけであり、それは、「仁政」の死滅を意味するものであった。そして、一八世紀の段階で弛緩していた「武威」という政治理念は、一九世紀前半に入り、会沢正志斎や徳川斉昭の内憂外患論にみるように、また吉田松陰が認識したように「癸丑・甲寅の変」よりもはやく、すでに危機的状況となっていたのである。

「仁政」が、観念的かつ高度な政治実践を伴うものである一方、「武威」は即物的であり、行き着く先は暴力による勝負という単純な（想像しやすい）二元論となる。ゆえに、わかりやすいその理念は民衆をも含め、江戸時代人のアイデンティティを形成し得たといえる［須田努　二〇一七］。

一九世紀前半、欧米列強との軍事力の優劣を見せつけられた時、武士たちは「武威」が恥辱を受けたと認識した。この危機に反応して尊王攘夷運動が発生し、そこに世襲身分を越えて人びとが結集した、という事実は「癸丑・甲寅の変」以降の政治的混乱の中で、人びとが自己実現のために主体的に動き始めた――自己実現のための方策は暴力と学問であった――、ということを示している。その背景には、世襲身分制の中で形成された根強い身上がり願望［深谷克己　二〇一〇］が存在していたのであり、それも江戸時代の特質の一つといえる。

そして、「富国強兵」論は横井小楠・吉田松陰によって、海外膨張・侵略へとつながる方策（戦略）へと組み替えられていく。しかし、松陰の朝鮮侵攻論などは同時代的には、まったく影響をもたなかったのである。江戸時代の政治思想・文化は、個人の世襲身分・能力・個性に規定され形成される、という側面があるが、それがあまりにも妄想的・狂逸なものであった場合、無視されるのである。わたしは、そこに江戸時代の政治思想・文化の多元性を見出したい。

ところで、岸本は宮嶋の東アジア「近世化」論を批判する中で、清朝が満州的「武威」を維持していたことを指摘している［岸本美緒　二〇一一］。杉山清彦は、清の八旗制の詳細な分析をおこない「マンジュ人・旗人」において「「武」のエートス」が維持されていたことを論じ、それを儒教的教養の欠如と否定的に捉えるべきではなく、「それとは異なる独自の「政治文化」の伝統をもつ中央ユーラシア世界に根ざすもとの位置づけ」られるとしている［杉山清彦　二〇一五］。

実のところ宮嶋は、東アジアの「近代化」に関する発言も行っている［宮嶋　二〇一〇］。宮嶋は朱子学モデル（中央集権・非身分制）に基づく国家・社会体制（中国・朝鮮）に近代性を見出し、それに該当しない日本は「東アジアの周辺部」にあたる、としている（儒教的近代論）。しかし、岸本美緒は、その論理を「別種のエスノセントリズムに帰結する」と批判している［岸本美緒　二〇一一］。この問題も含め、比較史の視座を維持しつつ、一五世紀から一九世紀までの東アジアは（日本に限らず）、それぞれ多元的な政治思想・文化をもっていた、という認識への転換が必要かもしれない。東アジアは広大であり、中央内陸アジアや、日本・琉球といった島嶼地域も含むのであるから。

最後に、佐藤信淵や吉田松陰が日本の近代において、帝国のテーゼの中で〝発見〟され、評価されていったことを問題にしたい。宮嶋は「周辺部としての日本史」という文言を使用するが、それは日本社会に慣習・伝統として存在しつづけている脱亜的日本史認識に対するいらだち、非難であると受けとめるべきであろう。現在、脱亜的日本史認識の問題は、日本史研究の領域に限定するならば、もはや研究者個人の能力・個性の問題となっているのではなかろうか。しかし、それを妄想的・狂逸なものであると無視できるまでには至っていない、ということも事実であり、日本社会に慣習・伝統として存在し続けているそれに、歴史学徒がどう向き合うかが問われている。

註

＊1　宮嶋「近世化」論を受けたシンポジウムとその成果として、趙景達・須田努編『比較史的にみた近世日本―「東アジア化」をめぐって』（東京堂出版、二〇一一年）、清水光明編『「近世化」論と日本―「東アジア」の捉え方をめぐって』（勉誠出版、二〇一五年）がある。

＊2　小嶋毅は、そのような線引きと類型化は明治時代の知識人が行ったことであったと述べている［小島毅　二〇〇六］。その意味で、山鹿流兵学師範・吉田松陰の『孟子』解釈（『講孟余話』）は、日本型儒学受容の到達点を示しているかもしれない。

＊3　政治理念としての「武威」は、浄瑠璃・歌舞伎を通じて（視聴覚的に）民衆レベルにまで浸透しており、それは土俗的かつ情念的なものとなっていた、という意味で心性と表現した［須田努　二〇一三］。

＊4　両者とも多くの研究者が触れている。その中でも、「仁政」については、民衆史・民衆統治の側面から、宮沢誠一・深谷克己・朝尾直弘・若尾政希・小川直弘により［宮沢誠一　一九七三］［深谷克己　一九七三］［朝尾直弘　一九八五］［小川和也　二〇〇八］、「武威」については、日本型華夷意識・対外関係史の場面で、朝尾直弘・池内敏［朝尾直弘　一九七〇a・b］［池内敏　二〇〇六］らにより論じられてきた。

＊5　後藤陽一、他校注『日本思想大系三〇　熊沢蕃山』（岩波書店、一九七一年）。

＊6　同右。

＊7　同右。

＊8　同右。

＊9　滝本誠一『日本経済叢書』第六巻（大鐙閣、一九一五年、国立国会図書館デジタルコレクション）。

＊10　［保坂智・浅見隆　一九八二］［青木美智男　一九九九］［藪田貫　一九九二・二〇〇五］［谷山正道　一九九四・二〇一七］［平川新　一九九六］。

＊11　たとえば、「紙問屋騒動」（信濃国飯田藩領）・「北越一揆」（越後国村松藩領他）・「武左衛門一揆」（伊予国吉田藩領）・「こぶち騒動」（紀伊国和歌山藩領）などがある。

＊12　横川四郎編『近世社会経済学説大系一〇　本多利明集』（誠文堂、一九三五年）。
＊13　同右。
＊14　同右。
＊15　檜皮瑞樹が論じたように、蝦夷地が「仁政」の対象となるのは、幕府が主体となり、暴力的統治を本格的に進める安政期以降である［檜皮瑞樹　二〇一四］。
＊16　塚谷晃弘、他校注『日本思想大系四四　本多利明・海保青陵』（岩波書店、一九七〇年）。
＊17　尾藤正英、他校注『日本思想大系四五　安藤昌益　佐藤信淵』（岩波書店、一九七七年）。
＊18　当時、森銑三はこのような風潮を批判し、「信淵の如き欺瞞に充ちたる偽人物を排斥せねばならぬ」とまで酷評していた［森鉄三一九四二］。
＊19　註16に同じ。
＊20　松野陽一「畑中荷沢書誌〈華字著作編〉―附〈翻刻〉『勝太問答』」（国文学研究資料館『国文学研究資料館紀要』一七、一九九一年）。カナはひらがな表記に改めた。
＊21　尾藤正英、他校注『日本思想大系五三　水戸学』（岩波書店、一九七三年）。
＊22　山口県教育会編纂『吉田松陰全集』第九巻（大和書房、一九七四年）。
＊23　山崎正董編『横井小楠関係史料』一（東京大学出版会、一九七七年）。
＊24　同右。
＊25　吉田松陰の思想と行動に関しては須田努『吉田松陰の時代』（岩波書店、二〇一七年）を参照されたい。
＊26　山口県教育会編纂『吉田松陰全集』第三巻（大和書房、一九七二年）。
＊27　『野山獄文稿』（山口県教育会編『吉田松陰全集』第二巻、大和書房、一九七三年）。
＊28　『戊午幽室文稿』（山口県教育会編『吉田松陰全集』第四巻、大和書房、一九七二年）。
＊29　山口県教育会編『吉田松陰全集』第八巻（大和書房、一九七二年）。
＊30　註28に同じ。
＊31　註28に同じ。

参考文献

青木美智男　一九九九『百姓一揆の時代』校倉書房
朝尾直弘　一九七〇a「鎖国制の成立」『講座　日本史』四、東京大学出版会
朝尾直弘　一九七〇b「「公儀」と幕藩制領主制度」『講座　日本歴史』五、東京大学出版会
朝尾直弘　一九九一「東アジアにおける幕藩体制」『日本の近世』一、中央公論社
池内　敏　二〇〇六『大君外交と「武威」—近世日本の国際秩序と朝鮮観』名古屋大学出版会
伊東多三郎　一九七六「藤樹・蕃山の学問と思想」『日本の名著一一　中江藤樹・熊沢蕃山』中央公論社
稲　雄次　二〇〇一『佐藤信淵の虚像と実像』岩田書院
小川和也　二〇〇八『牧民の思想—江戸の治者意識』平凡社
岸本美緒　二〇〇六「中国史における「近世」の概念」『歴史学研究』八二一号
岸本美緒　二〇一一「東アジア史の「パラダイム転換」をめぐって」（国立歴史民俗博物館編『「韓国併合」100年を問う　二〇一〇年国際シンポジウム』岩波書店）
岸本美緒　二〇一七「地域論・時代区分論の展開」（歴史学研究会編『第四次　現代歴史学の成果と課題』二、績文堂出版）
鬼頭有一　一九七七『細井平洲・（附）中西淡淵』明徳出版社
小島　毅　二〇〇六『近代日本の陽明学』講談社
小島　毅　二〇一三『朱子学と陽明学』筑摩書房
小関悠一郎　二〇一二『〈明君〉の近世—学問・知識と藩政改革』吉川弘文館
小関悠一郎　二〇一六『上杉鷹山と米沢』吉川弘文館
後藤陽一　一九七一「熊沢蕃山の生涯と思想の形成」（『岩波思想大系　熊沢蕃山』岩波書店）
島崎隆夫　一九七七「佐藤信淵」（『日本思想大系　安藤昌益　佐藤信淵』岩波書店）
清水光明編　二〇一五『「近世化」論と日本—「東アジア」の捉え方をめぐって』勉誠出版
杉山清彦　二〇一五『大清帝国の形成と八旗制』名古屋大学出版会
須田　努　二〇〇二『「悪党」の一九世紀—民衆運動の変質と〝近代移行期〟』青木書店
須田　努　二〇〇八『イコンの崩壊まで—「戦後歴史学」と運動史研究』青木書店

須田　努　二〇一〇a「江戸時代　民衆の朝鮮・朝鮮人観―浄瑠璃・歌舞伎というメディアを通じて」（『思想』一〇二九）
須田　努　二〇一〇b『幕末の世直し―万人の戦争状態』吉川弘文館
須田　努　二〇一二「明治維新と征韓論の形成」（趙景達編『近代日朝関係史』有志舎）
須田　努　二〇一三「横井小楠と吉田松陰」（趙景達他編『講座東アジアの知識人』第一巻、有志舎）
須田　努　二〇一七『吉田松陰の時代』岩波書店
武部善人　一九九七『太宰春台』吉川弘文館
谷山正道　一九九四『近世民衆運動の展開』高科書店
谷山正道　二〇一七『民衆運動からみる幕末維新』清文堂出版
趙　景　達　一九九七「近代日本における道義と国家」（中村政則他編『歴史と真実―いま日本の歴史を考える』筑摩書房）
趙　景　達　二〇一〇「朝鮮の国民国家構想と民本主義の伝統」（久留島浩・趙景達編『国民国家の比較史』有志舎）
趙景達・須田努編　二〇一一『比較史的にみた近世日本―「東アジア化」をめぐって』東京堂出版
塚谷晃弘　一九七〇「江戸後期における経世家の二つの型」（『日本思想大系四四　本多利明・海保青陵』岩波書店）
友松龍太郎　一九七一「熊沢蕃山と中国思想」（『岩波思想大系三〇　熊沢蕃山』岩波書店）
野口武彦　一九九一『江戸の兵学思想』中央公論社
尾藤正英　一九六一『日本封建思想史研究―幕藩体制の原理と朱子学的思惟』青木書店
平石直昭・金泰昌編　二〇一〇『公共する人間三　横井小楠―公共の政を首唱した開国の志士』東京大学出版会
平川　新　一九九六『紛争と世論―近世民衆の政治参加』東京大学出版会
檜皮瑞樹　二〇一四『仁政イデオロギーとアイヌ統治』有志舎
深谷克己　一九七三「百姓一揆の思想」（『思想』五八四、のち『深谷克己近世史論集』第一集、校倉書房、二〇〇九年）
深谷克己　二〇〇六『江戸時代の身分願望―身上がりと上下無し』吉川弘文館
深谷克己　二〇一二『東アジア法文明圏の中の日本史』岩波書店
保坂智・浅見隆　一九八一「一揆と打ちこわし」（青木美智男他編『一揆』二、東京大学出版会）
前田　勉　一九九六『近世日本の儒学と兵学』ぺりかん社
丸山眞男　一九九二「開国」（『忠誠と反逆』筑摩書房）

宮崎道生　一九八四「熊沢蕃山と太宰春台」（『日本歴史』第四三五号）
宮沢誠一　一九七三「幕藩制イデオロギーの成立と構造―初期藩政改革との関連を中心に」（『歴史学研究』別冊）
宮嶋博史　二〇〇六「東アジア世界における日本の「近世化」―日本史研究批判」（『歴史学研究』八二一号）
宮嶋博史　二〇一一「朝鮮史からみた「近世」日本」（趙景達・須田努編『比較史的にみた近世日本』東京堂出版）
宮嶋博史　二〇一〇「日本史認識のパラダイム転換のために―「韓国併合」一〇〇年にあたって」（『思想』一〇二九）
宮田　純　二〇一六『近世日本の開発経済論と国際化構想―本多利明の経済政策思想』御茶の水書房
森　銑三　一九四二『佐藤信淵―疑問の人物』今日の問題社
藪田　貫　一九九二『国訴と百姓一揆の研究』校倉書房、二〇一六年、清文堂出版から新版出版
藪田　貫　二〇〇五『近世大坂地域の史的研究』清文堂出版
吉野　誠　二〇〇二『明治維新と征韓論―吉田松陰から西郷隆盛へ』明石書店
若尾政希　一九九九『「太平記読み」の時代―近世政治思想史の構造』平凡社
渡辺　浩　一九八五『近世日本社会と宋学』東京大学出版会
渡邊與五郎　一九七一『日本経済思想史―太宰春台の研究』文化書房博文社

五

一九世紀の藩学と儒学教育

――越後長岡藩儒・秋山景山『教育談』の世界――

小川和也

はじめに――儒学をめぐる東アジア「近世化」論争――

歴史学の新しい潮流に、東アジアの「近世化」をめぐる論争がある。発端は朝鮮史研究者の宮嶋博史による戦後歴史学批判である。その議論の要点はつぎの二点にまとめることができる。

①東アジアの「近世化」とは、朱子学と科挙官僚制によって小農に適合した社会体制を創出することである。

②戦後日本史研究者は一貫して「脱亜」的な視座により、ヨーロッパを念頭にしつつ、一国史として日本史を描いてきた。

まず、①について、中国・朝鮮の「近世化」は共通する。一方、日本は武家政権による封建主従制であり、科挙官僚制は採用されず、世襲制であり、東アジアにおいて異質な国家であった。②について、戦後日本史研究者の「まなざし」は、ヨーロッパにむかっていて、東アジア世界に対して鎖された一国史観である。つまり近世日本も、戦後日本史研究者も「脱亜」的ということになろう。

これに応じた日本近世史研究者は、深谷克己であった。深谷の反論はつぎのようである。

①たとえば明の太祖洪武帝《こうぶてい》・朱元璋《しゅげんしょう》の『六諭《りくゆ》』の解説書、范鋐《はんこう》による『六諭衍義《えんぎ》』の渡来。『六諭衍義』は琉球の程順則より薩摩藩主・島津吉貴《よしたか》に献上され、吉貴は享保四年（一七一九）、八代将軍・徳川吉宗に献上した。吉宗は室鳩巣に和解《わげ》（訳註）を命じ、享保六年（一七二一）、和解書『六諭衍義大意』が板行され、天下に広められた。

②近世日本は封建制だが、時代が進むにつれ、「官僚制」と「法制的支配」が進展した。

宮嶋と深谷の論争のひとつの軸は儒教をめぐるものである。『六諭』は儒教的な民衆教諭書である。深谷の主張は、『六諭』の受容と展開に象徴されるように、日本をふくむ東アジアには儒教的民本主義を「共通分母」とする政治文化が存在した、というものである。

もちろん、儒学といってもさまざまである。深谷はゆるやかに「儒教」というが、宮嶋は朱子学を前提にしている（以上、「近世化」をめぐる問題に関しては［小川和也　二〇一六b］）。

若尾政希が明らかにしたように、近世の前期～中期にかけての国家権力者の思想には『太平記評判秘伝理尽鈔』という軍書があたえた影響が大きい［若尾政希　一九九九］。だが、江戸時代は長い。官僚化と法支配の比重が増すにつれ、儒学による統治が定着していく。若尾のように、あまりに日本近世全般に軍書の影響力の強さをみる議論は、時期による変化や段階差を捉えそこねる可能性がある。

かつての高校日本史の教科書にあったように、幕府が朱子学を採用し、「官学」としたという史実はない。しかし、近世中期以降、多くの藩校で朱子学が採用され、一八世紀末の昌平坂学問所における「寛政異学の禁」に象徴されるように、朱子学「正学」化の流れが存在した。一八世紀後半に尾張藩儒石川香山が、朱子学の立場から徂徠学を烈しく批判したことを明らかにした田中秀樹の研究は、近年の成果である［田中秀樹　二〇一五］。

いったい近世日本は、東アジアにおいて異質なのか、それとも共通性をもつのか？　それは比較の仕方・尺度によって、いかようにでもなる。ここでは、日本アジア異質論に潜むキケンな落とし穴と、比較視角の問題点を指摘したい。

かつて、「近代化」論がもてはやされたことがある。それは、ルース・ベネディクトの『菊と刀』（一九四六年）を源流として、エドウィン・ライシャワー、ジョン・ホール、ウォルト・ロストウ、マリアス・ジャンセンらに引き継がれた「日本学」であった。

この「近代化」論は、いまやなつかしい東西冷戦下、日本を西側の軍事ブロックにくみこみ、日本を非西洋諸国の「近代化」成功の手本国家《モデルステイト》として示すものであった。彼らが注目したのは、日本の文化的特殊性である。その理論を供給したのがロバート・ベラーの『徳川時代の宗教』（一九五七年）であった。ベラーは西欧において資本主義成立の源泉となったプロテスタンティズムと見合うものを、近世日本の宗教に見いだした。ハリー・ハルトゥニアンによれば、「近代化」論は、「日本の文化的価値の特殊性を所与とする近代化論者の物語」で、皮肉にも、あまりに日本の文化的特殊性を強調したため普遍性をもてず、第三世界の手本とすることに失敗した、という［ハルトゥニアン、ハリー　二〇一〇］。

では、「近代化」論は、もはや過去のお伽噺にすぎないのか？

二〇一七年にタレントのケント・ギルバートが出した「トンデモ本」が話題となった。どこが「トンデモ」ないのかというと、その書名『儒教に支配された中国人と韓国人の悲劇』によく現れている。これは日本が儒教国家でなくってよかったね、だから成功できましたしたね、という東アジアにおける日本特殊論であり、「近代化」論の亡霊である。日本異質論の危うさは、こうした日本優位論に結びつきやすい点にある。それが武威、たとえば、武士道精神だの、『葉隠』精神だのに結びつき、偏狭なショービニズムを生みだし、侵略戦争の支柱となったのが戦前の日本であった。

つぎに比較視角の問題点を指摘する。すでに述べたように、日本異質論は日本が封建制であり、儒学が浸透していないという主張である。これはかつて渡辺浩が唱えた近世日本の朱子学不適合論と共通する［渡辺浩　一九八五］。科挙官僚制と封建制、異なる国家体制を前提とする、きわめて静態的な比較である。では動態的な比較とは何か。儒学が修己治人の学問である以上、学問・教育の現場と、統治の現場に注目することが重要であろう。

後者の統治の現場に関して、金海南は、中国・朝鮮において、地方官の不正・腐敗を防ぐための監察制度が、いかに発達し、御史という監察官が暗躍していたかを描きだしている［金海南　一九九九］。また、山本英史は、中国で中央から赴任する民政官たる知県が、どのように民衆を統治したか。それを官箴《かんしん》書と公牘《こうとく》を史料として詳細に追っている［山本英史　二〇一六］。儒学による統治がいかに形骸化し、また腐敗していたか。官僚の愚民観、民衆不審感は、儒学の建て前たる性善説をほとんど破綻させるに至る［小川和也　二〇一六ａ］。中国・朝鮮の儒学統治を理想化する議論には疑問をもたざるを得ない。日本にかんしては、拙著で、『牧民忠告』『牧民心鑑』という民政書が東アジアを横断したことを明らかにしている［小川和也　二〇〇八］。この『牧民忠告』『牧民心鑑』二書は、東アジアの統治の現場において、儒学にもとづく民衆統治論が共有されていたことを示す物的証拠である。

では、学問・教育の現場についてはどうか。この点にかんしては、拙著で越後長岡藩儒・秋山景山を事例として考察した［小川和也　二〇一一］。その後、景山のご子孫の秋山綽氏所蔵の秋山家文書を悉皆《しっかい》調査する機会にめぐまれた。この調査の成果にもとづき、改めて藩学と儒学教育の関係を問うのが本稿の課題である。

1　「藩学」とは何か？

まず、藩学の前提となる「藩」とは何か？

かつて、山口啓二が近世には藩は公称として用いられなかったと指摘した［山口啓二　一九六三］。以後、この指摘が一人歩きし、近世に藩はなく明治維新後に生み出された概念であるかのような、あやまった言説まで流布された。近世に藩はあったし、公称として用いられたこともある。藩という言葉が史料で多くみられるようになるのは、近世中期以降の現象である。それはなぜか。

藩を支配するのは大名家であり、君臣関係を結んだ武士団である。大名家＝「御家」の構成原理は封建的主従制であり、家臣は「家中」である。この原理では、武士ではない領民を組み込むことはできない。「御家」には領民はふくまれない。一方、藩は「国家」性をもち領民はふくまれる。領民をこの「国家」に組み込む原理は、藩主を父母とし、領民を子とする擬似家族制である。領主は子に慈愛に満ちた親のごとく接し、仁政を施すというのが建て前である。藩とは、封建的主従関係を結んだ大名および家臣団が、擬似家族制に基づいて組み込んだ領民を統治する支配体制である。家中名は、たとえば牧野家中というように大名名が冠されるが、藩名は長岡藩というように土地に根ざした名称で呼ばれる。仁政を柱とするこの藩国家は儒学性を帯びているといえるだろう。

近世中期、享保以降、なんども全国的な凶作・饑饉の波に洗われた。石高制をとる近世国家において米穀の減収と、饑饉による多数の死者は労働人口の減少となり、財政基盤を根底から揺るがす。饑饉の時代は、財政再建、すなわち、藩政改革の時代である。各藩は藩政改革に成功した藩を手本諸国家《モデル・ステイツ》とすべく、アンテナをはりめぐらして情報収集・交換につとめた。藩政改革の主題の一つは農政である。農業は民衆が担う。農政改革を家中という用語で説明するのは不便である。これが近世中後期以降、藩という言葉が普及する要因のひとつではないか。

藩政改革の時代は、藩学の時代でもあった。藩政を担う藩士を育成するため、一八世紀半ば以降、「教育爆発の時代」とよばれるほど藩校が林立した［辻本雅史　一九九〇］。

旧来の藩学研究は、笠井助治の大著『近世藩校の総合的研究』『近世藩校における学統学派の研究』に依拠した藩校の学統学派を中心としたものであった。これを狭義の藩学研究と呼ぶことにしたい。藩校では、朱子学を採用するところがおおく、ことに寛政異学の禁以降、昌平坂学問所にならい、朱子学を採用する藩校が増えたとされる。狭義の藩学により、中国・朝鮮のように朱子学が浸透していったという絵を描くことは可能である。

しかし、この狭義の藩学研究には問題がある。笠井の研究は、一八八三年、明治国家によって編纂が開始された『日本教育史資料』に依存している。明治国家は学校教育制度と儒学理念に基づく教育勅語により、「臣民」化を目論んだ。そこで、目をつけたのが藩校における儒学教育であった。『日本教育史資料』には国策のバイアスがかかっている。つまり、藩校制度のみならず、教育の実態に即した研究が必要である。そのためには、どのような研究視角が必要か。

すでにみたように、「藩」の特徴は、封建的主従関係で結びついた家臣団が民衆統治を行う点にある。したがって、①武士団が統治機構でもあるという両義性と藩学との関係。②儒学を中心とする「文」だけではなく、武芸・軍書・軍学などの「武」がどう重なりあっているか。③藩校以外の藩の学問状況、読書・書物のネットワーク、さらには民衆の学問状況との接点をさぐる必要がある。これを広義の藩学研究としたい。これらの問題を解くのに、秋山景山という儒者は最適である。その理由は、行論のうちに明らかになるだろう。

2　越後長岡藩の藩校と藩儒・秋山景山について

まず、景山が属する長岡藩牧野家について、また藩校について、『日本教育史資料』にもとづき確認しておこう。

越後長岡藩は、牧野家が元和四年（一六一八）に越後の長峰から移封されて成立した。長峰の前は上野国大胡である。牧野家は徳川家康の三河時代以来の譜代で石高は七万四千石余りであった。

藩校崇徳館の創立は文化五年（一八〇八）である。崇徳館内は遷善閣（徂徠学）と成章堂（古義学）にわかれる。教員数は都講二・督学二・教授四・助教一四・監事二という構成であった。都講と督学は、遷善閣と成章堂に一名ずつおかれた。いま風にいえば校長と教頭のような存在である。通学生は年代によってばらつきがあるが、だいたい二〇〇名とされる。

学生は素読生と質問生にわかれ、教科書は素読生が四書五経、『唐詩選』、『古文前後集』、『文選《もんぜん》』で、質問生が『小学』、『近思録』、四書五経、『左伝』、『国語』、『二程全書』、『史記』、『漢書』などを使用した。カリキュラムは、素読・質問が午前の辰の刻より、午の刻まで（午前七～九時から正午）。午後は都講の講義が毎月六度、学生の輪読が毎月六度、詩文会が毎月二度行われた。素読の試験が毎月二度行われた。

以上が「文」＝儒学に関する記述である。一方、「武」に関しては、『日本教育史資料』には、「兵学・弓馬・槍劔・薙刀・砲術・柔術・居合等は別に教場を設ける」とだけある。「教場」という以上、これらの兵学・武術も藩の子弟教育の場だったわけで、本来は藩校として考えるべきであろう。藩校を儒学教育の場に限定するのは、すでに記した『日本教育史資料』の性格による。

初代都講は「徂徠派」として秋山景山、「古義派」として伊藤満蔵（東岸《とうがん》）。東岸は、寛政三年（一七九一）生、元治元年（一八六四）没。文化九年（一八一二）に京都堀川の伊藤仁斎を祖とする伊藤家から長岡藩に招聘《しょうへい》された。東岸は、東所の五男である。東所は仁斎の孫で、東涯の三男である。俸禄は「二十口」。同一二年都講となり、嘉永三年（一八五〇）の「長岡藩家中禄高調」には「二十五人扶持」とある［長岡市　二〇〇二］。

景山は宝暦八年（一七五八）生、天保一〇年（一八三九）没。通称は多門太。字は子交、名は朋信。景山は号で、致仕後、酔翁と号した。景山が秋山家襲封したときの家禄は六〇石。やがて学問教授の功績により一〇〇石に加増される。

秋山家は長岡移封以前からの譜代家臣である。初代は四郎左衛門。甲斐の武田家士屋昌次の家臣であったが、武田家滅亡後、牧野家の大胡《おおご》時代に従ったとされる。一五〇石から出発し、三代・四郎左衛門のとき、二七〇石まで加増された。これは長岡藩では上士階層に属する石高で、藩の意志決定に参加する評定衆まで上り詰めた。しかし、四代・市左衛門のとき秋山家は断絶。その後、再興し、景山は八代目である。景山以降も藩儒を世襲し、息子・丈太郎、孫・左内が崇徳館の教官となっている。

景山は伊藤東岸とは対照的に、学者の家柄出身ではなく、長岡藩牧野家の武士として生まれ育ち、学問をつんで藩儒になったという経歴をもつ。景山の「武」に関して、たとえば、秋山家文書『由緒記』には、景山の天明七年（一七八七）の項に、「軍書・経書、年来出精候段、奇特に思し召され候につき、御目録金弐百疋《ひき》、これをくださる」とあり、また「弓術年来心懸け奇特」であるという評価をえている。景山は、儒者であると同時に、武術・軍学に通じ、越後流軍学の師範代を務めた「文武」の人であった。

3　景山にとっての儒学

景山が儒学に接近し、藩儒になった経緯は、どのようなものであろうか。

私も幼弱のみぎり出精仕る了簡、本よりこれ無く罷り過ごし候ところ、何となく手近かき書も読み兼ね候を口惜く存じ付き、字引を力に史記・左伝様《よう》の書、無理読みに見通し仕り候内、義理も少々ずつ相分り候上、椰野鼎《かなえ》と申す老儒、講釈致し候由を承り入学相願い候……（秋山家文書「諸書付」）

幼いころ、身近かにある本を開いてみたが読めなかった。悔しいので辞書を片手に史書を独学で読んでいるうちに、だんだん意味がわかるようになってきた。そこで、椰野鼎という儒者に入門した。ここで儒学に接したことになる。

すでに述べたように、景山は宝暦八年（一七五八）生まれなので、入門は明和年間（一七六四〜七一）ごろと考えられる。

やがて、景山が学問修行をしていることが藩士間で話題となり、「近隣の小児共の句読を頼まれ、辞退も致し兼ね、両三人引き受け候処、追々三四拾人にも及び……」ということになった（同）。「句読」というのは講読である。このとき、景山が藩士の子弟に講じたのは『論語』である。始め二、三人から出発した景山私塾は、三〜四〇人規模になった。にわかに儒学熱が高まったかのような観があるが、実態は違っていた。

> 小児ども教え授け候ても、その親々ども何れも文盲にて、書は何の為めに読む事と申す儀、相解らず、帰宅の小児どもに復読を責め候者一人もこれなく、十四、五歳にも相成り、武芸も少しずつ始め、殺生にも当人の了簡は勿論、親々ども供に召し連れ、此上もこれなき事と心得罷り在り候様子、公冶長《こうやちょう》論語にて廃学致し候は通例に御座候、仍て閉堂仕るべきかと度々存じつき候……（同）

景山のもとに通わせている親たちは「文盲」で、何のために学問をするのか、その意味がわからない。そして、子が一四、五歳になって武芸を始めるようになると、学問をやめてしまう。『論語』も「公冶長」、つまり、『論語』全一〇巻のうち三巻なかばで「廃学」するのが恒例となっていた。そこで、景山は私塾をたたもうかと何度も考えたという。

それを聞きつけた八代藩主・牧野忠精は許さなかった。すると、景山は江戸に出て本格的に儒者について、儒学を大成したい旨を願いでた。それが許され、寛政五年（一七九三）から三年間、江戸詰めとなり、服部南郭の孫・仲山に弟子入りした。南郭は荻生徂徠の高弟である。景山が徂徠学派といわれるゆえんである。

近世日本に儒学は不適合であったとする渡辺浩は「儒学的「教養」の普及、浸透と、儒者自身の政治的参与は別のことである」として、儒者は学者として用いられ、民衆統治には関わることがすくなかったという。たとえば、「儒者了簡」とは机上の空論のように、非実際的で役に立たない言葉として用いられたという［渡辺浩　一九八五］。果たして、そうだろうか。まさにこの点に関して、景山は次のように述べている。

学問の儀儒者広くして無用と古人も申し置き候、是は学者の謬《あやま》りを外より誹《そし》りたる詞にて、道の瑕には決して御座無く候、箕裘《ききゅう》の業を継れ、又は生質文学に賢く深く好みて志を成し候わば、誠に不朽の大業、貫道の宝器、何卒好まざる者にも強いて勧め度は学問に御座候……道里《みちのり》の遠近に寄り只徳行正しき人に従い、或いは経学に、或いは経済、或いは性理、或いは博物、或いは文章、或いは章句、何れ成る共一方精熟仕り候得ば、治乱に限らず、国で重器にて御用に相立ち申す可く候、（秋山家文書「上君公書」）

冒頭の「学問の儀儒者広くして無用」とは、渡辺が指摘する「儒者了簡」同様、知識を広くもつが無用の存在で、役に立たないということである。景山はそういう儒者がいることを否定しない。しかし、それは儒者の過ちであって、「道の瑕には決して御座なく候」、儒学という道自体の欠点ではないという。「箕裘の業」とは家業のことで、家督を継ぐ者で、「文学」＝儒学に関心があり研鑽を積むものは藩にとって「大業」をなす「宝器」である。他方、儒学を好まない者にも、学問を勧めたいという。ここでは、景山は学問の基本に儒学をおいているものの、学問であれば何でも「精熟（成熟）」すればよいと述べている。だが、こと藩政に関してはちがう。景山はこの文章のあとに、つぎのようにつづけている。

御政事にも預り候以上の者、大人《たいじん》君子の学問は国家経綸の道を専らに遊ばさるべく候、然る所以《ゆえん》は身は君上に治められて上を養い奉るを小人と申し候、養いを下に受けて万民を治め安んぜしめ玉うを君子と称し奉り候、経済とて経学の外に一道有るには御座無く候、則ち堯・舜・禹・湯・文・武、人倫を正し、天下を御恵みくださり候御手筋にて、堯・舜を祖述し、文・武を顕彰すと仰られ候得ば、孔子の道は堯・舜の道に御座候。（同。傍点・傍線は引用者小川による。以下同様）

政事に関わる大人・君子の学問は国家経綸の道である。つまり、「万民」を安んじ統治する君子の道は、「経学」にほかならない。「尭・舜を祖述し、文・武を顕彰す」の典拠は、『中庸』第一七章である。孔子が尭と舜の道を根源として継承し、文王と武王の道を模範として顕彰した。したがって、経世済民の道は、経学であり、「孔子の道」であり、堯舜の道であり、つまり、儒学に他ならない。なぜ、君子が安民に精をだし、儒学を学ばねばならないのか。景山は、君子が民に養われているからである、としている。養われている民を安んじるのが、君子の義務であるという。では、景山は儒学を君子の学問と限定していたのだろうか。

文政六年（一八二三）、景山は『ふみの道しるべ』（秋山家文書）を著した。そのきっかけは、筆頭家老・稲垣平助以下、藩の重役一〇人ほどで読書会を開催することになり、その指南役に景山が指名されたことにある。そのとき、儒学書は「退屈」なので、できれば史書から読みたいと注文がついた。これが、景山の儒者としてのプライドに火をつけたらしい。そこで、景山がわずか二日間で、一気にかきあげたのが、『ふみの道しるべ』であった。学問とは何ぞや、を力を込めて論じたものである。

> 上代より文章博士と申す官職・家柄御座候得ども、是は別段の訳合いにて、後世に至り儒者と称す者の自他共に世類を離れ候様に意を得候とは以ての外の相違に御座候、只文学に長じ候者、随従の門人多く、是を以て業を立て候のみにて、四民の外抔申す道理、決して御座無く候、平出／御開国の砌《みぎ》りにも御座候や、天下の僧道・医師同様、儒業の者にも駕籠なさるべく御免《ゆる》しやの御評議御座候節、欠字 水戸黄門様思し召しにて儒道は 欠字 天子・将軍家にもなさる御学、諸侯・士大夫も同様にて、別に儒者と云う身分の者これあるべきなしとの御儀にて、儒者は長袖の部類にこれなき旨、相定り候由承り及び申し候、然らば儒者は別段にて、その余の士大夫不学にても事済む様に相心え候わば、いががの事に存じ奉り候、

上代には「文章《もんじょう》博士」という専門職があった。これは博士家という公家の家職で特別である。いま儒者と称して

世間からはなれ、ただ儒学の学習にたけた者を門人として生業としている者がいるが、これは間違いである。幕府創業時、幕府の僧侶や医師同様、儒者は身分制度外の存在で、江戸城の登下城の際、駕籠を許すかどうかという議論があった。そのとき、徳川光圀はこういった。「儒学は、天皇も将軍も学ぶ学問であり、大名も家臣も同様である。特別に儒者という身分の者があるわけではない」、武士はすべからく儒学を学ばずんばあるべからず、と主張したのだという。

畢竟《ひっきょう》、武士は武芸に遊び……修身の業に与すべき道理を存ぜず、詞章記誦に拙きを恥じて、人の人たる大業を廃し候わば、流れを濁して源を塞ぐと申す者にて、愚昧の至りに御座候、厚く御勘考これありたく存じ奉り候、朝に道を聞きて夕べに死すとも可なりと孔夫子は仰せられ候、

治国安民は君子＝藩主の仕事である。が、藩主一人ですべての領民を治めることはできない。そこでたとえば、「地方《じかた》の御役人、君の耳目に代り、安民の御手長を相勤め候」（秋山家文書「手控」）というように、藩士は藩主に代わり、藩主の手の延長として、「安民」に勤めなければならない。したがって、君子＝藩主のみならず、全藩士は、「人の人たる大業」、主体形成・人格形成のために、儒学を学ばねばならないのである。

4 『教育談』の世界

以上みてきたように、景山はすべての「士大夫」以上の層は、治国安民のために儒学を学ばなければならないと主張していた。この点は中国・朝鮮と共通する。では、日本的な特殊性はどこにあるのか？ それを探る好個の史料が、景山が著した『教育談』（秋山家文書）である。景山が致仕《ちし》後、天保七年（一八三六）の正月、七九歳のときに著したもので、全二四丁。序と一九条の本文から成る。

まず、序。執筆動機に注目したい。景山は序を、福井藩士・大道寺蓬洲《だいどうじほうしゅう》が『如件談《じょけんだん》』に感服したという挿話からはじめる。『如件談』という書名は各条「初心の武士の為、如件《くだんのごとし》」で終わっていることに由来する。この『如件談』の作者は、宝暦~明和期にかけて長岡藩儒を務めた高野余慶である。景山は、「初心の武士というは、十六、七歳以上、番入りをも仕りたる者の事成るべし」とする。で、景山は『教育談』においては、それ以前の段階を扱い、幼少年期が重要だという。忠義を肝に命じ、君命に身命をなげうち恩に報いようとする者がいるかとおもえば、人並みに今日の勤めをすませばそれでいいと、君恩を忘れるような者がいる。この違いは幼年~少年期の育て方の違いによるという。つまり、『教育談』の読者として、一六、七歳までの子をもつ親を想定している。

さて、『教育談』の本文を概観してみよう（各条を①~⑲で表す）。

①「胎教」から「出生」後まで。胎教に関しては母親の慎みが重要で、出生後は「坐作《ざさ》進退を正す」父親の慎みが重要となる。

②四、五歳まで。基本的に男子は父親が育てるべきだが、この段階ではまだ母親の役割もある。

③六、七歳のころ。上士階層は子育てのため守役がつくが、「小身の士」は「君・父・師の三役を壱人にて引き受け」なければならない。また、「子有りて教えざるは父の過ちなり、教え有りて習わざるは子の罪なりと古語に見えたり」という。この「古語」は『古文真宝』にみえるが、『進学往来』などの往来物にもみえる。

④少年期。「少年の伜を育てるには、自身のおこないを手本に取らせ、武士の魂を取り失わざらしむるを専務とすべし、是を不言の教えという、不言とて常に物をいわぬという事にはあらず、身行いを以て教えとなす事也」と「言語」より、身をもって教えることを主張する。

⑤子に怒声を浴びせてはいけない。怒声は粗暴な心性を生む。ひいては「忠義勇の本心」「忠孝」に疎くなり、武士の風上にもおけぬような人物になってしまう。

⑥源頼光《よりみつ》の酒呑童子退治、渡辺綱の羅生門の鬼退治など「古来の名将・勇士」の話を聞かせよ。興味をもつことで「博覧多聞」となり、「忠孝」を守る導きとなるであろう。

⑦小児のころ、人見知りをして内気にみえるような子ほど、長じてから「英雄」となる。それは恥を知り、恐れるべきことをわきまえているからである。わんぱく者は、成長してから武士の嗜みを知れば、「豪傑」となるだろう。年頃になり、利発にして人前でも臆さないような人物は体裁ばかりで、とても「勇士」にはなれない。典拠に熊沢蕃山『集義和書』をあげる。

⑧幼少者に鬼や怪物がでると脅かし、たぶらかすのはいけない。成長してから詐偽を智慧と勘違いし、表裏のある武士となり、藩の上下秩序を乱す。

⑨ただひたすら安心・安全を願い、自分のこと、家のことしか考えていない者がいる。それを「御幣被り《ごへいかぶ》」または「御幣かつぎ」という。御幣とはお祓いのときの道具で、「御幣被り」とは、迷信や凶事・縁起を気にかける小心者のことである。そういう者に育ててはいけない。

⑩「吉凶禍福」は聖人君子がもっとも慎むことである。凶禍の兆しは天譴として、自分の行いをあらため、慎むべきである。

⑪自分のことしか考えない者は、命を惜しむ。「死」という文字・言葉を嫌い、音がつうじる「仮字遣《かなづか》いの志《し》の字までも忌む」ような者となる。こんな臆病では武士は務まらない。

⑫武士の教育は「忠魂」を「仕込む」ことにある。たとえば、寝起きの際にも、城に背をむけてはいけない。日常座臥、主君を尊敬し奉るように教えなければならない。その主君への献身的な「忠魂」のあり方は、「愚民の仏法を信じ、……小児・婦女子に至るまで、身命を惜しまぬ如く」教育しなければならない。

⑬「悴は我が子なれば、我が心次第なりという者」がある。しかし、これは「大なる心得違いというべし、先祖

代々の家名を相続すべき気運に当り、天より授け玉える者なれば、主君に対し先祖に対しては大切の預かり物なり」。

また、長男を優遇して他の兄弟と差別してはいけない。

⑭次三男は「運次第」という。しかし、他家に養子にはいり相続するような「運」を願うのではなく、いつでも、君命に応えられるように、武士教育を施さなければならない。

⑮子を「威厳」をもって教育すると、子は叱られることを恐れて礼儀は表向きだけおこなうようになり、父の前に長居しなくなる。ついには父子が不和になるのでよくない。

⑯それでもなお、「威厳」は必要だという者がいる。確かにそうだが、威厳を実践するのは儒学に基づかないと難しい。

⑰藩士の「家風」は各家の当主次第である。「家風」を自分一代限りと思ってはいけない。「和順なる家風」を存続させるように励むべし。とはいえ、厳しく締め上げるのではなく、当主が身をもって「不言」の教えを示すべきである。

⑱若者の悪所通いは友人関係によるところが大きい。そこで、悪友を遠ざけるのは親の務めと心得ている者がいる。だが、悪友とみられた当人、その親族はどう思うか。お互いに悪友と思い込み、絶交になるかもしれない。藩の役についたとき、この遺恨により反目すれば役目を果たせず、主君に対して不忠となる。

⑲父子の関係は「仁慈」を基本とし、父が自ら慎み、その行いを正せば、威厳はおのずと備わる。

以上である。『教育談』の特徴はつぎの三つである。

第一の特徴は、⑫に典型的なように、日常座臥、武士として主君に仕える心構えを説いていることである。たとえば、序につぎのような箇所がある。

忠義を肝膽に銘じて一度の主用に身命を擲ち、代々の高恩を報じ奉らんと思い込みて居る者あり、人並々に今日を勧めて、別段の不調法さへ無ければ済むぞと、一生を虚しく過ぐるも有り、勢い利を好む心ふかく、漸く望みも足りぬれば、君恩は忘れたるが如く汚名を流す者も有り、

「忠義」「君恩」など、主君に奉公することを重視し、身命をささげることを求めている。

第二の特徴は、④に典型的なように、言葉ではなく、身をもって手本をしめすことを重視していることである。第三の特徴は、第二の特徴と関連し、厳しく教育すること、怒ることを戒めていることである。具体的にどうせよというのだろうか。⑱⑲でその挿話を示している。

⑱は江戸藩邸詰めの藩士の例で、その藩士が悪所にかようのを母親が戒める話である。

ある日、藩士が深夜に帰宅すると、母親がまだ起きていて、ひたすら念仏を唱えていた。以後、おなじようなことがつづき、朝帰りしても、夜通し念仏を唱えていたようだ。そこで藩士は母親に「ご老体であるし、寒気もある。念仏は昼にしてはどうか」といたわった。すると母親は「自分は来世成仏のために念仏を唱えているわけではない。そなたが、家来も召し連れず、夜な夜な出歩いて喧嘩口論にでもならんか心配で、そうなっては亡夫にも祖先にも申し訳が立たず、無事に帰るように念仏を唱えている。そなたが悪所通いをやめれば、念仏もやめよう」と諭した。藩士は頭を垂れて詫びを入れ、悪所通いはやんだという。

⑲は父親との約束の刻限に帰れなかった藩士の話である。宵に来客があるので、藩士はそれまでに帰ることを誓って外出した。用がすんで帰ろうとすると、先方から某屋敷の馬を見に行こうと誘われた。その屋敷に寄ってみると、最も「口強《くちごわ》」、気性が荒く乗りにくい馬を御《ぎょ》してほしいと頼まれた。帰宅を急ぐので断ろうとしたが、荒馬をみて怖《お》じ気づいたと思われては残念と思い乗馬した。それで遅刻したと詫びた。すると、父親はとがめず、笑顔で若いころ馬術をたしなんだ昔話を始め、来客のこともわすれたかのように馬術談義に花を咲かせた。父親は自身が息子を待ちかねて立腹していたことを忘れ、また息子のうち萎《しお》れた心を慰めた。景山はこれこそ「威厳を失わざる……不言の教

え」である、と絶賛している。

このようにみてくると、儒学の要素が稀薄なようにみえる。いったい、どこに儒学があるのか。それは、⑮⑯の「威厳」に関わる。詳しくみてみよう。

武士の子はとにかく厳しく躾けなければならないと考えて、やたらに折檻する親がいるが、それは大心得違いであるという。その典拠を、『孟子』の「父子親有るは、五倫の道也」、また『大学』の「人の父としては慈に止《とど》まる」におく。つまり、子に親愛・慈愛で接すべきだという根拠を儒書におく。他方、確かに、『易経』に「家に父有るを厳君と云」い、また、『孝経』に「君にはその敬を取り、母にその愛を取る、是を兼るものは父なり」とあり、儒学でも「厳」を説くが、これを実践するのは非常に難しいという。なぜなら、藩士の十人中八九人までが、「厳」を儒学ではなく兵書『孫子』の「将は智・信・仁・勇・厳」の「厳」で理解している。これは「軍略」における「厳」であって、その「用いるところは術なり、徳にはあらず」という。では「徳」とは何か。それは『論語』の「儼然として人望みて是を畏る」ということ、つまり、「威有りて猛からず」に典拠を置き、「本仁より敷《ひろ》くして天地の徳に斉《ひと》しき義也」という。これは何を意味するのか。

前に『教育談』の三つの特徴をあげた。第一に、主君に忠誠を誓う精神の育成、第二に、親が手本となる、第三に、厳しい躾けの禁止である。第二と第三はセットになっていて、厳しい言行で教育するのは「術」である。親に備わった「天地の徳」に自然と感化させるのが望ましい。兵学の「厳」は「徳にはあらず、家道には用い難き所あり、家道に術を用いるに至りて敗亡の基と成るべし」という。武家の子育ての最重要概念たる「厳」の解釈において、儒学の「徳」によって兵学の「術」を退けているのは注目に値する。

『教育談』における藩士の「家」での教育論とは、忠誠心をもった武士たらしめるために、親が徳を身につけ、家を斉《ととの》えることに帰着する。つまり、『教育談』は、武士にとって儒学修養に終わりはないことを説いた儒学教育論であった。

5　郷村と領民へ広がる儒学と藩学

すでに触れたように、景山は君子が領民に養われていると述べていた。別の史料でも次のように論じている。

君子無ければ、以て野人を治むる事なし、野人なければ、以て君子を養う事なしという本文有り、君子とは御領主の御事、野人とは百姓農民の事に候、治るとは政事を施して御世話下さる事、養うとは貢物を持ち奉りて御用を弁ずる事に候、御世話下さるとは、第一耕作の家業に御精を懸られ、強盗押入のわる者なく、女子どもの夜あるきまで誰有りて一人慮外いう者なく、泰平を歌うて妻女を養い、家業を子孫に伝えて、永く繁昌する様に成され下さり候事に候、百姓の御領主を養い奉るというは、命は食に有りとて、衣食の二つは一日も欠くる事ならぬ者に候……（長岡市立中央図書館所蔵・横山家文書「君公江被献候秋山先生之書」）

波線部「野人なければ……本文有り」の「本文」とは『孟子』である。君子＝藩主は百姓農民の年貢によって養われている。一方、藩主は領民が農業に精をだせるよう努め、そして、安心して暮らせるよう治安に努め、家が存続・繁昌するように藩政をとりしきる。領民から養われていることと、領民統治はセットである。これは非常に重要である。ここでおこっているのは、いわる「仁政イデオロギー」の旋回である。

「仁政イデオロギー」とは何か。それは「御救」という言葉に象徴される。領主が、夫食《ふじき》貸しや饑饉のときの炊き出しなどの「御救」を民衆に施すことで、民衆は自発的に年貢を差し出す。客観的には、領主が民衆の生産活動＝年貢に依拠しているにもかかわらず、民衆の主観においては、逆に領主から「仁政」を施してもらうことに感謝して、年貢を差し出すという逆立ちした意識、領主の主観では民衆に「御救」を施し、養っているという逆立ちした意識となり、両者あいまって「転倒した意識の体系」となる。この虚偽性はつつみかくされている。これは近世初期〜中期、一七〜一八世紀の議論である［宮澤誠　一九七三］。

ところが一九世紀前半の景山においては、領主は領民の「貢物」によって養われているという。これは支配「イデオロギー」の暴露である。領主が領民に養われていることと、領主の治国安民はセットになっている。治国安民は領主の義務として捉えられている。領民は「仁政」「御救」を受けていることをありがたく思い、恩を感じて、年貢を差し出すという錯覚ではなく、自分たちが領主を養っていることで、「仁政」と治安を施されているというように、「転倒した意識」を旋回し、正像にもどしていることになる……。

いや、たとえ、景山のような領主側の人間が、そうした認識に至っていたとしても、支配される民衆がそれを知らなければ、なお民衆の意識の倒錯は依然として残るはず……という意見があるかもしれない。

この史料は「君公江被献《けんぜられ》候《そうろう》秋山先生之書」という景山が藩主に差し出した上書である。もともとは天保元年（一八三〇）、景山が家老・牧野頼母に差し出した藩政改革についての意見書である。上書は本来、藩の上層部で完結し、藩の領民は知るべくもない。

ところが、この上書は別の展開を示す。この上書のタイトルは秋山家のものは「言上手控」である。「君公江被献候秋山先生之書」は写しである。では、「先生」とは誰が付した尊称なのだろうか。狭義の藩学であれば、藩儒・景山を師と仰ぐ、長岡藩士の誰か、と推測されるかもしれない。実は、「君公江被献候秋山先生之書」を写した人物は藩士ではない。奥書に「天保七年申年林鐘写之《これをうつす》　横山順則」とある。これは誰なのかといえば、長岡藩の郷村、北組宮下村の割元《わりもと》・横山亀太郎である。割元とは大庄屋に匹敵する。景山は「言上手控」に序をつけ、天保三年（一八三二）に江戸で直接藩主・忠雅に提出した。それを四年後に亀太郎が書写したのである。書写したのは亀太郎だけではない。この写本は本与板組の八町利七家にも存在する（外題は『秋山景山上書』）。つまり、景山の上書は筆写を通じて郷村の領民上層に受容されていたのである。それだけではない。

長岡市立中央図書館には、「崇徳館学記《ママ》」と題された掛け軸が所蔵されている。これは、藩校・崇徳館の理念が記されたもので、秋山景山の写しも存在している（秋山家文書「崇徳館学規」）。掛け軸の署名には「松山叟」とあり、「江湖閑人」「天倪氏」と読める落款《らっかん》がある。揮毫《きごう》した時期は文化一三年（一八一六）暮春である。では、なぜ、揮毫したのか。「横山亀生の需《もと》めに応じて書す」とある。この「横山亀」とは、横山亀太郎であった可能性が高い。

横山家文書・蔵書には、「君公江被献候秋山先生之書」の他に、『夢の道しは』『亀農与波飛《かめのよわひ》』という景山の著作が存在する。『夢の道しは』の「道しは」は「道芝」で、道端に生えた草。転じて、道案内という意味がある。その内容は『論語』の解説書である。

『亀農与波飛』の内容は崔子玉《さいしぎょく》の「座右銘」を一行ずつ抜き出して解説を付したものである。「座右銘」は『文選《もんぜん》』に収録されており、『文選』は藩校の教科書である。景山は崔子玉について詳しくは『唐書』を見よと述べ、また、解説に『大学』『中庸』を用いる。これらはいずれも藩校の教科書であった。『亀農与波飛』の序文に、「しばらく本文の意味を略解し、拙き言葉を書きくわえて、初学の児童に示しぬ」という。この「児童」は藩校に通う子弟を指している。これらの写本は亀太郎が藩校の儒学教育に強い関心をいだいていたことをうかがわせるものであり、さきの「横山亀」を亀太郎として推定する傍証である。

亀太郎は『亀農与波飛』で景山の「泉印朋信」「秋子交」という落款まで丁寧に写し取っている。亀太郎は原本を景山から借り受けた可能性が高い。天保二年、景山は北組（耳取村）割元の五蔵という人物と藩政改革案を練っているが、景山によれば、五蔵は「門弟」であるという。景山には領民との接点があった。こうした藩儒と領民上層のネットワークにより、景山の「イデオロギー」暴露の上書や景山の儒学思想は郷村へ広がっていったのである。

おわりに

最後に、『教育談』を朱子学と比較してみよう。朱子学では「修己治人」は、格物→致知→誠意→正心→修身→斉家→治国→平天下という八段階あり、格物から出発して、梯子をのぼるように修練して平天下に至る。格物～修身までが「修己」で、斉家・治国・平天下までが「治人」である。『教育談』と比較すると、『教育談』では「修己」においてて、格物～修身の朱子学的な修養の工夫はほとんどない。「治人」においては「斉家」に集中している。「斉家」に集中しているのは『教育談』が父子関係の教育を主題としているからであるが、景山の他の著書においても「治人」論は「斉家」「治国」に尽きている。天下を治める視点は稀薄である。それは景山が長岡藩という小国家の藩儒であり、『教育談』は藩の担い手を育成することに主眼があるからである。

景山は儒者であると同時に、越後長岡藩牧野家の主従意識、主君への強烈な忠誠心をもっていた。これは中国・朝鮮と日本の国家制度の違いに由来するから、やはり、強い武士意識は近世日本異質説を裏付けているようにみえる。景山の場合、ひとつのチョンマゲのもとに、儒者としての精神と、武士としての精神が併存していたようにみえる。しかし、この二つの精神は統一されていたのである。

景山は藩士に、武士として身命を捧げるほどの強い忠君意識をもつことを要求していた。その主君は領民に養われている。ここに、武士としての忠誠心は、主君を輔翼して領民を安んじる、治者としての自覚に接続される。主君への忠誠心が強烈であればあるほど、領民統治に身命を捧げなければならない。領民統治は儒学に基づいておこない、武士の家を斉える「斉家」も儒学による。したがって、武士にもかかわらず、ではなく、武士であるからこそ、儒学を学ばねば不忠となり武士たり得ない。武士たらんと欲せば、生涯儒学を学ばねばならないのである。

武士と儒学の関係は単純な構造ではない。景山の思想は封建主従制における儒学受容のひとつの典型であり、同時に、近世日本における儒学浸透の一つの型を示している。それはまた、東アジアにおいて、国家体制が異なっていても、儒学による民衆統治という政治文化の普遍性・共通性が存在したことを示しているはずである。

近世東アジアにおける普遍的な儒学の基礎には、漢文文化圏という共通の土俵がある［金文京　二〇一〇］［齋藤希史　二〇一六］。もし、その共通性が存在しなければ、幕府閣僚の最高権力者たる大老が、儒学による統治や、周濂溪の「太極図説」について朝鮮通信使と筆談を交わすことなど、ありえなかったにちがいない［小川和也　二〇一四］。

参考文献

小川和也　二〇〇八『牧民の思想』平凡社
小川和也　二〇一一『文武の藩儒者　秋山景山』角川学芸出版
小川和也　二〇一四『儒学殺人事件　堀田正俊と徳川綱吉』講談社
小川和也　二〇一六a「東アジア「近世化」論の新たなる段階へ」（『東方』四二六）
小川和也　二〇一六b「日本はどこまでアジアか」（『アステイオン』八四）
笠井助治　一九六〇『近世藩校の総合的研究』吉川弘文館
笠井助治　一九六八、一九七〇『近世藩校における学統学派の研究』上下、吉川弘文館
ギルバート、ケント　二〇一七『儒教に支配された中国人と韓国人の悲劇』講談社
金　海　南　一九九九『水戸黄門「漫遊」考』新人物往来社
金　文　京　二〇一〇『漢文と東アジア』岩波書店
齋藤希史　二〇一六『漢文脈と近代日本』ＫＡＤＯＫＡＷＡ
田中秀樹　二〇一五『朱子学の時代』京都大学学術出版会
辻本雅史　一九九〇『近世教育思想史の研究』思文閣出版

長岡市　二〇〇二『長岡の家臣団』長岡藩政史料集（六）
ハルトゥーニアン、ハリー　二〇一〇『歴史と記憶の抗争』みすず書房
宮澤誠一　一九七三「幕藩制イデオロギーの成立と構造」（『歴史学研究』別冊特集）
山口啓二　一九六三「藩体制の成立」『岩波講座　日本歴史』近世二、岩波書店
山本英史　二〇一六『赴任する知県』研文出版
渡辺　浩　一九八五『近世日本社会と宋学』東京大学出版会

〔附記〕使用史料の秋山家文書は群馬県秋山綽氏所蔵。なお、本稿で使用した秋山家文書の一部は長岡市立中央図書館にマイクロフィルムの紙焼きが保管されており、閲覧することができる。また、引用史料で漢文を読み下し、旧かな使いを改め、送り仮名などを補ったところがある。

六　吉野作造における「歴史の発見」と儒教的政治文化の再認識

中嶋久人

はじめに

本論は、日本近代において「民本主義」を提唱した吉野作造が、開国期の明治文化を歴史的に研究し、その中で東アジアの儒教的政治文化を再認識していく過程を分析することを課題にしている。晩年の吉野が明治文化研究に没頭したことはよく知られている。例えば、三谷太一郎は「すなわち歴史家としての吉野に注目したい。そして、その中でも今日もっとも高い評価を与えられてしかるべき彼の明治文化研究に焦点をおきたい。これは、アカデミシャンとしての吉野のもっともすぐれた面は歴史家、就中日本政治史家としての吉野にあるという理由によるのであるが、同時に政治学者としての吉野を再評価しようとするならば、歴史家としての吉野に光をあてることが不可欠の前提である」と評価している［三谷太一郎　一九七〇］。また、松本三之介も「近代日本政治形成の歴史的経緯と背景を探る明治文化の研究は、政治史を専門とする吉野にとって最後に残された課題であったし、日本政治の立憲主義化という彼の目指す目標達成のためにも、また避けて通れないものであった」と述べている［松本三之介　一九九五］。両者とも、政治学者吉野の全体像の不可欠な一環として晩年の明治文化研究を位置づけている。

他方で、飯田泰三は、第一次世界大戦後の一九二〇年前後における吉野の思想の転回を「社会の発見」というキーワードで把握し、それ以前の吉野の思想について「明治の健康なナショナリズム」がみられるとしながら、一九二〇年代以降の「吉野の後年の『明治文化研究』における自由民権運動への関心などは、かならずしもこのことと直接にはつながらないようだ」と指摘している。その意味で、吉野の明治文化研究を一九二〇年前後の「社会の発見」以降のものとみている。しかし、「昭和期に入ってからの吉野作造は、その病気と明治文化研究への没頭のゆえもあって、いわば態勢を十分にととのえ直すことのできぬまま」と、吉野の全体像からいえば否定的に評価したのである［飯田泰三　一九八〇］。

また、吉野の明治文化研究について、伊東巳代治や『西哲夢物語』などの帝国憲法制定史の側面から分析した堅田剛も「吉野の憲政史研究は、安易にデモクラシー論に結びつけないほうがいい。むしろデモクラシー論と切り離されたところで、もとより政治的実践運動とは切断されたところで、評価すべきであるだろう」と述べている［堅田剛　二〇〇八］。

本論でみるように、吉野の明治文化史研究は、飯田の指摘通り、一九二〇年代以降のものである。しかし、晩年の吉野作造を語る上でも、その後の日本近代史研究への貢献を考える上でも、この明治文化史研究自体に即した形で再検討していく必要があると考えている。

そこで、まずは、吉野作造が本格的な資料収集をふくめた実証的な歴史研究として明治文化研究を開始した経緯を検討したい。そして、明治文化研究を通じて東アジア世界に共有する儒教的政治文化を再認識していったことをみていくことにしたい。

1　明治国家の歴史的相対化と歴史研究への発心

⑴　明治ナショナリズムの所産としての民本主義

まず、簡単に、一九二〇年代以前の吉野の民本主義についてみておこう。吉野は、「民本主義鼓吹時代の回顧」(『社会科学』一九二八年二月)において、一九一六年前後の自身の民本主義について「私は、近代政治の理想は要するに最高最善の政治的価値の出来る丈け多くの社会的実現を保障する所にあると説いた。而してそれの数ある特徴のうち最も著しいのが民衆の意嚮を重んずると云ふ点に在るので、仮りに私は之を民本主義の名称を与へたのであつた」と回想している。ただ、吉野は民衆の意向を重視せよというのであって、「一般民衆それ自体が直ちに総ての問題の決定者たる」という「絶対的民衆主義」者ではない(『吉野作造選集』第一二巻、岩波書店、一九九五年、七五頁。以下、『吉野作造選集』は選集第一二巻とのみ記す)。吉野によれば、民衆の意向は「与論」という形で示されるが、その「与論」の内容である思想は少数の哲人が創成するものであって、どのような「与論」を選択するかについては、直接的な利害にかかわる一般民衆の意向にまかされるべきとしているのである。デモクラシーの訳語として民主主義ではなく民本主義が選ばれたのは、以上のような論理を前提としている。

そして、この民本主義の提唱は国家の発展を前提としていた。「国家主義個人主義　二思潮の対立・衝突・調和」(『中央公論』一九一六年九月)において、吉野は「偏狭なる国家中心主義の跋扈する時弊に憤慨して、聊か個人中心主義の一端を鼓吹せんと欲し」て民本主義を提唱したと述べているが、吉野によれば「予は決して国家本位の政論政策に反対なのではない。只我国今日に流行する国家中心主義には一大陰翳の附き纏ふものあるを認め、個人中心主義の高調に依りて国家中心主義を正路に導かんことを冀ふ」ことを意図していた(選集第一巻一一七頁)。吉野の民本主義は、国家主義を前提にしたものであり、その修正をはかったものであるといえよう。

さらに、吉野は「精神界の大正維新」（『中央公論』一九一六年一月）において「今代の我邦人は之を維新前後の日本人に比較して果して不肖児に非ずと云ふことを得べきや否や、而して今に於て速に自反覚醒することなしとせば遂に能く維新の大業を継承進展し得べきや否や深く関心憂惧せざるを得ざるなり」と述べている（選集第一巻一一三頁）。吉野にとって、現存の国家を創設した「維新の大業」は継承すべきものであり、それを規範にして現状を反省すべきとしたのである。その意味で、明治文化は批判的研究の対象ではなかった。この時期の吉野の思想について、飯田泰三は「『明治の健康なナショナリズム』が一般にもっていた感覚と、さしてへだたりのないものだった」と指摘している［飯田泰三　一九八〇］。

(2) 吉野作造における「歴史の発見」

それが一変したのは、吉野自身の語りによると一九一八年からであった。吉野は一九二六年四月の『新旧時代』（雑誌）に「明治文化の研究に志せし動機」という文章をよせている。この文章は「大正七年のことであった」という一文から語り出されている。まず、吉野のこの文章についてみておこう。この年、国家学会はその創立三〇周年を記念して、明治期の憲政・経済・財政についてその任にあたった当事者たち（大隈重信・山県有朋・松方正義・渋沢栄一など）の聞き取り集（翌一九一九年に『明治憲政経済史論』と題されて出版）を編さんすることになり、吉野も委員となった。そこで、明治憲法制定に関与した伊東巳代治にも聞き取りを依頼したが、伊東は固辞した。その理由について、吉野は、伊東は明治憲法制定時までの基本的政治思想の混乱を語ることで、今日の思想界の混乱に油をそそぐと考えたのではないかと推測した。吉野は「大正七八年の今日は如何といふに、デモクラシーがどうのと、共産主義がどうのと、基本的政治思想の混乱は恰度明治十年代とよく似て居る。そこで伊東氏などから観たら俺等が十二分に論破したことを、今時の若い者が何も知らずにまた騒ぎ居るわい、と思はれたことだらう」と述べている（選集第一〇〇―一〇二頁）。

しかし、吉野は、自身が推測した「伊東巳代治の考え」に反発した。まず、「往時のデモクラシーは一知半解の洋学心酔者が唱へ出したのだ。時勢はまだ之を採用するまでに進んでゐない。故に一寸でも之を試みれば失敗するにきまつてゐる」とした。それに対し、「今のデモクラシーは之に反して時勢の必要に促されて起つた。古い時勢の必要であつた専制的官僚政治ではもう立ち行かなくなつた。民間に於ける智徳の進歩は今や民衆をして自主自由を本当に味うに堪うるものたらしめた」と述べた。そして、伊東巳代治のような「古い人はこの時勢の変化を見ないで、デモクラシーの主張を只抽象的概念としてのみ取扱ふ。而して判断の基礎は自分達の踏んだ昔の経験だから堪らない。彼等は善意で青年の要求を抑える。而も之が本当の社会の為だと信じて居る」とした。しかし、「之では社会そのものが困る。何とかして斯うした古い人達の迷妄をひらかなければならぬ。夫れにはどうすればい丶か」と問いかけた。結局「一番の近道は彼等に時勢の変化を説くことである。政治思想の変遷を基した時勢の背景の新旧自ら異る所以を明にしてやることである。斯くして私は明治政治思想の変遷史を明にすることが、当面の政界開展の実際的目的を達する上にも極めて必要だと考へたのである」と指摘した（選集第一一巻一〇二―一〇三頁）。

端的にいえば、大正デモクラシーを主張するために、それに先行する明治期の政治思想に対する批判的検討の必要性を自覚したということになるだろう。前述したように、つい二年前の一九一六年には「能く維新の大業を継承進展し得べきや否や」と吉野は主張した。この二年間に吉野は明治文化へのスタンスを「継承進展」から「批判」にかえたということになろう。これは、まさに「明治の健康なナショナリズム」からの脱却を意味していた。

⑶　第一次世界大戦後の世界史的思潮と吉野の転換

それでは、どうして、この転換は起きたのであろうか。吉野自身が強調する「大正七年」＝一九一八年という時点の歴史的位置にまず着目してみよう。この年は世界史的にいえば一九一四年に開戦した第一次世界大戦が終結し、前年のロシア革命によるソビエト連邦の成立も含め、第一次世界大戦以前の帝国主義的世界秩序とは異なった世界秩序形成への模索が始まった時期であった。吉野は、「戦争の基督教に及ぼせる影響」（『新人』一九一九年七月）において「即、国と国、民族と民族との間にも自由平等の原因を立て、殺伐なる圧迫や暴行を杜絶し又国内に於ける自由主義をも一層完成して、出来る丈け国際紛争の原因を取り除こう、一言にして云へば武力の支配に終を告げしめて国際関係も亦国内の個人関係と同様に、等しく皆完全に法律と道徳との支配する所たらしめんとするのが今度の戦争の意味ではないか」と述べている。他方で、吉野は「扨て民主々義自由主義等の勝つたのが気に入らない。矢張り国家は専制保守の軍国的帝国主義で行かなければいけない。この主義を代表する独逸の負けたのはどうでもよいが、其の結果日本にも之と反対の自由平和の思想が盛になるが、これ誠に国家の為に憂ふべしと云ふ考」えが惹起してきたとし、国民多数や若い青年の間ではほとんど認められていないが、「不幸にして現に社会各方面に有力の地位を占めて居る年寄りの連中に多い」と指摘している。さらに、吉野は「是れ我々が欧洲戦争と同じ意味の思想的戦争を我が国内に於て奮闘しつつある所以である」とまで言っているのである（選集第一巻一六七―一七〇頁）。

吉野の「思想的戦争」は、翌年の「国家生活の一新」「政治学の革新」（共に『中央公論』一九二〇年一月）にも継続されている。「国家的戦争」では、第一次世界大戦後におけるソ連社会主義の成立や国際連盟結成などについて、「戦局の進行につれて道義的支配の要求が、非常な勢を以て起つたといふ事」としてとらえている。これは一時的なことではなく、「即ち戦争の最中から段々力説高調さる、やうになつた侵略主義、軍国主義、資本主義、階級的特権主義等に対する極度の反感と、自由平等、博愛平和若くはデモクラシー等に対する熱烈なる憧憬の起つた事は之を民衆の自覚した良心に深く根ざす所の、而して次の世界を支配すべき不動の原則として確立したものと」とした（選集第一巻二二七頁）。他方、吉野自身は「予輩が茲に国家生活の一新を説く所以は、右の富国強兵の理想を以て正に旧時代の遺物たらんとすと観るからである。戦争以前までは之でよかつたとは云はないが、兎も角も之でやつて来た。又之を捨てゝは世界の競走場裡に立つことも出来なかつた。けれども今度の戦争の結果として国家生活の此理想は遂に茲に一新せざるを得ざるに至つた」と宣言した（選集第一巻一八九―一九〇頁）。

さらに、「政治学の革新」では、たぶん自省も含めて「我々は日常の用語例に於て国家と社会とを混同し」てきたとして、「今日の政治家は強制組織（国家をさす…引用者注）其物を絶対の価値としない。絶対の価値は個人の生活に於ても国家生活に於ても共に最高の善である。其最高の善を国家に実現せしめんとするのが我々の常に冀ふ所である。国家の為めにする事が善なのでは無い。国家をして善を行はしめねばならないのである」と主張した（選集第一巻二三七―二四一頁）。

ここでは詳論をさけるが、このような吉野の「思想的戦争」が、飯田泰三の主張する「社会の発見」につながっていくといえよう。ただ、ここで言いたいのは、吉野のいわゆる「社会の発見」は、彼自身の思想基盤も含んだ「旧時代」＝明治への批判的考察ともつながっており、いわば「歴史の発見」といえるような転換とも連動していたということなのである。前述した「明治文化の研究に志せし動機」の冒頭に、第一次世界大戦が終結した「大正七年」＝一九一八年を明記し、伊東巳代治らへの批判を前提にしていることは、その現れと見るべきであろう。

2 「思想的戦争」としての明治文化研究

⑴ 具体的な歴史研究の着手

とはいえ、第一次世界大戦終結直後から吉野作造は明治文化研究に従事したわけではない。吉野正造の日記（一九二二年一月一日付）には「夏の初めより日本開国史の研究を思ひ立ち資料の蒐集に着手す　半年の間に可なりの新所

蔵を加ふ　予の学的経歴に於て之れ正に一紀元を開くものなり」とあり、前年一九二一年から「日本開国史」をテーマとして資料収集を開始したことがわかる（選集第一四巻二四四頁）。後の回想「本屋との親しみ」（『一誠堂古書目録』一九二五年一一月）でも、「大正十年の夏からまた不図古い疾ひの古本道楽が燃え出した。尤も今度は明治の文化、殊にその政治的方面、就中それが西洋文化に影響された方面と研究の範囲を限定して掛つた。斯うした方面の資料を集めて置きたいといふことは小野塚法学博士のサゼツシヨンにも因る。どうしたはづみか十年の夏急に思ひ出して様にあさり始めたのであつた」とされている（選集第一二巻四二頁）。また、「『海外新話』と『漂荒記事』」（『書物往来』一九二六年四月）においても、古書収集にのりだしたのは一九二一年六月であり、それからは南明倶楽部・西神田倶楽部の古書展覧会に毎回出席して古書収集につとめたと述べている（選集第一一巻一〇六頁）。実際、この時期の吉野作造の日記には、頻繁に資料収集のために古本屋などに赴いたことが記録されている。このような吉野の明治文化研究が、最終的には『明治文化全集』編さんに結実したのであった。

しかし、吉野の初発の問題関心は、「日本開国史」であり、「明治文化のうち西洋文明に影響された方面を歴史的に研究しやうといふのが此数年来の私の題目だ。斯の立場から色々の本を集め集めた本を夫から夫へと濫読する」（「はしがき」『新井白石とヨワン・シローテ』、一九二四年、選集別巻一五三頁）ことであった。つまり、「日本開国史」「明治文化のうち西洋文明に影響された方面」を中心としており、日本固有の歴史的伝統自体には関心はあまりなかったといえよう。

(2)　欧米文化受容における日本社会の問題

吉野作造の歴史研究のうち、最初に発表された作品は、「新井白石とヨワン・シローテ」（『中央公論』一九二二年二月）であった。これは、密航したキリスト教宣教師のヨハン・シドッティと彼を尋問した新井白石との対面

（一七〇九年）について、『西洋紀聞』をもとに叙述したものである。吉野は、新井白石について「孰れにしても白石は相手の人格にだけは大い敬服した」と指摘し、「彼は教法の伝道が国を奪ふの謀略に出づるとの俗説には断乎として反対した……孰れにしても、彼は冷静に教法の説明を聴き教師の人物にも接して、可なり適確な判断をしたものといはなければならぬ」と評価した。吉野によると、外国に対する白石のような見方は、大正期においても普通・凡庸の人ではできないものであり、その点で白石の『西洋紀聞』を「今日の吾人に取りて確に一の貴い修養書」としている（選集第一二巻二四―二六頁）。この評価の裏側においては、第一次世界大戦後の世界的な思潮を受け入れようとしない同時代の日本社会への批判意識があるといえよう。

しかし、吉野作造は、このような新井白石すらも、欧米のキリスト教自体には無理解であり、欧米文化については「所謂形而下なるもの、みを知りて形而上なるものはいまだあづかり聞かず」と評価したと指摘している。その要因として、白石側からすれば「何となれば其説く所甚だ幼稚にして、特に儒教に養はれた頭には馬鹿気切つた事ばかりであつたからである」と、キリスト教が認識されたからとしている。他方で、シドッティ側からすれば、「東洋には既に如何なる哲学があり如何なる宇宙観があるかを先づ究めなかつたのは慥に教法弘通に失敗した一つの原因だと思ふ」としている（選集第一一巻二四頁）。結局のところ、白石もまた「封建時代共通の思想」「旧時の道徳思想」に拘束されていたと吉野は述べている（選集第一一巻二八頁）。

このことは、新井白石に限ることではない。むしろ、吉野にとって、白石の事例は、日本社会が欧米文化を受容する上での基調を示したものとして認識されていた。吉野は、近世における欧米を紹介した書物について「けれども其論究する所、天文、暦象、博物、本草乃至医術の自然科学的方面に限り、西洋文化の内面に至るものに至ては極めて寥々たるものがある」と述べている。さらに「而して西洋文化の一面の内面的研究をば、最も早く西洋を紹介せる、而かも西洋の学は形而下に限り形而上の事は取るに足らずと放言せる新井白石より聞くのは、聊意外とせねばならぬ所である」(選集第一一巻三〇―三一頁)と指摘しているのであった。結局のところ、西洋文化の思想的なものに無理解なまま、実学の部分のみ取り入れられていく、日本社会の欧米文化の受容のあり方自体が吉野にとっては問題なのであった。

このことは、吉野にとっては、欧米文化を受容させることに力を尽くした、明治期の啓蒙的知識人にも通有する問題であった。たとえば、西村茂樹について叙述した「泊翁先生を中心にして」(『中央公論』一九二二年五月)において、吉野は西村茂樹を「開明国家主義者」として規定しながら、「欧化主義の風潮に反動して国家主義乃至国粋保存主義が勃興した」ことへの随一の功労者とすると述べ、ナショナリストの側面を強調している(選集第一一巻四一頁)。

また、「維新当時に於ける国際協調主義者」(『中央公論』一九二二年九月)は、「当時如何に国際交通に関する殺伐な考が行はれ、又当時の識者が如何に之を開導するに苦心されたかを聊か髣髴たらしめんとするのである」というテーマのもとに、啓蒙的知識人たちの国際交流の勧奨について論じている(『露国帰還の漂流民幸太夫』、文化生活研究会、一九二四年に「維新前後の国際協調主義者」として収録、一七五頁)。この「国際協調」という言葉の使い方についても、同時代のワシントン会議などの動向を前提としているように見受けられる。この中では、まず、福沢諭吉について、身の危険を感じながらも外国交際を主張する「唐人往来」を書いたことを勇気あることと高く評価しているが、福沢の「実際的立場」や「西洋実学の研究を唱導する」という側面を強調している(『露国帰還の漂流民幸太夫』一八一―一八七頁)。新井白石論と考え合わせるならば、福沢が欧米文化の実学的な部分を中心に摂取したことの問題性を暗に指摘していると考えられる。また、加藤弘之の「交易問答」(一八六九年)について「老先輩の話に依ると、外国交際を一掃する上に最も大なる影響を与へたもの」と評価しつつも、「先生の耶蘇教に対する憎悪の猛烈なる」などと、キリスト教を中心とする欧米思想を十分理解していなかったことを指摘しているのである(『露

国帰還の漂流民幸太夫』一八七—一九七頁)。

この中では、キリスト教を公認し天皇自身が洗礼することを主張した中村敬宇を、「西教の禁を除かざる以上、到底欧州治化技芸の真髄に達することが出来ぬと懇ろに説き教へて居るのである……併しあの時代斯くまで西洋文明の真諦に根深く眼光を放射したものは、先生の外にあまりない。此点に於て先生の如きは、明治初年の文化開発の先達中最も優れた一人と謂はなければならぬ」と評価している(『露国帰還の漂流民幸太夫』二〇一—二〇二頁)。

中村敬宇を除くと、結局のところ、明治期における欧米文化の受容において、キリスト教などを中心とした思想を理解せず、実学を中心とした分野を中心に摂取したことの問題性を吉野は指摘しているといえるのである。このようなことは、単に歴史上の過去の人物—新井白石・西村茂樹・福沢諭吉・加藤弘之などへの認識にとどまらない。この時期の秩序の中心をなしていた、伊東巳代治に代表される、「明治のナショナリズム」における欧米理解における問題を指摘したもので、これもまた、吉野の「思想的戦争」の一環をなしていたのである。

(3) 日本の「排外思想」への歴史的批判

他方、吉野は、さらに「明治のナショナリズム」の源流としての排外主義にも強く関心をもった。吉野にとって、排外主義の歴史的伝統についての認識は、吉野自身の時代の排外主義への批判と重なるものであった。この時期、同時代のそれと重ね合わせた排外主義の歴史的伝統についての検討は、「忙語閑談」(『文化生活の基礎』一九二三年七月。後に「昔の人の西洋観」「榴弾私説」と改題して『新井白石とヨワン・シローテ』、文化生活研究会、一九二四年に収録)や「維新前後の耶蘇教観」(『新井白石とヨワン・シローテ』)など、この時期の吉野は重ねて取り上げているが、ここでは『露国帰還の漂流民幸太夫』に収録され、近世から維新期までの日本の排外主義の伝統をあつかっている「排外思想」をみてみよう。まず『露国帰還の漂流民幸太夫』の「はしがき」で、吉野は同書で「排外思想」に重点を置いた理由として、「海外思想に就ても新人がどんなに一生懸命に平和主義を唱へたとて、国民の態度を根本的に一変せしむる為には、彼等を取りまく雰囲気を先づ変へて掛らなくては駄目だ」といっている。それでは「然らば彼等は一体どう云ふ環境の下に海外思想を構成することになつたのか。換言すれば、彼等並に彼等の直接の祖先を囲繞する雰囲気の裡には、どういふ海外観が漂うて居たのであらうか」とし、「之を分析説明せんとするのが即ち私の目的とする所なのである」と述べている。このことによって、「少しは反省の料となつて幾分でも同胞国民の態度を改めしむることに貢献するだらうとは、私のひそかに期する所である」と吉野は主張した（選集別巻一五五―一五六頁）。つまり、排外主義の歴史的伝統の分析は、「海外思想に就ても新人がどんなに一生懸命に平和主義を唱へたとて、国民の態度を根本的に一変せしむる為めには、彼等を取りまく雰囲気を先づ変へ」ることを目的としており、そのための手段を与えようとしたものといえよう。これもまた、大戦後の「思想的戦争」の一環なのである。

それゆえに、吉野の排外主義の歴史的伝統についての叙述は、半面で吉野の同時代の排外主義への批判ともなっているといえよう。吉野は、「排外思想」において「西洋観も珍談奇聞でとゞまつて居る間はいゝが、本当のことを知らさずに彼んな馬鹿気た話ばかり聞かしておくと、遂に人は西洋はおしなべて野蛮な国ときめて了ふ様になる」と指摘し、「西洋には物質文明はあらうが道徳はないなどといふ議論は可なり長く多くの人から唱へられたが、其他文明の媒たる文学もさう古いものではないといふやうな考方も決して尠くはなかつた」と述べている（『露国帰還の漂流民幸太夫』七五―七六頁）。

そして、「西洋は野蛮だと云つて軽蔑して居る間はまだ可い。この野蛮な醜類が怖しい妖術を以て人の国を取りに来るのだと云ふに至て、西洋はやがて悪魔の親玉になる。その所謂妖術とは切支丹を謂ふこと説明するまでもない」と、欧米諸国への侵略への警戒とその手段として目されたキリスト教への嫌悪が近世にあったことを指摘している（『露国帰還の漂流民幸太夫』八六頁）。さらに、「そんなら何故耶蘇教をさう嫌うのか。学者たちは大抵異口同音にいふ、我邦古来の忠孝の教にも戻ると。而して其声や嫋々として幽ながら今日までも響いて居るのだから驚く」と、キリスト教の教理は忠孝の教えにもとると意識されたことをあげ、その意識は「今日」まで継続していると述べている(『露国帰還の漂流民幸太夫』一〇五―一〇六頁)。このところでも、吉野の同時代の「排外思想」の源流として近世のそれを意識していたことがわかる。

吉野によると、欧米文化への拒否感を増幅させたものはアヘン戦争であった。吉野は「さらでだに侮蔑憤懣の眼を以て見て居た西洋人を、一層憎むべく怖るべき者と思はしめたものは、かの鴉片戦争である……其の当時この事件は決して我邦に正しく伝らなかつた。そは『夷匪犯彊録』其他の支那の文献から之を学んだ為でもあらうが、又一つには始めから西洋の方が悪いものに決めて居たからに相違ない」と指摘している(『露国帰還の漂流民幸太夫』一〇九頁)。アヘン戦争の情報が中国経由で伝わり、もともとあった拒否感が増幅したとしているのである。

このような欧米への拒否感を前提として、開港を契機に惹起されたのが攘夷思想なのであった。吉野は、「西洋諸国を以上述ぶるが如きものと観ずる以上、斯んな奴とは交際するな、来たら直に逐ひ帰せ、奴等に手足を触れられる丈が身の穢れだ、と云ふ風に考ふるのは怪むに足らぬ。是れ即ち攘夷思想の幕末に勃興せし所以であつて」と主張している(『露国帰還の漂流民幸太夫』一一九頁)。

このような排外思想の反面に出てくるのが無法図なナショナリズムであった。吉野は、「西洋を馬鹿にわるく罵るの反対は、自国を馬鹿にほめ上げて有頂天になることである……さて我々の先輩のうちには、盲目的に西洋を悪罵せる以上に、また無批判的に自国の想像的優劣の陶酔にこれ耽つたものはなかつたらうか。冷静なる科学的批判を伴はない自尊心程危険なものはない」と述べている(『露国帰還の漂流民幸太夫』一四四―一四五頁)。

この無法図なナショナリズムは神国思想によってささえられていた。吉野は、冷静に考えれば日本は先天的に優秀というわけではなく、「本当の愛国者」なら、「事物正視の基礎の上に本当に自国の富強をはかるといふ合理的努力に出づる」のだが、「世の中にはのらりくらり懐手しながら口先ばかりでの愛国者が案外多く、自分で働いて富強の基を築かうとの自信はなく、古来伝統的に流れ来れる神国思想に倚て辛うじて慰めを得やうとする」と指摘した（『露国帰還の漂流民幸太夫』一四七頁）。

さらに、「右の様な考から更に出て来る当然の推論は、すべてのよきものは皆日本に淵源すとの思想でなければならぬ。国学者は遂に本地垂迹を逆に往つた。所謂本跡顛倒なるもの是である」と近世の国学者たちの思潮を指摘している。そうして、「斯うした国柄であつて見れば、イザ国難といふ場合に意外の神護が来て、国家を累卵の危きより救ふのも決して亦怪むに足らぬ」と吉野は述べている（『露国帰還の漂流民幸太夫』一五三―一五四頁）。

最終的に、日本は世界万国を統一するべきという主張に排外思想は結びついていく。吉野は、「神恩の裕なる邦土はすなはち特に神より選れたる民種の棲息する処であつて、この民この邦がやがて四海を統御し万天下の主たるべき使命ありと考ふるのは当然である」と言っている。そして、この主張は「日本が世界の主たるべき天命ありとの思想から演繹して万国公法の存在を否認したのは一寸変つて面白い」ということにもなっていくのである（『露国帰還の漂流民幸太夫』一六二―一六三頁）。

「排外思想」はもちろん、近世から明治維新までの「排外思想」を資料に基いて分析している。しかし、吉野の「排外思想」の分析は、同時代のそれへの批判と重ね合わせていると考えられる。これもまた、吉野の「思想的戦争」の一環として評価できよう。

3　儒教的政治文化の再認識

(1)　欧米思想受容の基盤としての漢訳

以上見てきたように、日本社会にとって、実学をこえた欧米思想の受容は困難であり、かえって排外的なナショナリズム出現の要因ともなったと、吉野作造は、自身の時代の経験と重ね合わせながら述べていた。しかし、とはいっても、キリスト教にせよ近代政治思想にせよ、部分的ではあれ、日本社会は受容することになった。

その重要な媒介環となったものとして吉野が発見したのは、欧米思想の「漢訳」ということであった。吉野は『新井白石とヨワン・シローテ』に収録されている「維新前後の耶蘇教観」において、幕末維新期のキリスト教批判書の一つとして「寒更霰語」（一八六七年）を紹介している。「寒更霰語」におけるキリスト教理解は、新旧両聖書と在北京アメリカ人宣教師マーティン（丁韙良）が書いた『天道溯源』（一八五四年）に基づいていた。この丁韙良について、吉野は「支那の最近の開明運動の恩人として有名な人である。国際法の本なども訳した人で、万国公法といふ字を作つたのも此人ださうな」と述べている。特に、文章については「而して漢文はまた素敵に旨く、天道溯源の如きは文学としてもクラシツクに属する程の明文ださうだ。故に寒更霰語の著書も流石に此本だけは『丁氏ノ文、雅健流暢筆端鼓舞儔マレナリ』と讃めて居る」としている（『新井白石とヨワン・シローテ』一〇八―一〇九頁）。そして、吉野は、一八八一年に中村敬宇が訓点をつけて『天道溯源』を出版し、広く読まれたことを紹介した。しかし、それよりはるか前から、吉野によると、同書は中国から輸入され、流通していたのであった。

吉野が前述しているように、丁韙良は国際法＝万国公法の翻訳者でもあった。吉野は、丁韙良の翻訳を「明治初期政治学関係文献解題」（一）、（『国家学会雑誌』一九二六年四月）で紹介している。これは、ヘンリー・ホイートン著"Elements of International Law"を丁韙良が漢語訳したもので、「万国公法」と題されて一八六四年に中国で出版されたが、早くも一八六五年には日本でも出版された。この本における「万国公法」は、吉野によると、国際公法というよりも、儒教的な「公法」「天道」概念を前提とした「宇内の公法」「万国公法」というような「形而上学的規範」として日本では理解されたと吉野は述べている。そして、儒教的な「公法」「天道」概念と「万国公法」の同一視は、一方で攘夷から開国への新政府の政策転換を正当化づけるものとなるとともに、「形而上学的規範の観念が国内の関係にも亦政府を拘束する先天的原理あるべきの信念を導き、其処に民権自由の説をきいて容易に之を受け容れる素地が作られたのである」と吉野は主張した（『国家学会雑誌』第四〇巻第四号、一九二六年四月、一二〇頁）。つまりは、「国際法」である「万国公法」は、儒教的な「公法」「天道」というような形而上的規範として思想的に受け入れられ、それが近代的な自由権思想を受容する基盤となったと吉野は認識したのであった。

吉野は、「我国近代史に於ける政治意識の発生」（『政治学研究』第二巻、岩波書店、一九二七年一二月）において、維新期までの欧米思想の受容における「中国」の位置をこのように説明している。

その頃西洋の学問の講明に付ては、支那の方が遥に我国より進んで居つた。従て我国は支那の本に依て盛に西洋の文物を学んだのである。直接蘭書に依て泰西文明を仕入れた人も無論ないではないが、一般の日本人に取ては、支那の本に依て学ぶ方が遥に早道でもあり且確実でもあつた。それに其頃丁度、支那に居た西洋人が支那人と協力し民智開発の為め盛に各種の書物を出版したので、謂はば日本人の必要とする智識は、どんな種類のものでも、之を支那に求めて得られないことはないと云ふ有様であつた。さう云ふ訳で、当時支那と日本との間には案外に密接な学問上の連絡があつたのである。されば支那に新刊される書物が直に日本に持ち渡らるるばかりでなく、未だ刊行されないものまでが、時としてその噂が伝はつて、日本の学者が之を待ち焦れるといふのもあつたさうだ。わが丁韙良の『万国公法』の如きも実に斯うした書物の一種なのである（選集第一一巻二五六頁）。

欧米思想は、直接導入されるわけではない。アヘン戦争後に欧米の影響を強く受けることになった中国でまず「漢訳」され、それが日本の輸入されることによって一般的に流通したのであった。そして、その過程で、欧米思想は儒教的な概念に翻訳され、それと同一視されていくのであった。

(2) 儒教的政治文化を前提としての欧米文化の受容

こうして、漢訳によって欧米思想は受容されていく。吉野は、明治初期に原敬がカトリックの伝道師養成所に在籍していたことをテーマとした「原敬と天主教」（『中央公論』一九二六年九月）で、当時のキリスト教教育のあり方について、次のように述べている。この伝道師養成所ではフランス語などは一切教育されず、たまにフランス人宣教師のマリン師が不完全な日本語で宗教講話をするだけで、日常の課業は『聖教明徴』『天主実義』『三山論学記』など「天主教に関する支那渡来の無点本の講読である」とした。キリスト教伝道師の養成所にもかかわらず、フランス語などは教育されず、まるで、近世の漢学塾のように、儒教的政治文化の中で翻訳された「支那渡来の無点本」が延々と講義されていたのである（選集第一一巻一二八頁）。

儒教的政治文化の影響は、単に、学習形態のプラティークだけにとどまることではなく、キリスト教理解自体に及んでいた。「聖書の文体を通して観たる明治文化」（『明治文化研究』一九二八年一月）において、吉野は、自身のキリスト教信仰の師である海老名弾正について、次のように語っている。吉野によれば、「その頃先生達は好んで支那訳の聖書を手にし、斯う云ふ高遠の思想は漢文でなくては現はせるものでないと深く信じ切つて」おり、宣教師などが「婦女童蒙にも楽に読める様」に翻訳した仮名まじりの日本語訳聖書には手すら触れなかったという。ようやく、日本語訳聖書が「大部六かしい漢字が」交ざるような形で改訳されて、はじめて海老名らも日本語訳聖書を使うようになったとのことであった。また、漢訳聖書においても、ゴッドを「神」と訳するのと「上帝」と訳するのと二種類あったが、海老名らは「「上帝」と云ふと従来の儒教的修養の頭から観て容易にのみ込める。「神」と云はれてはどうも親しみを寄せ得なかつたと云ふのである」という状況であった。吉野は、「以て当時の青年読書生の頭の如何に深く儒教に支配されて居つたかを想見すべきである」と指摘している（選集第一一巻二九一―二九二頁）。

このような儒教的政治文化を介した欧米文化の受容はキリスト教に限るものではなかった。欧米の政治文化自体が儒教的政治文化に翻訳されて受容されたと吉野は論じている。吉野は、先に部分的に紹介した「我国近代史に於ける政治意識の発生」において、新政府が攘夷から開国への方針転換の根拠とした「万国公法」（国際法）について、「当時公道公法等の文字は区別されずに使われた。「公道」と云つても「公法」と云つても同じものを意味するのである。而して「公法」は云ふまでもなく本来は「万国公法」のことなので、政府がこの文字を引ツ張り出したのも固よりこの意味であつたのだらう。けれども世間では斯くは取らなかつた。人間交際の道と云ふ位に理解したのであつた」と指摘した（選集第一一巻二二七頁）。吉野は次のように述べている。

法律と道徳との区別もまだはツきりして居ない所から、漠然と、古来云ひ伝への「先王の道」に代るもの位に考へたらしい。修身斉家治国平天下の根本義としては従来孔孟の道がある。之に対する盲目的尊崇の念はいまだ薄らいだのではないけれども、時勢の変遷にもまれた当時の人達は、ぼんやりと、新しい時代に応ずる為には別に新しい道があつても然るべきだ位に考へて居たやうだ。そこへ西洋から新に「公法」なるものが入って来る。之れこそ「先王の道」に代るべき「天地の大道」でなければならぬと、新奇を好む人心は競うて之を持てはやしたわけである（選集第一一巻二二七頁）。

他方で、この「先王の道」に代わる「天地の大道」としての「公法」は、万国公法＝国際法の根拠というものだけではなく、人権を中心とする欧米政治思想全体を理解する上でのキーワードとなっていくことになる。吉野は、次のように主張している。

「公法」という観念の流行は、やがて西洋流の政治法律の稍立ち入つた研究に伴つて、先験的な形而上的規範の実在を信ぜしむる様になる。当時の西洋の法学界そのものが亦自然法又は性法観念に相当強く支配されて居たといふことも注意しておくの必要がある。之等の点は猶ほ別に詳しく論究するの必要あるが、孰れにしても斯うした考方の盛行したといふことを念頭におくと、我々の先輩が自主自由とか天賦人権とかに異常の熱情を有つたわけがまた能く分る（選集第一一巻二二七頁）。

結局、吉野は「国民は在来の「道」に対すると同じ敬虔の態度を以て新しい「公道」に対すべきことを政府から諭され、その公道の内容を段々聞いて行くと、自由だ平等だ国民参政だと云ふので、遂に自ら民権主義の信徒となるのである」（選集第一一巻二二八頁）と述べている。つまり、欧米的政治文化は、「天地の大道」などの儒教的政治文化を介することによって、はじめて内在的に理解され、「自由民権思想」として定着したと吉野はみていたといえよう。

おわりに――「明治のナショナリズム」の相対化――

吉野作造は、基本的に「明治のナショナリズム」のなかで成長してきた。しかし、第一次世界大戦後のナショナリズムから脱却しようとする世界史的な思潮の展開を契機にして、自らが前提としてきた「明治のナショナリズム」を相対化しようという志向が吉野のなかで顕著になってきた。それは、一方で、第一次世界大戦後の世界史的思潮を受け入れようとしない日本社会への「思想的戦争」につながり、他方で、自らの思想的前提となってきた「明治のナショナリズム」の批判的な意図をこめた明治文化史研究につながっていく。いわば、このような「歴史の発見」のなかで、吉野は、明治文化の前提となったアジアの儒教的政治文化を見出していくことになった。

明治文化研究自体について言及すべきことは多々あるが、もはや紙幅がつきており、先行研究もあるので（[三谷

太一郎　一九七〇］［堅田剛　二〇〇八］など）、このことについては別の機会に回すことにする。ただ、一つ指摘すべきことは、儒教的政治文化を介しての欧米政治思想の受容について、吉野は単に肯定的に見ていたわけではないことである。「自由民権時代の主権論」（『新旧時代』一九二六年九月）において、吉野は、「彼等（自由民権派結社…引用者注）の国家観は斯くの如き極端なる民主主義論である。思想の洗練せられてゐない為めもあるが、伊藤博文一派の独逸派がその論破撲滅に苦慮したのも、強ち無理ではない様に思ふ」といい、「斯く云へばとて私は、当時の独逸派に一から十まで賛同するものではない。此方にも亦実は飛んでもない大誤解もあつたのだ」と指摘している。そして「私は只冷静なる研究家として、当時の官民双方が本当の所を掴まず、所謂暗中模索で無用の喧嘩に精力を浪費して居たことを明瞭にしたいのである。此点は思想問題に関する今日官民の争にも能く似て居ると思ふ」（選集第一一巻二二〇頁）と主張している。アジアにおける儒教的政治文化を介しての欧米思想の受容の産物である自由民権思想が、官民の激烈な対立をうみ、現在まで影響を及ぼしていると吉野は認識していた。いわば、「明治のナショナリズム」の負の面の遺産でもあったといえよう。それでは、吉野作造にとってアジアとはいかなる存在であったのかであろうか。三・一運動や五・四運動への対応、荘子の思想に積極的アナーキズムの端緒を認める「東洋に於けるアナーキズム」（『国家学会雑誌』一九二〇年三月）の執筆などを含めて、そのような問いもまた惹起されるのである。

参考文献

飯田泰三　一九八〇「吉野作造―〝ナショナルデモクラット〟と『社会の発見』」（小松茂夫・田中浩編『日本の国家思想』下、青木書店）

小尾俊人　二〇〇七『出版と文化』幻戯書房

堅田　剛　二〇〇八『明治文化研究と明治憲法―宮武外骨・尾佐竹猛・吉野作造』御茶の水書房

澤井啓一　二〇〇〇『〈記号〉としての儒学』光芒社

田澤晴子　二〇〇六『吉野作造』ミネルヴァ書房
深谷克己　二〇一二『東アジア法文明圏の中の日本史』岩波書店
松本三之介　一九九五「〈解説〉吉野作造と明治文化研究」（『吉野作造選集』第一一巻、岩波書店）
三谷太一郎　一九七〇「吉野作造の明治文化研究」（『国家学会雑誌』第八三巻第一・二号）
山室信一　二〇〇一『思想課題としてのアジア』岩波書店

第二部　儒教的政治文化の近代的転回

一

近代朝鮮における道路整備の展開過程と民本
――ソウルの事例をもとに――

伊藤俊介

はじめに

これまで朝鮮における「近代」をめぐる評価は内在的発展論に立脚して朝鮮の「近代性」を積極的に評価する傾向が強かった［柳永益　一九九〇・一九九八］。だが西欧的な発展段階法則を当為とする近代主義的な見地に立つと、朝鮮の伝統的な営為は近代化を「阻害」する要因としか捉えられないという研究視角の限界に直面する。また内在的発展論における一国史観は外部からの影響という視点を看過しがちだが、朝鮮の近代化過程における日本の内政干渉という問題［森山茂徳　一九八七］を考えた場合、日本の対朝鮮政策までも正当化してしまう危険性を孕んでいる。こうした近代主義的な研究視角に対する批判［宮嶋博史　一九八四］［趙景達　一九八五］をもとに、筆者は一八九四年から一八九六年にかけて朝鮮で行われた近代化推進運動である甲午改革を取り上げ、朝鮮における近代のあり方をめぐる諸勢力間の対立と葛藤の中に改革を捉えようと試みた。すなわち甲午改革は、儒教的な民本に立脚した「自強」を旨とする改革を目指す開化派官僚と、朝鮮の実質的保護国化に向けて自国の制度の移植を画策する日本(及び日本型近代を標榜する急進開化派朴泳孝《パギョンヒョ》)、さらには朝鮮民衆による「下から」の抵抗という、さまざまな勢力同士の、現実政治の中で生じた複雑な拮抗関係のもとに展開されたものであり、ついには日本式の改革に開化派官僚が包摂されてしまうが、それは彼らの望むものではなく、また民衆にとってもとうてい受け容れられるものではなかった[伊藤俊介　二〇〇三・二〇一〇・二〇一二]。

ところで近年、国民国家論に依拠しつつ朝鮮における種々の改革内容を分析してその「近代性」を追求している月脚達彦は、近代国民国家の創設において「「下から」=「民衆」からの自生的な契機はなかったとみるべきであろう」と、その可能性を否定している[月脚達彦　二〇〇九]。しかし筆者は、政治行動とは為政者の理想とする政治理念だけでなく、国内の政局をめぐる攻防や外部からの圧力、さらには国内の社会状況などさまざまな条件に規定されるものと考える。したがって改革内容そのものもさることながら、その改革が如何なる経緯で施行されるに至ったかという点により注目する必要があるのではないか。とりわけ「民は国の本」という民本を掲げる朝鮮において、民衆の声に耳を傾けないわけにはいかないだろう。

以上のような問題意識のもと、本稿では近代移行期の朝鮮の首府ソウル(漢城)における道路整備事業の展開について検討する。このテーマはこれまで近代都市計画や近代衛生概念の確立といった近代主義的な見地からのみ評価されてきたが、筆者はむしろ開国期から独立協会運動期にかけて展開された道路整備をめぐる為政者らの思惑と改革構想、さらにはそれに対する朝鮮民衆の反応に注目することで、民本をめぐる両者の拮抗関係の推移を浮き彫りにし、朝鮮における近代のあり方を考える上での新たな視角を提示したい。

1　開化政策と道路整備

一九世紀末葉のソウルの様子について、イギリスの旅行作家サベージ・レンドア（A. Henry Savage-Landor）は次のように述べている。

都心の道はくねくねとして不規則極まりない。主要道路を除けば大部分の道は四人が並んで歩くにも狭い。下水はそのまま家屋から出されて道に沿って流れている。窓が下水道の真上にあるため朝鮮人はそこから放たれる悪臭を吸い込まなければならない。雨が降れば雨水が下水をかなり浄化するのでずいぶんましだ。すべてのものが凍り付く冬の何カ月かも過ごしやすい。しかし春が訪れて雪が解け始めると人々は「鼻がなければいいのに」と思うほどになる（サベージ・レンドア（申福龍・張又永訳注）『静かな朝の国朝鮮』一四〇頁）。

当時ソウルには欧米や日本から宣教師や医師、旅行作家らが来訪しており、同地の都市環境についてさまざまな記録を残しているが、それらの多くに共通するのが、①狭く不規則な道路、②路上への下水の氾濫、③それらに起因する汚穢物と悪臭、といった衛生環境の悪さについての指摘である。

ソウルの衛生環境がもともと劣悪だったわけではない。正殿の景福宮と黄土峴（現光化門十字路）を結ぶ六曹通り（現世宗路）をはじめ、黄土峴と宗廟・東大門を結ぶ鍾路、黄土峴と南大門を結ぶ南大門路などの道路はいずれも道幅が十分に確保され、道路の両脇には排水溝が設けられていた。また道路の両側には瓦葺の家屋が立ち並ぶなど、ソウルの都市環境は衛生的にも景観的にも整備されたものだった。それが著しく悪化した要因として「仮家」と呼ばれる一時的な目的で建てられる仮小屋の乱立が挙げられる。仮家は一八世紀ころにはすでに鍾路や南大門などで定期市が開かれるときに路上に建てられるようになっていたが、国王の行幸がある際には撤去されるのが通例であった。だが英祖《ヨンジョ》・正祖《チョンジョ》の治世後の一八世紀末葉以降、勢道政治（国王の戚臣が政権を独占する政治形態）の展開による政局の混乱とそれに伴う社会風紀の紊乱の中で、仮家は次第に路上に土台を固めて常駐化するようになった。その結果、仮家が道路を侵犯して道幅が狭くなり（図参照）、さらに住居の密集化により排水溝が詰まり汚穢物が堆積するなどの状況を招いたのである［禹東善　二〇〇三］。

図　南大門路両脇の仮家（イザベラ・バード『朝鮮紀行』より）

こうしたソウルの道路状況に対して整備の動きが現れるのは開国を迎えてからのことである。日本の砲艦外交のもと一八七六年に日朝修好条規を結んだ朝鮮は、同年五月に金綺秀《キムギス》を修信使として日本に派遣し、文明開化を進める日本の国情を視察させた。その彼が帰朝後まとめた報告書には「工事をするときは、ほとんど皆、まず水辺の小石を取り、それを敷き詰め土地を平らにしてから土をかぶせる。だから雨が降っても道はすぐ乾き、庭も清潔だった。大きな通りでは往々にして溝に井の字形の板扉で地面を掘り下げた上で蓋をしていた。これは溝を隠していて、そこは汚物を流しているところのようだった」（『日東記游』国史編纂委員会『修信使記録』一〇六頁）と、日本の道路事情について詳細に述べている。明治維新を経て欧米列強との不平等関係を解消したい日本は、西欧文明への劣等感を払拭すべく警察力を動員して「上から」の「近代化」（＝欧米化）を強力に推し進めていた［大日方純夫　一九九二］。彼が見た東京や横浜こそは、まさにそうした国家権力によって創出された「近代」都市だったのである。

その後、朝鮮政府は開化政策の採用を決定し、一八八一年には開化派の官僚らを中心に総勢六二名からなる視察団を日本に派遣した。そのうち都市整備や衛生事業、警察制度などに関する調査は朴定陽《パクチョンヤン》を代表とする内務省視察グループが担当した。一行は五月五日から約一月にわたり同省の職務内容を詳細に調査し、帰朝後それらを『日本国内務省職掌事務』『日本国内務省各局規則』として国王高宗《コジョン》に上呈している。さらに一八八二年に修信使として渡日した朴泳孝は整備された日本の都市を目の当たりにして感銘を受け、同行した金晩植《キムマンシク》・金玉均《キムオッキュン》と道路整備の重要性について議論し、金玉均に道路規則を作成するよう指示した。こうして著された『治道規則』では道路整備による交通の円滑化や都市の衛生化、経済活動の発展などが唱えられ、続いで道路整備を専管する治道局の設置、汚物処理法、辻便所の設置、人力車や馬車の通行規則などに関する具体的な条文が綴られた後、これらを監督する巡検（巡査）の配置、さらには違反者に罰則を科すことの必要性などが述べられている（「治道略論」韓国学文献研究所編『金玉均全集』三―一九頁）。

帰朝後の一八八三年一月七日に漢城府判尹（首府ソウルの行政官庁長官）となった朴泳孝は、さっそくこれらの改革を実践しようと試みた。彼は『治道規則』を高宗に上呈するとともに、ソウルに巡警部という既存の左右捕盗庁とは異なる新たな警察機構の設置を上疏して認可を得た。この巡警部については「漢城府中ヲ巡察警邏セシメ不法ノ徒ヲ逮捕シ笞刑ヲ科シテ放還セリ」との記録があり（韓国内部治安局『顧問警察小誌』三頁）、警察権力を行使して民衆を厳しく取り締まっていた様子がうかがわれる。この巡警部とともに彼は治道局を設置し、『治道規則』に基づき日本のような警察力を動員した「上から」の道路整備を展開しようと考えたのである［李光麟　一九七三］。『時事新報』五月一〇日付「朝鮮京城通信」には「京城の市街全く其旧観を改えありし」とあり、道路整備は着々と進められるかに思われた。

しかしながら、こうした彼の試みはさまざまな理由で頓挫せざるを得なくなる。まず、朝鮮国内における反日感情の高まりと、それに伴う開化政策への反発の拡大が挙げられる。一八七六年の開国以降、朝鮮には新天地を求めて多くの日本人が渡航した。彼らは朝鮮国内で朝鮮人を侮蔑して傍若無人に振る舞い、また青田買いや高利貸しで朝鮮人から過剰な収奪を行う者もあり、朝鮮民衆の対日感情は日増しに悪化した［裵亢燮　一九九四］。同じころ朝鮮政府は、朝鮮への影響力強化を狙う日本の支援のもと開化政策を進めていたが、改革によって生じた急激な社会的変化は朝鮮民衆や下級官吏らの不満を募らせた。一八八二年に起こった壬午軍乱は、朝鮮政府の別技軍（日本人の軍事教官を招いて組織した新式軍隊）設置に伴う旧式軍隊への差別待遇に対する下級兵士の怒りに端を発したものだが、そこに民衆が呼応したのは、彼らにあって日本と開化政策とはリンクするものであり、したがってその両方を排斥の対象と考えたからである［朴銀淑　一九九七］。

次にこれと関連して、道路整備を主導する朴泳孝への民衆の嫌悪感が挙げられる。清国軍の介入による壬午軍乱の鎮圧後、閔《ミン》氏政権（高宗の王妃閔后の外戚による勢道政権）は清国との伝統的な宗属関係を重視する政策を採り、また開化派の中からも対清協調と朝鮮の現実に適った漸進的な改革を唱える金弘集《キムホンジプ》・金允植《キムユンシク》・魚允中《オユンジュン》ら穏健開化派が現れた。しかし対清「独立」と明治維新をモデルとした早急な改革を主張する朴泳孝・金玉均・洪英植《ホンヨンシク》・徐載弼《ソジェピル》ら少壮の急進開化派は、彼等とは反対に日本との関係を重視した。わけても朴泳孝は軍乱で破壊された日本公使館の新庁舎として慶雲洞の自宅を提供するなど（京城府『京城府史』第二巻、五七三頁）日本への働きかけに積極的であった。また先述のように日本で大きな刺激を受けた朴は、帰国後「京城の辻々に日本のごとく便所を設け、かの道路を以って厠にあつる陋風を改めんとし、自宅には大なる浴室を建て、韓人が一月に一回か二回ならでは入浴せざる習慣を改めんとし、その庭内はことごとく西洋風に模擬し、自身はおおむね洋装をなし、西洋鞍をおきたる馬に乗りて府内を通行」して「衆人の疾悪する所」となっていた（『東京日日新聞』一八八五年一月二〇日付記事）。壬午軍乱後も日本と開化政策への悪感情は民衆の中にくすぶり続けていた。そうした民情を顧みずにまたもや日本式の改革を日本かぶれと目されていた朴泳孝が展開したことに民衆が反発したのは至極当然のことだったといえよう。

そして何よりも朴の進めた道路整備が、朝鮮における既存の伝統的な政治文化や社会秩序といったものを大きく破壊するものだったことが挙げられる。そもそも民本を重んずる朝鮮では取り締まりよりも教化を重んずる対民行政を旨とし、また国家権力が民衆の日常生活の細部にまで介入することに対する民衆の反発を憂慮し、武断的な統制を極力回避して民衆の生活慣習をある程度黙認するという方針が採られていた［愼蒼宇 二〇〇六］。それゆえ漢城府でも道路を侵犯した仮家を敢えて取り締まらずにいたのである。ところが朴泳孝はそうした伝統的な対民行政のあり方をいっさい排除し、日本の「近代化」の手法に倣い巡警部を動員して強制的に仮家を撤去したのである。このことが民衆の反発をいっそう激化させ、その結果、彼は漢城府判尹の職を追われてしまう。

広州留守職に左遷された朴泳孝は高宗への上疏で「道路を侵犯していた仮家をすべて撤去したところ市井の小民には悦ばざる徒がおりました」「大改革をするときには常に誹謗や怨望を招くものでございます」と自らの正当性を主張しているが（『承政院日記』高宗二〇年三月二二日条）、民本を旨とする朝鮮社会において彼が標榜した「上から」の改革はとうてい民衆の受け容れられるものではなかった。彼の左遷によりソウルの道路整備は停滞したが、一方で民衆の感情も次第に落ち着いていった（『郵便報知新聞』一八八三年五月三〇日付「朝鮮通報」）。その後、朴泳孝は同じく急進開化派のメンバーらと日本の支援のもと甲申政変を起こすも失敗して日本に亡命する。

2 甲午改革における道路整備

一八九四年、甲午農民戦争を機に朝鮮の支配権をめぐり清国との対立を深めた日本は、日清開戦の口実として朝鮮の内政改革を掲げ、六月二三日には景福宮を軍事占領するクーデターを決行した。そうして閔氏政権を廃して金弘集・金允植・魚允中・兪吉濬《ユギルジュン》ら穏健開化派官僚を中心とした新政権を組織し、内政改革の着手を宣言する。甲午改革の始まりである。ところで、当初日本は朝鮮の内政改革そのものへの関心が希薄だったことに加え、日清の戦況の不透明さやロシアをはじめ列強の干渉可能性に対する懸念などから、朝鮮政府への内政干渉を極力控える方針を採っていた。したがって改革開始当初、穏健開化派官僚らは比較的自律性を持ちながら主体的に改革を推進することができた［柳永益　一九九〇］。

この時期の道路整備に関する試みとしては、七月三〇日に「宮内府・議政府・各衙門官制職掌」が制定され、国内行政を管掌する内務衙門（後に内部と改称）のもとに「伝染病予防・医薬・牛痘等の事務を管掌」する衛生局と「国内の地段測量・地図製造・道路・橋梁・津渉等一切の事務を管掌」する地理局が置かれている（『高宗実録』高宗三一年六月二八日条）。だが、それ以外には訓示や法令、さらには評議機関である軍国機務処で作成された議案を確認しても道路整備に関するものは皆無である。また八月一四日には日本の警察制度を参考に「行政警察章程」が制定されたが、それを見ると、本来日本では警察の職務として規定されている衛生警察（伝染病の予防、飲食物の監査、清潔法の執行など）・道路警察（往来筋の交通整備、往来の妨害となるものの排除など）・建築警察（家屋の整備、道路橋梁の安全管理など）といった業務内容のほとんどが削除されるか加筆修正が施されている［伊藤俊介二〇〇三］。すなわちこの時期、穏健開化派官僚らは道路整備に向けた具体的な改革には着手しておらず、また道路整備に警察力を動員しようとも考えていなかったことがわかる。

改革の初期段階における道路整備をめぐるこうした姿勢について筆者は、穏健開化派官僚らの政治理念が大きく作用しているものと考える。甲午改革で中心的な役割を果たした兪吉濬を例に見てみよう。若くして日本とアメリカへの留学を経験した兪吉濬が欧米式の新しい制度文物に大きな影響を受けたのは確かである。都市の衛生についても彼は「汚穢気を消し止める方法は、家室の居処と道路の掃除を清潔にすることにあり、また人家の近くに植木するのがその一助」であると述べている（兪吉濬『西遊見聞』第一一編「養生する規則」）。また警察についても「船舶と隄防と岸沿と道路と橋梁と津渉と鉄路と電信と公園と車馬と築造と田野と漁猟に関係する事項」「伝染病の予防及び消毒法と種痘と飲料水及び食料物と医療薬品と家畜屠剹場と葬地と火葬所及びその他の衛生法に関する事項」と都市の交通と衛生における警察の役割を紹介するなど（同第一〇編「巡察の規制」）、その必要性について言及している〔月脚達彦　二〇〇六年〕。

しかし、その一方で彼は自らの理想とする政治のあり方を論じる中で「人民の動静を審察して千事万物に干渉する」のは「人の自主する権利を束縛」するものであり「人民に煩悩なだけでなく政府もまたその相応な職分に相反する」と述べ、民衆の日常生活に対する国家権力の過度な介入を否定している（同第六編「政府の職分」）。さらに警察の機能についても「人民の罪過を未然に防止して已然に糾詰する大趣旨を出ず」「巡察する規制が民間の微細な事物に介入する権は行わない」ことを前提とし、警察権力の制限を唱えている（同第一〇編「巡察の規制」）。こうした彼の主張が先述した伝統的な民本に基づく統治理念に立脚したものであることは明らかであろう。

さらに改革をめぐる彼の方法論も看過してはならない。『西遊見聞』第一四編「開化の等級」で彼は次のように述べている。

> そもそも開化とは人間の千事万物が至善極美な境域に至ることをいう。それゆえ開化の境域は限定することができない。人民の才力の程度によってその等級には高低があり、人民の趣向や邦国の規模によってもその差異は生ずる。これは開化の過程が一つではないからであり、もっとも重要なことは人々のためになるかならないかを判断することにある。

すなわち「開化」は国の実情や規模に伴い自国に適った方法で行われなければならない、というのである。こうした主張の背景には、彼自身が「開化の罪人」と糾弾しているように、極端な日本式の改革を断行して民衆の反発を招いた朴泳孝ら急進開化派への痛烈な批判意識があることは間違いない。彼にあって民衆の日常生活を破壊するような改革は決して民意を得られるものではなく、自らの政治理念にも反していた。だからこそ彼は国家権力による「上から」の強力な改革に見られる効果的側面についてある程度把握しつつも、朝鮮の政治的伝統と国内の実情を勘案した場合、敢えてそれを行うべきではないと判断したのだろう。こうした認識は程度の差こそあれ基本的には他の穏健開化派官僚らにも共通していたものと思われる。おそらくこの段階で彼らは警察力とは違う何らかの方法で都市整備を漸進的に進めようと考えていたのではないかと筆者は推察する。

ところが、その後改革は穏健開化派官僚の思惑とは異なる方向へと改変を強いられる。九月の平壌戦闘における日本軍の勝利を機に日本政府は朝鮮政府への内政干渉を強化する方針を決め、大鳥圭介の後任として井上馨を駐韓公使に任命した。井上は自ら朝鮮問題の専門家を自負し、朝鮮の実質的な保護国化に向けて日本人顧問の指導のもとに日本と同様の制度を朝鮮に移植する「一元的統治体制」の創出を画策した［森山茂徳　一九八七］。その彼が公使着任に際して朝鮮政界への復帰を斡旋したのが日本に亡命中だった朴泳孝である。かくして一二月に内務大臣に就任した朴泳孝は、井上や王室との繋がりを強化して自らの権力基盤を固める一方、井上の提唱する「一元的統治体制」構想に歩調を合わせるかたちで日本をモデルとした「上から」の改革を次々に展開した［柳永益　一九九八］。

わけても彼が一一年前に挫折した道路整備は彼の政界復帰直後より着手された。彼はまず首都行政を自らの手中に収めるべく、それまで独立官庁であった漢城府を内務衙門の傘下に編入した。次いで一八九五年四月四日には内務大臣の名のもとに全八八条からなる改革訓示を発布したが、そこには「道路の左右に樹木を栽培するのを奨励し、とりわけ各戸ごとの垣根の中や空地に果樹や桑の木を栽培すること」（第四九条）「大路の修理を各里に分担して従事させること」（第五八条）「導水・橋梁の修繕・除草・穴埋めなどは農繁期にかかわらず生じ次第処理し、水害の年や雨期でも通行人が移動しやすくすること」（第五九条）「溜池の水を道路に溢れさせてはならないこと」（第六〇条）など道路整備に関する具体的な条項も盛り込まれている（『高宗実録』高宗三二年三月一〇日条）。そしてそれらを強力に推進させるべく警務庁の権限強化と業務の広範化を図るなど［伊藤俊介　二〇〇三］、道路整備への準備作業を着々と進めていった。

おりしも平壌戦闘での日本軍の勝利以来、朝鮮には一攫千金を狙って渡航する日本人が急増し、ソウルの南山麓に設けられた日本人居留地は飽和状態になっていた。この問題を解消させるべく在ソウル日本領事館では、南山麓から南大門へとつながる泥峴（チンゴゲ：現忠武路）一帯まで居留地を拡大させようと考えた。だがこの泥峴という地域は文字通り地面のぬかるみがひどく、雨が降れば道路の往来が困難になるほどであった。そこで日本領事館では泥峴から南大門に通じる道路の大規模な改修工事を計画したのである。その内容は道路幅の拡張、排水溝の整備、辻便所と街灯の設置、道路両脇に建つ家屋の藁葺屋根から瓦屋根への改修などで、工事完遂後には明礼洞（現明洞）から銅峴（現乙支路）に通じる一帯、竹洞（現忠武路）から水標橋（現鍾路三街周辺）に通じる一帯の改修にも着手する計画であった（『京城府史』第二巻六三三—六三五頁）。ところで、この工事の計画が内務衙門訓示の発布と同時期に発表されていること、内部から家屋の屋根の修理費として一万円が当てられていること（『漢城新報』一八九五年九月一五日付「京城内の道路修繕」）などをあわせて考えるに、この工事には朴泳孝の関与があったものと考えられる。すなわち、日本人居留地の拡大を狙う日本領事館と、日本の支援のもと自らの思い描く道路整備を進めたい朴との利害関係が一致した結果といえよう。彼としてもこれを足掛かりにソウルの各道路の改修工事にも着手しようと考えていたものと推察される（もっとも南大門地域にまで日本人居留地を拡大させたいという日本領事館側の要求にはさすがに彼も難色を示している。『萬朝報』一八九五年六月六日付「朴泳孝の排日主義」）。

工事は日本領事館と漢城府、警務庁の管轄下で進められたが、最大の懸案はやはり仮家の撤去に対する朝鮮民衆の反発であった。まだ日本人居留地に改編される前の泥峴一帯には仮家が多数存在していた。そこでこれらを撤去すべく漢城府では四月一六日に仮家建設禁止令を発布し（京城居留民団『京城発達史』七七頁）、六月末までに泥峴の仮家をすべて撤去した。しかし本格的な工事を前に住処を失った民衆の反発を危惧した日本領事館は、泥峴に交番所を設置して工事の妨害や仮家の再建設を取り締まったのである（『京城府史』第二巻六三五頁）。その結果、日本人居留地として新たに整備された泥峴一帯は衛生環境が向上したが（『漢城新報』一八九五年九月二一日付「道路修繕と蝿」）、仮家を強制撤去された民衆の日本と朴泳孝に対する怨望の念は想像に難くない。

さらに、この道路改修工事と並行して朴が進めたのが、都市の衛生化と景観の保全、道路交通の円滑化に向けた路上におけるさまざまな禁令の制定である。すなわち一月初旬に警務庁で禁令三ヵ条（「路傍に放屎尿の事」「路上に長煙管を弄する事」「路上に悪口を放つ事」）を発布したのを皮切りに（『毎日新聞』一八九五年一月二三日付「警務の改善」）、「紙鳶紙玩弄禁令」「黒笠禁止令」「便所設置令」など（『東京朝日新聞』一八九五年三月七日付「朝鮮時事」）わずか二ヵ月のあいだに矢継ぎ早に禁令が制定された。そして警務庁では警務顧問武久克造の指導のもと巡邏業務を強化し、違反者がいれば違警罪即決章程を適用して即座に逮捕したのである。

こうした警察力を動員した「上から」の強引な改革のあり方にはさまざまな批判の声が上げられた。例えば、当時駐韓アメリカ公使館書記官だったアレン（H. N. Allen）は「日本が韓国人の衣服の袖の長さ、衣服の色、髷など個人的な自由に干渉することから始まる政治体制の変革を試みて赤恥をかいた」と指摘し（アレン（申福龍訳）『朝鮮見聞記』二一七頁）、また朝鮮を訪れていたイギリスの旅行作家イザベラ・バード（Isabella L. Bird）も「かつて陰謀を働いた者（朴泳孝：引用者）を高官の地位にむりやり就けたのは重大な過ちであり、長ギセルの廃止や宮廷服その他の衣装の改変、社会風習への干渉、そして瑣末でわずらわしい制約や規則といった柔軟性のないやり方は、新しい体制に反対する人々の敵意をつのらせた」と述べている（イザベラ・バード（時岡敬子訳）『朝鮮紀行』三四五頁）。そして何よりも改革は一一年前と同様に朝鮮民衆の激しい反発を招いた。すなわち彼らは「斯る禁令を出せしは日本帰りの朴泳孝氏なりとて怨望の帰する所一に同氏に在り」と、朴への怨嗟をいっそう募らせたのである（『東京朝日新聞』一八九五年一月一五日付「長煙管の携帯禁止」）。はたして、そうした民衆の怨嗟は朴の失脚というタイミングで一気に爆発した。朴が朝鮮王朝内での権力闘争に敗れて失脚するや、彼を日本人が匿っているとの噂を聞きつけた民衆が日本公使館に群集して投石し、さらに仁川港に逃れようとする彼を追いかけて「口々にチャバラ〳〵（捕まえろ：引用者）と呟きながら例の小石を投付」けた（『東京朝日新聞』一八九五年七月一八日付「朴泳孝の脱走」）。民衆の怒りはその後も収まらず、日本人に危害を加える者が続出し（『国民新聞』一八九五年七月二六日付「京城人気一変せんとす」）、また禁令を故意に違反する者が後を絶たなかった（『時事新報』一八九五年八月一五日付「故意に罪を犯す者数百名」）。

朴泳孝の日本再亡命後、朝鮮政府はこれまで進められた早急な日本式の改革を見直し、当初の漸進的な改革のあり方に回帰すべく軌道修正を図った。道路整備に関しては、すでに朴と日本領事館によって立てられた泥峴—南大門間、明礼洞—銅峴間、竹洞—水標橋間の道路改修計画はその後も継承された。しかしながら改革に対する民衆の反発の強さを改めて認識した朝鮮政府は、その対処策として九月二四日に「道路修治と仮家基址を官許する件」を発布した。これは今後予定されている南大門から鍾路に至る道路を改修する際、

一、南大門から銅峴までは左右の排水溝沿いに道幅がもともと一四把なので、一〇把の道路を作り、（残りの四把は：引用者）左右二把ずつに分けて仮家を建てる土台として官許制とする。

一、銅峴四辻から大広橋までは左右の排水溝沿いに道幅がもともと一六把なので、一二把の道路を作り、（残りの四把は：引用者）左右二把ずつに分けて仮家を建てる土台として官許制とする。

一、大広橋から鍾路まではもともと一九把なので、現在道路を侵犯している家屋の数が一〇に満たなければまとめて撤去するが、左右の各大店舗の（並ぶ：引用者）直線沿いの土台の線外に余地があれば、仮家の土台として官許制とする（以下略）。

と、道路両側に仮家の設置スペースを設けて政府の許可を得た者には仮家の設置を認めるという、民衆の不満に一定

程度応える恩情策を提示したのである（『旧韓国官報』開国五〇四年八月六日条）。こうした構想のもと改修工事は一〇月以降ソウルの他の道路でも着手される予定であった（『漢城新報』一八九五年一〇月七日付「道路修繕」）。だが、その直後の一〇月八日に起こった乙未事変（日本軍による王妃殺害事件）による朝鮮国内の反日・反開化の気運が高まる中で工事計画は頓挫を余儀なくされる。そして一八九六年二月一一日に起こった露館播遷（高宗のロシア公使館逃避）により甲午改革は崩壊を迎える。

3　露館播遷後の道路整備

露館播遷後に発足した朴定陽ら王室勢力を中心とする新内閣が直面した課題は、甲午改革で混乱した国内秩序をどう回復するかということであった。断髪令に端を発する各地の義兵闘争に対して高宗は断髪令の中止と義兵将の罪を不問に付す詔勅を下し、新内閣でも甲午改革時に制定された改革内容の見直しを進めることで民心の安定を図った。

ところで、新内閣には早急に解決しなければならない問題があった。それは高宗の還御である。露館播遷後も高宗はロシア公使館に留まり政務を行っており、彼の還御を求める上疏が相次いでいた。新内閣としても高宗の還御は民心安定のためにも速やかに実現させる必要があった。同じころ漢城府では道路改修計画が発表されたが、それらは甲午改革時に実施されなかった南大門路と鍾路に加え、西大門から景福宮に至る道路、さらに慶運宮（現徳寿宮）から景福宮に至る道路と、いずれも主要大道路と王宮をつなぐ経路であった［韓哲昊　一九九八］。この工事に先立ち朝鮮政府は、これまでの道路改修工事における仮家の撤去とそれに伴う民衆の反発という経験を踏まえ、四月一六日に仮家の撤去を「交通上支障なしと認むるもの、外」に限定して実施するとした禁令を発布し（『京城府史』第二巻六六〇頁）、漢城府判尹兪箕煥《ユギファン》が工事予定地の貞洞一帯を自ら巡回して道路を侵犯している仮家がないか調べて住民に移動するよう説諭するなど（『独立新聞』一八九六年五月二三日付雑報）、恩情策を掲げつつ教化に基づいて民衆に働きかけている。九月二九日に発布された鍾路と南大門路の道路幅を規定する内部令第九号においても「道路の幅は五〇尺と新たに定め、道路の両側の余地は商民に官許を得て仮家を建てるようにさせる」と、政府の許可の上で仮家の設置を認めている（『旧韓国官報』建陽元年九月三〇日条）。このように朝鮮政府は民衆への一定の配慮のもと漸進的な方法で道路改修工事を円滑に進めようと考えていたことがわかる。

しかし、政府のこうした取り組み姿勢を批判し欧米に倣った早急な道路整備を主張したのが独立協会である。独立協会は甲申政変後アメリカに亡命し甲午改革時に召還された急進開化派の徐載弼を中心に組織された政治団体で、甲午改革の精神を継承して朝鮮の自主独立に向けた早急な改革の必要性を唱えていた。独立協会の発刊する『独立新聞』には、道路幅の拡張（一八九六年四月二一日付雑報）、仮家設置者への厳罰強化（同年五月一二日付雑報）、路上衛生管理の徹底（同年六月二七日付論説）などの主張が頻繁に掲載されている。そして徐載弼とともに協会の創設にかかわった李采淵《イチエヨン》が漢城府判尹に就任したことで道路整備をめぐる状況は一変する。彼は就任後さっそく南大門路と鍾路に建てられた仮家の撤去を通知し（『独立新聞』一八九六年一〇月一三日付雑報）、またそれ以外の貞洞・美洞（現乙支路一街付近）・冶峴（現奨忠洞から忠武路五街にかけての一帯）のすべての道路を改修すると決定した。そして「道路を侵犯する仮家はいっさい壊し、また道端に店を張るのをいっさい禁止」するとともに、城内の南大門・冶峴・梨峴（現鍾路四街付近）・鍾路の四カ所で営まれる朝市をそれぞれ他所に移動させるとした府令をソウル各所に掲示した（『漢城新報』一八九六年一〇月一八日付「街衢洞達」）。さらに漢城府ではソウルの民衆に対して、

一　各洞里の小道は、その家の主人が門の前と塀の後ろの道を修理し、（路上の穴の：引用者）深いところは土で盛り上がるように埋めて道の中央を道端よりも高くし、溝の少ないところは掘って石を積み、地下排水溝は民の利便性に従い（整備し：引用者）、頒布した日から一月以内に修理すること。

一　民が自分の家を建てようと道路の土を掘り（道路に：引用者）凹凸ができることのないようにすること。
一　仮家の軒の外に日覆いや坐板が道路を侵犯するのを厳しく禁じること。
一　道路での物品売買、木や石を置くこと、縄や紐をかけるのを禁じること。
一　道端の家の窓の外に汚物や小便や水を捨ててはならず、大人も子供も道端に大小便をしてはならないこと。
一　獣の死骸を空地に埋め、道端に捨ててはならないこと。
一　道端に小屋を建てて豚を育ててはならないこと。
一　路上や河川の中にいらないものを捨ててはならないこと。
一　道を歩く者や（乗り物に：引用者）乗る者が往来時にぶつかりそうな場合は、それぞれ右側によけて恥ずべき弊害がないようにすること。

などの細則を定めた府令を発布し、違反者は警務庁が逮捕するとした（『独立新聞』一八九六年一〇月二〇日付雑報）。そのうえで李采淵は警務庁と協議してソウル五部（東部・西部・南部・北部・中部）の各警務署に対して道路改修業務に当たるよう命じている（『独立新聞』一八九六年一〇月二九日付雑報）。

　こうした方針の大転換と一方的な通達には当然ながら民衆の大きな反発が上がった。次に挙げる『朝鮮新報』一八九六年一一月六日付「京城府民の嘆願」という記事はそのときの様子を詳細に伝えている。

漢城判尹は京城の道路修繕取拡げの為め路傍の仮屋及び露店取毀を市民に厳達したるに、市民は是が為めに少なからざる困難を蒙り、遂に数百名の連判を以て論達の取消を嘆願したるも、判尹之を許可せず。是の故に右連判者一同は再三某所に集合して協議を遂げたる末、委員を撰んで直接内部衙門に願出づることとなり、委員等は数日前内部に出頭して仮屋及露店取毀の困難なる事情を具陳したる由なり。尚市民は、若し願意徹底せずんば暴挙に及ふも計られずなど声言し居れりと云ふ。

すなわち彼らは、漢城府の決定に再三にわたり取り消しを要求し、それが聞き入れられない場合は組織的な徹底抗戦も辞さない構えでいたのである。さらに道路改修を進めるべき官側の人間からも、例えば警務庁北署の警務官が大安洞（現昭格洞・松峴洞・安国洞一帯）に赴き道路改修を行うよう指示したにもかかわらず同地に住む責任ある立場の者らが「今日直す」「明日直す」と口では言いながら一向に改修に手を付けないとか（『独立新聞』一八九六年一一月七日付雑報）、現場の警察官らが道路整備に従事せよとの警務庁の通達に従わないなど（『独立新聞』一八九六年一〇月八日付雑報）、高まる民衆の反発に呼応するように敢えて工事を拒否する者も現れている。

こうした反発の拡大を受けて、ついには李采淵も実力行使を再考せざるを得なくなり、民情に応えるかたちでの道路整備の実施に方向転換を図るに至る。すなわち『独立新聞』一八九六年一一月一〇日付雑報には、

> 道を侵して家や仮家を建てれば、法律上罰せられるものである。しかし今回は容赦し、漢城府でソウルの城内外の道を補修する際、道端に自分の家があり家の前に仮家を出して建てた者は仮家を壊して家で生計を立てさせるが、もし母屋にくっついた仮家を壊して母屋が壊れたら詳しく事実を調べて幾らかの金を与え、道端に母屋もなく仮家と家を兼ねて暮らしながら生計を立てている者は特別に考慮して金を与えて家を設けさせるので、道端に母屋がなく仮家を家として暮らす人民は、速やかに漢城府に行き、家を設ける金について申し出よ。

とあり、仮家の撤去に伴う民衆の困苦に恩情を施す策が採られたのである。こうして漢城府では道路改修工事に着手する一方、工事によって住処を失った人々を保護するよう警務庁に指示している（『独立新聞』一八九六年一一月二四日付雑報）。これらの経緯のすえにソウルの道路整備はようやく軌道に乗ることになるのである。

おわりに

よく引用される史料だが、一八九六年一〇月から翌年三月までソウルを訪れたイザベラ・バードは、それ以前のソウルとの変化についてこう述べている。

ソウルの多くの区域が、なかでも特に《南大門》と《西大門》の付近が文字どおり変貌していた。両わきに石積みの深い運河があり石橋のかかった、狭いところで幅五五フィートの大通りは、かつてコレラの温床となった不潔な路地のあったところである。狭かった通路は広げられ、どろどろの汚水が流れていたみぞは舗装され、道路はもはやごみの「独壇場」でなく、自転車が広くてでこぼこのない通りを「すっ飛ばして」いく。「急行馬車」があらわれるのも間近に思われ、立地条件のすばらしいところにフランス系のホテルを建てる構想もある。正面にガラスをはめこんだ店舗は何軒も建っているし、通りにごみを捨てるのを禁止する規則も強化されている。ごみや汚物は役所の雇った掃除夫が市内から除去し、不潔さでならぶもののなかったソウルは、いまや極東でいちばん清潔な都市に変わろうとしている！（『朝鮮紀行』五四三―五四五頁）。

この史料はこれまで朝鮮の都市建設や衛生事業、さらには独立協会の活動の成果といった朝鮮における欧米型の近代志向的な側面を積極的に評価する際の「西洋人からの眼差し」として紹介されてきた。事実、この時期は道路整備の進行最中であり、着々と変化していくソウルの街並みにバードも関心を持ったことは確かである。だが、そのすぐ後に彼女は次のようにも述べている。

古都の趣をだいなしにしていた、路地には悪臭が漂い、冬にはあらゆる汚物が堆積し、くるぶしまで汚泥に埋まるほど道のぬかるんでいた不潔きわまりない旧いソウルは、みるみる地表から姿を消そうとしている。とはいえ、これはじつのところはおもに旧に復しているのであって、一八九六年の秋まで残っていた暗くて狭い路地は、広い道路を徐々に侵食してできたものにほかならず、その路地を撤去したら道路の両側の水路があらわれたというわけである。

当時行われていた（今も行われている）のは住居を取り壊して持ち主に補償し、古い運河を修復して、住宅は運河から一定の距離をおいたところに建て直すよう指導することだった……その変身ぶりはたいへんなもので、わたしは一八九四年当時そのままの姿の残るスラムを写真に撮ってこの章に添えられればと探してみたが、そんな場所はどこにも見つからなかった。とはいえ、首都修復は朝鮮式の方法に則ったもので、西洋化されているのではないことを念頭に置かなければならない（『朝鮮紀行』五四五―五四六頁）。

すなわちソウルの道路整備は欧米や日本の模倣ではなく、旧来の道路への回帰を朝鮮独自の方法で推進されたものだと指摘しているのである。朴泳孝や日本、独立協会など欧米諸国の事例に倣って実現を目指した国家権力による「上から」の道路整備のあり方は、朝鮮民衆の「下から」の反発と抵抗の中で朝鮮の伝統的な政治文化や社会的慣習に適合するかたちで変容を求められた。再び訪れたバードの目に映った整然としながらも「西洋化されているのではない」首府ソウル。そこに浮き彫りとなる「朝鮮式の方法」こそ道路整備という一つの改革を通して見えてくる朝鮮における独自の近代のあるべき姿なのであり、そうした朝鮮独自の近代を検討する上で核となる要素として民本があるのだと筆者は考える。朝鮮における近代のあり方を考察する上で何を「念頭に置かなければならない」かという問題を、改めて我々は考える必要があるのではないか。

一八九七年に成立した大韓帝国では「旧本新参」を新政のスローガンに掲げる。このスローガンのもと光武改革において民本は引き続きどのようなかたちで表れてくるのか、さらにそうした朝鮮独自の近代のあり方が日本による朝鮮植民地化の過程でどのような変貌を強いられるのか。これらの疑問については今後の検討課題としたい。

参考文献

【日本語】
伊藤俊介　二〇〇三「朝鮮における近代警察制度の導入過程―甲午改革の評価に対する一考察」（『朝鮮史研究会論文集』第四一集）
伊藤俊介　二〇一〇「甲午改革と王権構想」（『歴史学研究』八六四号）
伊藤俊介　二〇一二「甲午改革期の警察と民衆」（『千葉史学』第六一号）
大日方純夫　一九九二『日本近代国家の成立と警察』校倉書房
愼蒼宇　二〇〇六『植民地朝鮮の警察と民衆世界一八九四―一九一九「近代」と「伝統」をめぐる政治文化』有志舎
趙景達　一九八五「朝鮮における大国主義と小国主義の相克―初期開化派の思想」（『朝鮮史研究会論文集』第二二集）
月脚達彦　二〇〇六「朝鮮の開化と「近代性」―断髪・衛生・コレラ防疫」（朴忠錫・渡辺浩編『「文明」「開化」「平和」―日本と韓国』慶応義塾大学出版会）
月脚達彦　二〇〇九『朝鮮開化思想とナショナリズム』東京大学出版会
宮嶋博史　一九八四「開化派研究の今日的意味」（『季刊三千里』四〇号）
森山茂徳　一九八七『近代日韓関係史研究―朝鮮植民地化と国際関係』東京大学出版会

【朝鮮語】
朴銀淑　一九九七「開港期（一八七六～一八九四）軍事政策 変動과 下級軍人의 存在容態」（『韓国史学報』第二号）
裵亢燮　一九九四「開港期（一八七六～一八九四）民衆들의 日本에 対한 認識과 対応」（『歴史批評』第二七号）
禹東善　二〇〇三「仮家에 関한 文献 研究」（『大韓建築学会論文集 計画系』一七八号）
柳永益　一九九〇『甲午更張研究』一潮閣
柳永益　一九九八『東学農民蜂起와 甲午更張』一潮閣
李光麟　一九七三『開化党研究』一潮閣
韓哲昊　一九九八『親美開化派研究』国学資料院

二　犯罪と刑罰に見る一九世紀末の朝鮮

愼蒼宇

はじめに

東アジアにおける近現代史の性格をめぐっては、一九九〇年代以降、「国民国家」論や「植民地近代」論が流行した。これらの議論は、それ以前の近現代史の基調にあった一国史、目的論、発展論的な歴史像を批判し、支配と抵抗の二項対立の図式よりも、両者の統合過程と相互連関を重視するところにその特徴がある。また、運動史や帝国主義論、社会経済史のアプローチは軽視され、言語論的・文化論的・空間論的転回を意識したポストモダン、ポストコロニアル、帝国論のアプローチが重視されている。

「植民地近代」論に対しては、朝鮮史を中心にすでに多くの批判が出ており、「国民国家論」の問題点も出尽くした感がある。総じて、これらの議論が欧米近代社会に適合的な枠組み・理論を普遍的な「近代性」のモデルに措定して、東アジアにあてはめようとしていることや、前近代と「近代」以降の断絶を強調して、東アジア諸地域の内的・外的契機を踏まえた近代への歴史過程を軽視する傾向が強いこと。さらには主体や矛盾・発展史的な概念を否定的に捉えるあまりに、かえって民衆を受け身の存在としてしか見なくなっていることや、非対称な支配―被支配関係とそこに発動する収奪・暴力を軽んじる傾向が強いことなどが問題とされている。

他方、「伝統」についても、近代に創られる面が指摘されてすでに久しい。しかし、それを言説や統治の技法、表象文化として分析するのみでは、その「伝統」が内包している矛盾と格闘する民衆の主体的営為と、「伝統」を再編成しようとする支配層との葛藤に満ちた歴史過程を捉えることはできない。その点で近年注目されているのは、「近世化」や「近世国家」をめぐる議論である。近世をひとつの個性的な時代と位置づけるこの議論は、あくまで近世の分析にとどめるものと、近世の規制力を近現代にまで連続的に捉えようとする立場に分かれるが、後者も近世の規制力をどの側面に置くかによって論調は分かれる。

注意しなければならないのは、これらの議論が一六～一八世紀に形成された社会・経済的基盤や文化・思想の規制力を強く主張するあまりに、それらが内的・外的契機によって揺さぶられる一九世紀以降の社会状況のなかで、一見変わらずに展開しているようにみえるそれらの意味・作用の仕方（支配―被支配関係のなかでの）の変化を軽んじる結果になってしまうことである。「伝統」の問い直し、あるいは回帰の現象のなかに、いかに矛盾と葛藤に満ちた当時の社会秩序の臨界状況が反映されているかを考察することが必要である。

近代朝鮮史を考えるにあたっては、「外患」としての対外的危機（キリスト教浸透、不平等条約締結と植民地化の危機）、「内憂」としての支配秩序・体制の動揺（商品経済・社会的分業と農民層分解の進展、身分・社会秩序の流動化、民乱・変乱の発生）に揺さぶられる一九世紀全般、あるいは丙寅洋擾と壬戌民乱が発生する一八六〇年代以降の支配―被支配関係の再編と、そこでの伝統と近代をめぐる長い葛藤の歴史過程を捉える必要がある。本稿が注目するのは、このような時代に大きく浮上する、「犯罪」と刑罰をめぐる支配層と被支配層とのせめぎあいの歴史過程である。

この領域は前近代（排除刑と見せしめ、多元的な懲罰体系）から近代（監獄＝懲役中心、懲罰機構の集権化）へという形で、フーコーの規律権力論に引き付けた統治の技法として、国民国家論・帝国論・学知論的に論じられる傾向が強い（［梅森直之　二〇〇六］など）。その歴史過程を幕末の警察・刑罰と社会状況から論じた［安丸良夫　一九九九］も、監獄をはじめとする新しい刑罰制度によって、「民衆は新しい〝国民〟に向けて鍛治」され、文明的国家意思を地域社会は受容して、近代的国民国家に向けて編成替えされていく、と前近代から近代への断絶を強調した。

しかし、一九世紀中盤以降、支配体制・秩序に対する民衆の不満が社会のあらゆるところに顕在化し、そこに列強・日本による侵略への危機感・反発が同時進行で積みあがっていく朝鮮では、民衆が「新しい〝国民〟に向けて鍛治」されるという図式で、犯罪と刑罰をめぐる支配―被支配関係の再編過程を描くことはできない。だが、これまでの朝鮮刑罰史は、「前近代からの脱却」という形で捉える傾向が強く、近代化の契機を甲午改革と見るか（例えば［崔鍾植　二〇〇七］）、植民地期に見るかの違いがある程度である。後者は学知論・帝国論・植民地近代性論に接近する傾向がある（例えば［李鐘旼　一九九九］）。

筆者は朝鮮近代の警察制度の変革を論じるなかで、上記のような研究を批判したことがある［愼蒼宇　二〇〇八］。甲午・光武改革における警察制度・理念の改編は、西洋・日本の制度を模倣しつつも、儒教的な「徳治」を基盤としたものであり、全体の秩序を乱さない限り、犯罪に対しても厳罰より教化が基本であった。他方、地域では守令（地方官）と郷村秩序とのせめぎあいの周縁に、末端警察官・無頼輩が阿附する、苛酷だが寛容な犯罪取締の秩序があって、政府、在地士族、民衆、無法者が相互に激しくせめぎあう「治安」の磁場が存在したが、一九世紀後半以降、王朝秩序を揺るがす人々の動きが増大する中で、教化と厳罰をめぐるジレンマが政府にとってより大きくなっていったことを論じた。

本稿では、一九世紀後半から二〇世紀初頭にかけての刑罰と犯罪をめぐる改革とその実態から、朝鮮王朝の儒教を基盤とした統治・社会秩序のゆらぎの様相を浮き彫りにし、そこに近代朝鮮における儒教的支配の展開とその隘路を考察したい。キーになるのは、危機の時代における刑罰の理想と現実である。朝鮮儒教は民衆世界(民間信仰、仏教・道教信仰)とのせめぎあいのなかで、民は仁の実践主体であるという「本来主義」と、民はそうでありえないのではないかという「現実的な懐疑」との葛藤を内包しながら、支配秩序が動揺する時代状況のなかでその展開が図られたのである[宮嶋博史　一九八六]。内憂外患の時代に、朝鮮の刑罰と犯罪はどのような葛藤に満ちた展開をしたのかについて論じたい。

1　朝鮮王朝末期の刑罰とその特徴

(1)　朝鮮王朝の刑罰構造

まず、朝鮮王朝時代の刑罰の体系とその特徴について簡単に整理しておきたい。朝鮮王朝時代の刑罰の基盤となったのは、建国初期に本格受容された『大明律』であった。明の「律」と「礼」を遵守する朝鮮こそ、唯一中華文明を保持する歴史的使命を担っているとする小中華意識の正統性と道徳性を誇示するうえで、『大明律』はその根拠となるものであった[矢木毅　二〇〇八]。ただし、それだけでは朝鮮社会で生じていく現実に対処できない。朝鮮の状況に照らして、明律よりも加重すべきと判断された犯罪行為には、明律とは別の法源を根拠に、個別に王が下す「受教」という形で処理し、それが蓄積・定例化して『経国大典』(一四八五年)、『続大典』(一七四四年)、『大典通編』(一七八五年)、『大典会通』(一八六五年)といった法典に編纂されていったのである[田中俊光　二〇〇八]。そこでは、苛酷な刑罰より百姓の教化が優先されつつ、三綱五倫という綱常に違反する「十悪」を犯した者は苛酷に処罰された。「十悪」とは、謀反、大逆罪、両親・親族殺害あるいは謀議、弟子の師匠殺害、目上の人や尊属に対する殴打、夫の喪中の再婚、親族・夫・祖父の妻との姦通などである。「十悪」を犯した場合は、身分の上下関係なく即時に刑罰が執行された。

刑罰は『大明律』に定められた五刑（笞刑、杖刑、徒刑、流刑、死刑）であった。笞刑は、小さな荊杖で一〇～五〇回、杖刑は大きな荊杖で六〇～一〇〇回たたく刑で、徒刑は一年～三年のあいだ特定地域で苦役に従事させる、近代の自由刑に最も近い刑である。流刑は、死刑を免じられた政治犯に課され、流配地方は判決地から二〇〇〇里、二五〇〇里、三〇〇〇里と、距離によって分けられた（朝鮮総督府編『李朝法典考』一九三六年）。死刑は『大明律』の冒頭に置かれた名例律において、正規の刑は斬刑、絞刑であった。

『大明律』には正刑ではない特殊な死刑という形で、「凌遅処死」という酷刑や斬首後の「梟首」を科す条文が存在し、死刑の条文も唐律よりかなり多かった。その対象は、反逆・大逆、尊属殺人（夫殺しを含む）、奴僕・雇工人による家長殺人、殺人祭祀・生体解剖などに限定されたが、近世の中国の刑罰の体系は、統治のための峻法重典による威嚇という法家流の現実主義と、唐律が代表する儒家の理想主義的な寛刑の理念とのあいだで引き裂かれていたのである［岩井茂樹　二〇〇八］。

このような葛藤は朝鮮でも同様であり、大逆罪や大反乱の首魁の場合、凌遅処斬（車裂き）のうえ、抑止と辱めの両方の効果を狙って「梟首」にされた。ただし、死刑の案件については必ず国王が審議し、国王のみが死刑の判決を下すことになっており、死刑の執行には慎重を要する制度になっていた。その一方で、中央政府の高官については、国王の裁量によって、裁判を行わず、拷問で辱めを与えない「賜死」の慣例が維持された［矢木毅　二〇〇八］。

罪が重くない大部分の罪人対象には、身体刑である笞刑や杖刑が中心であったが、杖刑以上の刑罰は拘禁され、審問では自白が根拠とされたため、刑吏による苛酷な拷問が恒常化していた。ただし、刑罰は一定程度の罰金「贖銭」での代替が可能であり、例えば、『大典会通』には、笞一〇度に綿布七尺、代銭七銭、流三〇〇〇里には綿布一四匹、代銭三五両など、ひとつひとつ明確に定められていた。体刑のほとんどは贖銭で処理され、ほかにも熟練技術者、女性、老弱者、そして喪者と養親の場合も贖銭で代替できた。極寒、極暑や農繁期にも贖銭で執行する場合があり［李鐘旼　一九九九］、儒教的な礼教、身分秩序の維持、あるいは農本主義的な論理に基づいて、刑罰の一定の緩和が行われていたのである。

公的な懲罰機構は多元的に構成されていた。その中心は法務、取調、訴訟、奴隷関係の職務で刑罰業務を担当する形曹であったが、他にも人身を直接拘束できる「直囚衙門」が併存していた。中央では国事犯・邪教徒を担当する義禁府、百官・腐敗官吏を糾察する司憲府、首都の司法を担当する漢城府をはじめ、その他各曹（吏曹、戸曹、礼曹、工曹）も管轄職務の範囲内で捕囚と刑執行をしていた。地方では、八道の観察使（監司）に五刑のうち、笞刑・杖刑・徒刑・流刑の処罰権があり、死刑囚と国事犯のみ、それぞれ刑曹と義禁府へ送られた。道の下の行政単位である邑（府・大都護府・牧・都護府・郡・県）の守令にも、笞五〇度までの処罰権があった［金炳華　一九七四］［李鐘旼　一九九九］。

刑罰は村落社会においても在地士族の影響力のもとで行われていた。道、邑の下に、「面」「洞・里（自然村落）」という末端行政区域があったが、ここは①守令主導の「上から」の村落支配、②郷案・郷庁・郷会・郷約を中心とする在地士族の村民支配、③村民の自律的な共同性の確立、という三者がせめぎあう場であった。一六世紀以降、小農経営を基盤とする地主的土地所有の担い手となった士林派は、新たな郷村秩序形成のため郷約普及運動を展開し、民間信仰的な儀礼を〝淫祀〟として排撃した［宮嶋博史　一九八六］。例えば、李珥（栗谷）が清州牧使の時代に作定した西原郷約を参考に海州石潭で組織された郷約は、「徳業相勧」、「過失相視」、「禮俗相交」、「患難相恤」の四綱目とし、郷約に背いた者には、罰として上罰・次上罰・中罰・次中罰・下罰が課せられた［松田甲　一九三三「李朝時代の郷約」朝鮮総督府『朝鮮総攬』、七一〜七九頁］。郷約の契長の処罰権限は、笞刑四〇または五〇回までであり、守令の権限が笞五〇回であったからほぼ同等であった。つまり、地域における過失糾罰―科罰は郷約などによる自然村に委ねられたのである。

(2) 朝鮮王朝末期の犯罪と刑罰の様相

しかし、一七世紀後半から一八世紀にかけての、農村経済への貨幣経済の普及と社会的分業の展開は郷村秩序を動揺させた。支配層である両班戸の増大にともなって旧勢力と新勢力の郷戦が激化し、既存の両班層の土地、奴婢に対する支配も動揺するなかで訴訟が頻発するなど、身分制の流動が進み、村落内教化・名分のみで解決できない状況が発生したのである。国家もこうした社会状況への対応を迫られ、英祖・正祖の統治期には実学者が多く登用された。そこで既存の刑典では対処できなくなった問題に対応するために、『続大典』(一七四四)、『大典通編』(一七八五)が編纂されたのである。それでも対処できない新たな問題には、「情法の平」(個々の犯罪行為の犯情・悪性度としての「情」と、科される刑罰である「罪」のバランス)を実践する処罰の根拠として明の問刑条例を援用し、一九世紀になると、清の条例をも援用した[田中俊光 二〇〇八]。

このような時代の知識人の代表的存在の一人が丁若鏞(茶山)である。丁若鏞の著作は一九世紀以降、朝鮮の治者や知識人に読まれ、高宗、衛正斥邪派、開化派、甲午農民戦争指導者にも影響を与えた[宮嶋博史 一九八六]。それは動揺する社会秩序への対処をめぐって、丁若鏞の経世思想が後世の支配層にとっても立場の違いを越えて大いに役立つものであったからに他ならない。

丁若鏞の代表的著作である『牧民心書』には「刑典六条」(聴訟・断獄・慎刑・恤囚・禁暴・除害)がある。ここで刑罰について丁若鏞が強調しているのは、第一に「慎刑」、つまり「刑罰で民を正すのは末である」ということである。官吏が己を律して法を尊び、厳かに臨めば民は罪を犯さない。だから「刑罰は廃止することも可能である」。

とくに、「婦女は大罪でなければ罰すべきではない。訊問と杖刑は不可である」「老幼に拷問・訊問してはならない」(丁若鏞「牧民心書」刑典六條『與猶堂全書』五、ソウル、景仁文化社、一九七三年、五四三〜五三五頁。以下、「牧民心書」と略記)と丁若鏞は強調している。

第二に、苛酷な刑罰を行う官吏への批判と法的見識の重要性を説いている。吏校が横行して罪人の家の者を笞打って脅せばその村は滅んでしまう。牧(地方官)はこの点に配慮すべきであり、近頃の郡県の官吏は未熟で見識がないために、やたらに笞や杖で打ちすえ、罪がないのに罪に服する誣獄を生んでいる、と丁若鏞は考えたのである。

このように丁若鏞は刑罰の寛容と酷吏の処罰、民の教化の重要性を説く一方で、「刑罰は堯舜もこれを廃することが出来なかった。墨劓剕宮(入墨・鼻そぎ・足切り・宮刑:引用者)もやむを得ぬから行うので、笞杖刑は成るべく施したくない。教えて従わないから刑罰を加えるのが古の道であった」とも述べた。つまり、教化の及ばない「化外」に対して刑罰を加えるのだ、ということである(第三)。

「除害」の対象として丁若鏞がまず挙げたのが博徒・無頼輩である。「任侠で剽奪して暴虐をなす者は、すみやかにこれを懲罰するべきである。懲罰しなければ、将来乱を起こそうとするであろう。博戯をして銭を賭する者もすべて厳かに禁止すべきである」「薛元賞が京尹となった時、都市の不良少年が皮膚に黛黒(いれずみ)をして、頻りに閭場を横行しては剽奪をやった。元賞は府に就任して三日目に二四の輩を杖死させたので、百姓も始めて安堵した」と、遊侠の徒には厳罰で臨むべきであるとしたのである。

また、丁は盗賊、鬼賊、虎狼の三者を鎮めることで民の弊害が取り除かれるとしたが、盗賊に関しては、「草竊小盗は大いに懲らしめる必要はない」と、盗賊にならざるをえなかった民は守令がその情状を酌量すべきとする一方で、鬼賊とは鬼神を信仰する者を指し、「鬼魅が変を起こすのは巫覡がこれを導いているからである。その巫を成敗し、その祠を破壊すれば、妖術は憑依するところがない」と、巫覡信仰には厳罰で臨むべしとした。

しかし、このような民間諸慣習への厳罰はどこまで可能であったのだろうか。民間諸慣習という「迷信」は儒教の教化によって弱められるものなのであろうか。こうした民間諸慣習や教化の及ばない「無頼輩」との確執にこそ、儒教的民本主義の臨界があった。儒教的な徳治を建前としながら、重い取締・刑罰によって秩序を維持しようとすることは、逆説的に国王の不徳を自ら告白するもの［矢木毅　二〇〇八］とも言えるからである。

朝鮮では、すでに一六世紀の中宗の頃から、中国の慣例に基づいて、強盗に対し「梟首」などの厳罰を適用すべきであるという主張がなされていた［カールソン、アンデシ　二〇〇八］。『続大典』が編纂された英祖の時代、法典に規定される処罰は斬首のみとなったが、依然として王の顧問官たちは梟首を適用し、これを「刑典」には収録せず、「兵典」「戸典」に収録したのである。

一七・一八世紀に梟首が適用された刑罰は叛逆行為、強盗、贓盗、経済的侵犯、偽造・詐欺、放火・国有財の破壊または不正使用、職務回避・怠慢、死体の冒涜、殺人、北方辺境に関するもの（不正移住・密貿易など）、燕行使節（密貿易ほか）、倭館（同様）などであった。刑罰の適用が一般民衆のさまざまな行動に拡大されたのである［カールソン、アンデシ　二〇〇八］。

この傾向は内憂外患の時代である一九世紀になおさら強まり、一八六〇年代の大院君政権期から高宗の親政期にかけて、警察・刑罰制度の拡充・整備が従来よりも一層進行した。一九世紀前半の犯罪取締は戕盗・巡羅・禁乱・防火といった従来の取締犯罪にとどまっていたが、一八六〇年代の大院君政権以降、①農民層分解の進展とともに、（明）火賊と呼ばれる盗賊集団の活動がさらに恒常化・広域化・組織化、②邪学（キリスト教中心）取締の増大、③官吏の腐敗告発の増大、④民衆の生活諸慣習・風俗糾察の増大、とりわけ造酒、祝祭、賭博への規制の強化、という四つの変化が現れた［愼蒼宇　二〇〇八］。このような一九世紀の朝鮮は勢道政治と三政（田政・軍政・還政）の紊乱によって多くの変乱・民乱が発生した時代である。しかし、「民乱」と「兵乱（変乱）」では政府の対処に違いがあった。民乱（民擾）は一八六二年に三南地方（慶尚・全羅・忠清道）を中心に起こった壬戌民乱が代表的であるが、その特徴は三政紊乱への反発を契機として、徳治の回復を求める示威・訴えがその基本であった。民乱では、首謀者やその周辺人物は死刑・流刑に処せられたが、政府は按覈使を派遣して、刑罰よりも民心の収集に腐心した。三政紊乱の解決のための公論が喚起されたのである［崔珍玉　一九八一］。

実際、民乱後は、民衆の不満の原因となった貪官汚吏も同時に厳しく処罰されている。壬戌民乱以降の高宗期における「民乱」四四件（一八六四〜一八九四：称兵招乱の三件は除く）のうち、民乱の首謀者は梟首一八・死刑二・流配一一・懲放二・厳刑一、奸（乱）民とされた者は梟首一・流配二四・懲放一・酌量処分一と苛酷な処罰を受けたが、他方で貪官汚吏も梟首一・流配一五・懲放一、地方官である監司・牧使・郡守等も流配一一・罷免四・その他刑罰一二（推考を含む）、在地士族である座首・戸長・風憲は流配三・懲放二と厳しく罰せられたのである［朴廣成　一九八一］。

それに対して、竹槍などの武器を保持し、易姓革命を志向して政府打倒を目指す武力行動が「兵乱（称兵召乱）」である。朝鮮では一七世紀からすでに李氏王朝の滅亡と鄭氏王朝の成立を予言し、禁書となった『鄭鑑録』に関連した反乱が起こっており、洪景来の乱（一八一一年）はその代表的なものである。王朝の出先である守令を殺し武器をとれば政府にとっては兵乱であり、王朝も武力鎮圧に乗り出し徹底的に弾圧することになった［鶴園裕　一九九〇］。実際、洪景来の乱は、王朝への大逆で苛酷に弾圧されるとともに、二〇〇〇名近くが斬刑のうえ、梟首にされた［鄭奭鍾　一九八一］。ほかにも『鄭鑑録』に関連した一八七一年の李弼済の乱においても、李弼済は凌遅処斬の刑に処された［朴廣成　一九八一］。

一九世紀は「外憂」への対処も顕在化した。なかでもキリスト教弾圧、すなわち邪教弾圧も苛烈を極め、辛酉教獄（一八〇一）、己亥教獄（一八三九）、丙寅教獄（一八六六）では、いずれも信徒の大規模処刑が行われた。

以上のように、朝鮮王朝の後期においては、苛酷な刑罰を廃する「愼刑」と法知識の徹底によって一般民が無実の罪で罰せられることを食い止め、教化による風教の維持に努めると同時に、社会秩序の動揺が広がるなかで、民本主義的な統治の理想が改めて問われるがゆえに、政府や地方官、在地士族が「良民」保護を名目に「賊徒」をより苛酷に罰する傾向を強化するジレンマを抱え込むことになったのである。

2　甲午改革・光武改革における刑罰と教化

(1)　兪吉濬「法律の公道」から

甲午改革は、朝鮮王朝末期から続く官吏の腐敗政治に対する農民層の不満を背景にして、「斥倭洋」と地方官の不当誅求反対を訴える東学南接派によって引き起こされた第一次東学農民戦争と、朝鮮への支配権をめぐる清日両国の戦争と、日本の強圧的な内政干渉への対応という二つの側面を持つ。日本が日清戦争勃発後、一八九四年七月二七日に親日的な開化派を中心とした第一次金弘集政権を誕生させ、軍国機務処の設置によって改革を進めたところから第一次甲午改革ははじまった。

一八九四年一〇月二六日に井上馨が新任公使に就任して日本人顧問の採用が行われ、一二月一七日に亡命していた急進開化派の朴泳孝等を加えた金弘集・朴泳孝連立内閣による第二次甲午改革が遂行されると、その内容は日本の内政要求に沿ったものに変貌するようになる。

とはいえ、甲午改革を日本の内政改革要求にそって外在的にのみ進められたわけでもない。校正庁・軍国機務処時代の改革には、朝鮮固有の自律的な改革が進められたことが指摘されてすでに久しい（[柳永益　一九九一]ほか）。軍国機務処による改革は広範囲に及び、行政改革では、総理大臣のもとに議政府（内閣）が置かれ、従来の六曹が内務、外務、度支、軍務、法務、農商、学務、工務衙門という八衙門官制に改められた。

その改革を主導した一人が開化派官僚の兪吉濬である。「穏健開化派」と評される兪吉濬は、慶應義塾大学に学んだ最初の日本留学生の一人であり、最初のアメリカ留学生でもあった。甲申政変後に金玉均ら「急進開化派」に近い人物として逮捕され、その軟禁生活のあいだに福沢諭吉の「西洋見聞」や自らの見聞をもとに『西游見聞』を記した。甲午改革を担った兪吉濬の警察改革構想は、欧米・日本型改革の全面的な受容ではなく、儒教民本主義的統治理念との調和を通じて確立されたものというべきものであった［伊藤俊介　二〇一三］。と同時に、兪吉濬は井上馨の指導による改革に期待していて、日本主導の改革でも熱心に参画した［森山茂徳　一九八七］。

その兪吉濬が法と刑罰について記したのが『西游見聞』に所収されている「法律の公道」である。ここには甲午改革における「教化」と「厳罰」をめぐる方向性がよく現れている。

兪が述べる法律の役割とは、「教化の及ばないところに備えること」「国家の大本（民本）を立てても、無道に乱を起こす輩と不義の輩が隙を伺って恣にすること」を制止することであり、その主旨は「民人の犯罪を未然に防ぐことである」（兪吉濬全書編纂委員会編『兪吉濬全書Ⅰ西遊見聞（全）』一九七一年、ソウル、一潮閣、二八四頁。以下、『西遊見聞』と略記）。「法は天下の法」であるのだから、「王者が天子の位に居して、天下の大権を執り、その一国を主宰しなければならない」が、司法官が法の威力をほしいままにすれば、一国の綱紀が堕壊して、乱の萌芽が育ってしまうので、「王者が必ずその司法官を慎んで選ばなければならない」（『西遊見聞』二八四〜二八五頁）。その意味で兪の法観念は丁若鏞と同様、あくまで儒教民本主義的な統治理念に根差したものであったと言える。

とはいえ、「法律の公道」における教化と厳罰の関係は、丁若鏞と同様、あるいはそれ以上に、後者を強く浮上させているようにみえる。兪は「人世の風俗の趨勢を正しく導くことは、法律を厳かに定めることで、教化に務めることに在るのだが、罪犯の大小を論じることなく、必ず罰して宥すことのないことがその要道である」（『西遊見聞』

二八五頁）とし、人々が盗賊の罰を受ける様子を哀れみ、その所業が放置されれば、その「婦人の仁」が却って悪を養い、その結果大患が発生することになる、と述べるのである（『西遊見聞』二八六頁）。

もちろん、兪は制度・法と人民・政府の関係について、「天下の古今の歴史を考えると、政府の制度が安全であれば、法律が寛大で公平であり、人民がその生業に平穏にいそしみ、法に触れ罪を犯すことが少ない。しかし、政府の制度が不完全であれば、これに反して法律が厳酷になり、それによって人民で罪を犯す者が反って多くなり、生業が不穏になるであろう」（『西遊見聞』二八六頁）と、あくまで「法の寛大・公平」を基盤に置く。しかし、他方で、「（法律が）寛大で公平であることと、厳格で苛酷であることは、それぞれ一長一短があるので、寛大で公平な（法を使う）時には寛大で公平な法を用い、厳格で苛酷な（法を使う）時には厳格で苛酷な法を用いることが、中庸な公道を得ることである」（『西遊見聞』二八七頁）とも述べている。容赦ない刑罰は「末」でありできる限り避けたいが、「相当な罰を用いることは、衆人の禍いを除いて、また他の人民を励ますためにはやむをえない政法であるのは当然である」というのが兪にとっての「中庸」の道であった。

兪吉濬は「一国の政権を主宰する大きな主意は、謹み慎重に旧物を改正することにある。紙上の空論を妄りに信じて、新奇を喜んでその旧を捨棄すれば、これはとても軽率なことというほかない」（『西遊見聞』二八九頁）と、急進的な新法より「伝統的な旧例」に基づく慎重な法改正の志向を持っていたが、他方で「婦人の仁」を批判し、東学をはじめとする民衆の動きへの危機意識を背景に、甲午改革を「厳格で苛酷」な法運用の時期であると見たのではないだろうか。

(2) 甲午改革の刑罰制度改革とそのジレンマ

実際、甲午改革の刑罰制度改革の内容、実際の刑罰の方向を見てみると、兪吉濬の「法律の公道」論と類似した方向に展開しているように見える。司法関連の改革は、まず司法機関を総括する法務衙門の設置による司法権の一元化に向けられた。軍国機務処は刑曹を廃止し、各府各衙門が勝手に逮捕・刑罰することを禁止する議案を提出したのである。その後、近代的裁判所の創設を目指して、一八九五年には刑事・民事裁判は裁判所が担当するようにし、高等裁判所・特別法院・地方裁判所・開港場裁判所・漢城裁判所・巡廻裁判所が設立された（法律第一号「裁判所構成法」『官報』一八九五年三月二五日）。

しかし、地方の行政機関である郡の裁判については、従来どおり郡守が担当する慣行が維持された。これは郡守の警察権に手をつけなかった警察改革［愼蒼宇　二〇〇八］と同様であり、この点に「伝統的な旧例」に基づく慎重な法改正の方向を見ることができる。また、分権的な司法権の濫用も継続しており、一八九五年九月には海州府において、長寿山城義兵運動の将である尹徳汝等を軍部が勝手に銃殺、あるいは流配したことについて、海州府を無視して獄事を独断で行うことができない、と法部が軍部大臣に抗議していた（「照会軍部大臣件」（一八九五年九月一五日）【法部大臣照会第四五四号】）。この件は、九月一二日に「軍部第五号訓令」に接して尹徳汝を砲殺したと海州府観察使李鳴善が報告をしており［慎鏞廈編『司法稟報』一、亜細亜文化社、ソウル、一九八八年、五九頁。以下、『稟報』と略記］、これを受けての法部の抗議であると考えうる。他にも法部が懲役刑に処し公州府清州郡に収監されていた「匪魁」呉一相を軍部が訓令で砲殺し、法部が抗議するなど（「照会軍部件」（一八九六年一月二三日）【法部大臣案第四号】）、軍部が独断で処罰権を行使し、法部と対立するケースが見られる。この件も、一八九五年一一月九日の段階では、大明律に照らし杖刑一〇〇回の後、懲役三年と、公州府観察使が法部大臣に報告していた（『稟報』一、八〇頁）。このように、司法の一元化は、従来の直囚衙門から大きな抵抗を受けたのである。刑法制定と司法の一元化を日本人顧問の介入によって進めようとした井上馨の改革に対し、法部大臣の徐光範も、次第に反発を強めていったほどであった［森山茂徳　一九八七］。

次に苛酷な刑罰諸慣習の改革は、連座制（縁坐の律）の廃止（『官報』一八九四年六月二八日）、苛酷な拷問禁止（『官報』一八九四年七月九日）という形で、軍国機務処の改革時から提案され、笞・杖・徒・流刑を懲役に対置する方向も法務大臣が上奏した（『高宗実録』一八九四年一二月一〇日）。死刑も凌遅処斬が廃止され、民間人は絞刑、軍人は砲刑に改められた（『官報』一八九四年一二月二七日）。死罪は罰金・免職・監禁・島配・懲役に対置、笞杖刑は贖銭で代替され（『高宗実録』一八九五年三月一八日）、流刑は距離基準ではなく、三〇〇〇里は終身、二五〇〇里は一五年、二〇〇〇里は一〇年という形で、期間基準にへと改められた（法律第四号『官報』一八九五年四月一六日）。その後、「懲役処断例」【法律第六号】（一八九五年四月二九日）（『官報』一八九五年五月二日）では、徒刑・流刑を懲役刑にすることと定められ、身分制の廃止に伴って官吏も一般民衆と同じ刑罰がなされるようになった。

他方で、刑罰規定は拡大し、新たな犯罪を罰する法律も定められていった。代表的なものが法務衙門告示の第五「鴉片烟禁戒條例」（一八九四年一〇月一日内閣記録局編『法規類編』一九〇八年）であり、ここでは「アヘンが民国を害することは浅くも少なくもない」ので、厳禁しなければならないと明記された。鴉片の取締が登場するのは、アヘン戦争後の一八四八年と決して古くない。当時は国典と明律に根拠となる規定がなく、『大清律例』の条文を列挙引用して処罰したのである［田中俊光　二〇〇八］。

それでは刑罰改革の実態はどのようなものだったのであろうか。当時法部には各裁判所、地方官から司法関連の質稟がなされている。そこでの一八九五年一月から一八九六年一月までの報告内容を見ると、そこにはいくつかの特徴を見出すことができる。

まず、法改正が現場では徹底していなかった。連座制の廃止は一八九四年六月にその方向が示されたが、一八九五年一月における朝鮮八道の道内定配罪人の一覧を見ると、縁坐の定配罪人が江原道一人、黄海道二人、平安道六人（定配罪人全体でも七人）、全羅道九人、慶尚道四人、咸鏡道五名おり、連座制はなくなっていなかった。そこには女性、幼児も含まれている（「法部衙門刑事局存案」『稟報』四、六～七頁参照）。

次にこの間の各道府・各道監営などの報告書の内容を分類してみると、一八九四年七月～一八九六年一月では、流刑者報告を除き、東学関係、政治家・貪官汚吏処罰、火賊、殺人、堀塚・墳墓紛争、私鋳銭罪、官印偽造、両班による民への虐待、民間信仰、外国人の犯罪といった事例が目立つ。ここではそのいくつかの様相を見てみよう。

数的に最も多いのは、火賊への処罰である。火賊とは、朝鮮の盗賊団のことをいう。一八世紀頃から多くみられるようになった彼等の活動は、一九世紀の中頃までは農閑期である秋冬期に一時的、局地的に行われるのが一般的であったが、一八六二年の壬戌民乱以降、農民層分解が一層深刻化する中で、火賊の活動は長期化、恒常化、広域化、組織化を強めていた［裵亢燮　一九八八］。火賊への処罰は苛酷であり、一八九五年一一月二日の「忠州府観察使金奎軾質稟書第二十四号」には、当時有名な「大賊」であった馬学奉の党は数百名で各所を横行して殺人や略奪をし人心を惑わせた罪があり、終身懲役以上の罪人であるとの指令を受け、時を送らせずに砲殺したとある（『稟報』一、七四頁）。一般人は絞首刑、砲殺は軍人に対する処刑法と定められたはずである。

さらに目立つのは、やはり東学関係の処罰である。「もう一つの日清戦争」［姜孝叔　二〇〇二］と言わる第二次東学農民戦争は、日清戦争が日本軍による朝鮮王宮への攻撃で始まり、その後朝鮮への内政干渉を強めたこと、つまり亡国の危機に対し義兵として武装蜂起をした戦争である。農民軍は斥倭・反開化の挙兵であることを鮮明にしていた。

日本軍は一八九四年九月下旬から洛東で電柱を切断した朝鮮人を斬殺し、その首を吊り下げて見せしめにしていた［姜孝叔　二〇〇二］。川上兵站総監の「ことごとく殺戮せよ」の命令（一〇月二七日）で、その後、後備第一九大隊は国際法も意に介さず、朝鮮の刑法も意に介さずに、文字通りの「殲滅戦」を繰り広げ、その過程で多くの処刑が行われた。［井上勝生　二〇一三］によれば、後備第一九大隊第一中隊が珍島に突入して、指導者（「大接主」）は梟首にされ、幹部（「接主」）は砲殺されたという。三万から六万人が殺されたとされる東学農民戦争は当時の刑法を逸脱した苛酷な処刑を内包したジェノサイドであった。

甲午改革の初期、軍国機務処は農民軍の要求に応じるべく、宮中の政治紊乱や地方官で搾取行政を行った責任者の処罰を主張し、社会・経済的な民心慰撫策を講じようとしたが、第二次蜂起以降、帰化が困難な「匪徒」には徹底的に掃討する敵対的政策に転じた［柳永益　一九九一］。一八九四年一二月二七日に斬刑や凌遅刑は廃止されたが、イザベラ・バードは一八九五年一月に東学農民軍の梟首を見ており、「それから数日して、打ち首と「刃物で死に至らしめる」のは廃止し、死刑に値する犯罪者は、民間人は絞殺、軍人は銃殺にすると定める命令が官報に載った」（バード、イザベラ『朝鮮紀行』講談社、一九九八年、復刻、三四六頁）と述べている。また、農民軍の指導者であった全琫準・孫化中・崔景善・金徳明・成斗漢は、斬刑が廃止されたあとに斬刑（一八九五年四月二三日）に処せられている。反乱首謀者に対しては、刑罰改革が適用されなかったのである。また地方官による処刑も一八九五年一月に多く行われた。そこでは在地士族をはじめ、多くの人が協力させられ、朝鮮社会内の分断を深刻化させた［井上勝生二〇一三］。例えば、慶尚道醴泉地域では、「官民相和」が求められた第一次蜂起後の空間で、東学農民軍と郷村支配層の対立が深まり、その後、農民軍が斥倭倡義を掲げて蜂起しても、後者は農民軍を「火賊」と見なし「殲滅」に加担していった［洪東賢　二〇一五］。

『稟報』を見ると、東学農民戦争が収束した後の「残党狩り」も苛酷であったことがわかる。全州府の観察使李道宰はその報告書（一八九五年九月九日）において、「東匪罪人」で前監営から流配のために出発させた者は、みな殺人掠財を犯して綱紀を犯し、赦すことが難しいので「刀鋸之律」を施そうとしたが減刑して定配した。彼らを解放すれば、この輩が再び反逆の徒に戻りかねないと力説していた（『稟報』一、五九頁）。李道宰は一八九四年一二月、農民軍の指導者金開南が大院君との関係を話すことで「乱招」となることを恐れ、ソウルに押送せずに全州で処刑し、梟首にしたといわれる［趙景達　一九九八］。

そのような姿勢は冤罪の温床にもなった。一八九五年二月二四日の黄海道鳳山からの報告によれば、「東徒罪人」とされた韓永化ら九名は、本衙裁判所での訊問の結果、「東徒」でないとされたのに誤って刑罰が下されたので八名は放送された。しかし、該府の官属が韓永化の家族に狼藉を働き、韓の家は焼かれ、李東植は農牛、金銭を奪われたという（『稟報』一、一七頁）。

(3) 初期義兵運動の甲午改革批判と刑罰論

井上馨の駐朝公使就任以降、日本の影響で行われた第二次甲午改革は、八道制から二三府制にするなど、地方制度を急進的に変えようとしたため、地方官吏も「新政」に対する反発を強めた［愼蒼宇　二〇〇八］。さらに、閔妃殺害事件が起り、断髪令が施行されると民情は一気に不穏化した。髪と髻は人倫の基本「孝」のシンボルとして浸透しており、それを変えることは倭俗への変俗、人倫の蹂躙と見なされたのである。

こうした金弘集政権に対する反発の高まりの中で、一八九六年初頭に起った「斥倭」「反開化」の武装蜂起が初期義兵運動である。義兵は、衛正斥邪派の儒生を大将に推戴して組織され、中華礼俗の死守と、徹底した「斥倭洋」を大義名分とした。初期義兵の主力は江原道春川の李昭応義兵と忠清道一帯の柳麟錫義兵であるが、前者は挙兵後、断髪して赴任した観察使を殺害し、後者は忠州・安東観察使、丹陽・清風郡守を殺害した。

そこには逆立ちした刑罰観が存在した。すなわち甲午改革を主導する開化派は「販君売国之徒」、それに追随する観察使・郡守は「倭」であり［姜在彦　一九八四］、自らが朝鮮を護る正規兵という認識で開化派官僚・地方官の「処刑」が正当化されたのである。

ここでは初期義兵将二人の上疏文に注目したい。一人目は奇宇萬である。奇宇萬は湖南地域（全羅道）で蜂起した初期義兵の総大将であり、李恒老とともに衛正斥邪派を代表する巨人であった奇正鎮の門人たち（蘆沙学派）の中心的存在であった。その挙兵の際、上疏を呈し、挙兵後に政府から宣諭使が派遣されると、再び反論の上疏を呈した。そこで奇宇萬は以下のように延べる。

「国讐はすでに雪がれた」と言いますが、国讐は、金弘集と鄭秉夏に止められております。（中略）（彼ら開化派）は夷（日本のこと：引用者中）の威服に操られて、州郡を委任され、暴虐の焔を煽動するありさまです。それでも「国讐は雪がれた」とおっしゃるのでしょうか。

「削（髪）令はすでに撤回された」とおっしゃいますが、削髪を主張した、その首魁を殲殺し、その党派を流配し、その仲間を国の中で何もできないようにした後であれば、撤回されたと知るべき見込みがあるでしょう（民族文化推進会『松沙集』I、ソウル、二〇〇五年、七五頁）。

つまり、閔妃殺害は「国讐」であるにも関わらず、開化勢力はその「国讐」の対象である日本の暴虐に加担し、社稷を荒廃させ、中華である朝鮮を夷狄、人類を禽獣に変えてしまった。彼らこそが「反乱者」であり、その最たる政策である断髪令を主張した首魁は処刑し、その党派は流配すべきであると主張しているのである。

また、朝鮮政府は、義兵運動を鎮圧するために、衛正斥邪派の重鎮である崔益鉉を「各府郡民人等宣諭大員」に任命した。しかし、崔益鉉はそれを辞退し、義兵の行動を擁護する目的で「宣諭大員命下後陳懐待罪疏」（一八九六年二月二五日）を呈した。ここで崔益鉉は、開化派政権の罪とそれに相当する刑罰を以下のように述べている。

逆魁の金弘集、李秉夏はみな殺戮され、趙義淵、兪吉濬以下の諸賊はみな逃げて捕えられてはいませんが、その罪は殺人・大逆より大きく、彼らを斬ってバラバラに屠殺し、その十族でもなお満たせないとしても、神人の憤りを雪ぐために、今彼らを殺戮し、その罪を明らかにして正し、一国に号令することをしておりません。彼らを逃がし、その妻子を厳かに咎めて捕えることもなく、ただこれを普通の軽い罪のように見て、そのまま問うことなく、ただ軽くのみ扱っています（「勉庵先生文集巻之四」華西学会／勉庵学会編『勉庵集』一、青陽郡、二〇〇六年、二九九頁)。

崔益鉉も、甲午改革の政権担当者こそ「逆魁」とし、その罪は大逆罪より大きいとしている。そこでは甲午改革の刑罰改革で廃止された、伝統的な苛酷処刑である凌遅刑と連座制の復権が強く主張されている。両者ともに、金弘集政権を日本に操縦された「売国之徒」と見ており、彼らによって行われた甲午改革そのものが否定されているのである。

このように甲午改革は単なる内政改革ではなく、日本の朝鮮膨張と深く関連したためにその改革の正統性が根本的に疑われ、むしろ伝統的な秩序・法意識への求心力を強化することにつながった。実際、政府は当初、軍隊を派遣して初期義兵運動に対処していたが、高宗の露館播遷、金弘集の殺害などによる甲午改革の崩壊後、最終的に高宗は詔勅で義兵将の罪を「不問」にし、断髪令も禁止されるに至ったのである。

(4) 大韓帝国期における刑罰と「旧本新参」

一八九七年一〇月一二日高宗が皇帝に即位し、国号を大韓帝国と定めた。大韓帝国は、義和団戦争、日英同盟と露仏同盟、そして日露戦争へという東アジアをめぐる国際関係の中で大きな危機に立たされ、そのなかで列国の「共同保証」下での中立化を模索し続けた。

一方、国内の政治体制としては、不変の皇帝専制を政体に、一八九九年八月一七日には「大韓国国制」を制定した。ここに「古ニ準シ今ニ合ス」、「旧本新参」の姿勢が明確にされた。大韓帝国は「下から」の膨大な「斥倭」「反開化」のエネルギーと国王幻想の期待の上に成立したが、立憲君主制を基軸とした国民国家樹立を目指す独立協会運動や、東学農民戦争の理念を継承して蜂起した英学の乱やその他異端東学のさまざまな運動、済州島で起きた李在守の反乱や房星七の反乱などが起こり、火賊の活動も活性化していく。これは、宮内府内蔵院への財政権限の集中と各種雑税徴収の強化や、皇室による地主的収奪の強化など、民衆の期待とはかけ離れた政治が行われ、それに付随して官吏による苛斂誅求が深刻化したことを背景としている［趙景達　二〇一〇］。

そのような内憂外患の状況のなかで、大韓帝国の刑罰改革はどのように進行したのであろうか。まず、司法改革において、議政府賛政で法部大臣の李裕寅は、費用がかかること、変乱（東学）は過ぎ去り無駄な財政支出はできないことなどを理由に、独立的司法機関である漢城裁判所・京畿裁判所の廃止を主張する上疏を行い（『承政院日記』一八九八年一月二六日）、同年二月〜九月にかけて、漢城裁判所と京畿裁判所は廃止され、地方官が判事業務を兼任する、朝鮮王朝従来の体制に戻った。しかし、一九〇〇年には再び漢城裁判所を設置し、一九〇一年にはまた漢城府に裁判権が戻っている。一八九九年五月三一日の「法部管制改正に関する件」「裁判所構成法改正案」でも、法部は指令・訓令を通じて各級裁判所の裁判業務を監督するようにしており、「新参」の中央集権化と「旧本」の分権的な司法制度をめぐる激しいつばぜりあいが続いたのである。

次に刑罰のゆくえに目を向けてみよう。本格的な刑法体系の確立には、甲午改革の時期に作られた「法律起草委員会（朝鮮人委員と日本人委員で構成）」が一八九六年二月以降、一八九八年まで存続して主導的な役割を果たした［崔鍾植　二〇〇七］。

その内容の特徴としては三つの点を挙げることが出来る。まず、この時期のインフラ推進政策に対して発生した抵抗の諸行動を罰する、「新たな犯罪」の措定である。そのひとつが一八九五年以後導入された郵便制度と電報制度の施行で発生する事故・犯罪を予防する意図で導入された「電報事項犯罪人処断例」（一八九六年八月七日）と、「郵遞事項犯罪人処断例」（一八九六年九月二三日）である。前者は、最も重い罪（懲役刑三個月以上三年以下に、罰金一五両以上一五〇両以下を付加）として、詐計と威力によって電報の寄送傳致を妨害した者、工事を妨害した者、杆木や線條を故意に破壊し切断した者などを対象とした（『官報』一八九六年八月一〇日）。後者は、最も重い罪（懲役刑三個月以上三年以下に、罰金一五両以上一五〇両以下を付加）として、官吏や雇用人、郵遞事務を挙行する者で、詐欺によって郵遞料を支払わない、不当な方位に郵遞物を遞送した者、詐計と威力で遞送・集信・分伝を妨害した者、郵遞函と郵遞行嚢などの器械を故意に毀損・汚した者などを対象とした（『官報』一八九六年九月二五日）。これらは大明律や既存の伝統法典を参照して対処することができるものではなく、内容的にも当時の日本の「電信条例」と共通点があり、日本人の法律起草委員である野沢鶏一によって継受された可能性が高い［崔鍾植 二〇〇七］。

一九〇〇年一月二三日に制定された「鉄道事項法罪処断例」も、京仁鉄道開通と対応したもので、鉄道建設・測量を妨害した者や、運行を妨害した者、鉄道境内で瓦石を投げた者、放銃した者に、罰金・懲役刑が科された（『官報』一九〇〇年一月二四日）。

しかし、郵便配達人が書簡を配達するために、ソウル五署内では門標をつけるように警務庁が訓示を出したが、多くの家は従わなかった（「門額無寂」『皇城新聞』一八九八年九月一五日）。それを法で厳しく統制しようとしても、巡検すら門牌のかけられていない者の姓名を知らない状態では、郵便配達人は仕事が出来なかったという（「門牌不懸之弊」『皇城新聞』一九〇一年九月一九日）。鉄道についても、一八九九年五月には、ある児童が轢殺されたことを契機に父が激昂し、群衆とともに電車破壊事件を起こすなど、民衆は近代文明への違和感を示していたのである［趙景達 二〇一二］。

第二に、厳罰化の流れの推進であり、光武改革の時期はそれが内憂外患双方に対する危機意識として現れた。「外患」との関連では、一八九八年一一月二二日に制定された「依頼外国致損国体者処断例」を挙げることができる（『官報』一八九八年一一月二四日）。これは、外国勢力に阿附して国体を損ねた者に対する処罰法であり、外国政府に本国の保護を秘密裏に求めた者、外国に本国の秘密漏洩をした者、政府・外部の許可なく外国人に雇兵・借款・仲買をした者、外国人の紹介で官職を得た者、条約で許可された以外の土地・森林・河沢を外国人に売った者を指した。これらは謀反に相当し、既遂・未遂を問わず大明律の賊盗編・謀反罪で処断されるという重いものであった。一九〇〇年九月二九日の「刑律名例」改正では、皇室犯・国事犯にのみ斬刑が可能となっており（『官報』一九〇〇年一〇月三日）、廃止された苛酷な斬刑が内的・外的危機の高まるこの時期に一定復権されたのである。

火賊の増大に対する刑罰の厳格化も進められた。一八九六年四月一日に頒布・施行された「賊徒処断例」（『官報』一八九六．四．二）は、これまでの「賊盗」を「強盗」「窃盗」「準窃盗」「窩主」の四種類に分類して取り締まるものであるが、『大明律直解』などの既存の法令をほぼ踏襲しているという意味では「伝統的な旧例」に基づく。しかし、「準窃盗」とは、他人をだまして財物を取る犯罪、野原にある穀物を盗む行為、恐喝脅迫で財物を取る行為等であり、これらは『大明律直解』にない行為で、当時社会問題になっていた闘銭・骨牌・サイコロ遊び・樗蒲采遊びなど賭博行為が追加されていたのである。

しかし、このような賭博厳罰の方針に効果があったとはいいがたい。一八九九年頃のソウルは賭博が盛んであり、清の商人を通じて様々な賭博が朝鮮に持ち込まれ、ソウルには清人博徒集団が多くたむろして皇壇前であろうとも雑技局を堂々と設けていた。朝鮮民衆も興味津々に群がり、通路は全く通れない状態だったが、巡検は取り締まらず、路傍を徘徊しているだけであったという（「鸞戯遮路」『皇城新聞』一八九九年四月一日）。

また、「賊徒処断例」では、甲午改革で廃止されたはずの身分による刑罰の差も残った。「賊徒処断例」第七條強盗の中で、大明律による第一五項があるが、ここでは親族の卑幼が尊長に笞一〇〇～終身刑に相当する強盗行為の罪を犯した場合に対し、尊長が卑幼に同様の罪を犯した者は減刑するとされ、殺人をした場合も同様であった（『官報』一八九六年四月七日）。この「賊盗処断例」は一九〇〇年から一九〇一年にかけて改正され、窃盗犯への刑が大幅加重されるとともに、終身刑・絞首刑が増大された。

第三に、「旧本新参」の刑法の確立である。「法律起草委員会」は当初、日本の「改正刑法」を模倣し、野沢鶏一が完成させた「刑法草案」を構想したが廃棄された。それは「草案」が朝鮮の社会状況を反映していなかったからであり［鄭鎮淑　二〇〇九］、改めて一九〇〇～一九〇二年にかけて刑法制定作業が行われ、一九〇五年五月二九日「刑法大全」（法律第二号）が頒布された。その内容は『大明律』と『大典会通』に、甲午改革以来の新式法律を集大成した、まさに「旧本新参」の刑法というべきものであった。刑罰は死刑・流刑・懲役刑・笞刑の四種に限定され、復活した斬刑も廃止され、死刑は正式に絞首刑だけとなった。懲役刑一年以上の罪人に付加した笞刑も廃止の方針であり、「笞刑」は野蛮とされた。その結果、執行される笞刑の数は減少し、自由刑が全体の七〇％を占めるようになった。これはのちの武断政治の時の笞刑の割合（六〇％）よりもはるかに低かったのである（司法部監獄課「笞刑に就て」「笞刑に就て（承前完）」『朝鮮彙報』一九一七年一〇、一一月）。

(5) 行きづまる「厳罰」

このように大韓帝国前期は、厳罰化と刑罰の緩和・教化とのあいだで揺らぎ続けた。それは「民本」を阻害する、教化の及ばない「賊（匪）」に対する厳罰化が、「賊」にならざるを得ない「良民」の増大とその窮状を解決しないまま、「良」「匪」の峻別なく民の生活領域に国家権力が広く介入することにつながり、却って民情の不穏化を招く結果になるからである。一方で、支配層にとっては、身分制廃止後であるからこそ、「士」と「民」の名分的関係を再編的に維持するために、教化と刑罰の威嚇、双方の効果を得たかったと思われる。

そこで強調されたのが、「遊民」批判である。警務庁は一八九八年一二月、漢城付近に告示を出したが、その内容は「悪習」、すなわち酔っ払い、決闘、賭博、不衛生、詐欺、徒党、官人への阿附、訛言、誣告の打破であった（「警庁告示」『皇城新聞』一八九八年一二月七日）。一八九九年七月末には、警務使李祐寅が漢城五署内で娼妓を捕え、「汝等が生産を経営せず、ただ売淫をして風俗を損ないながら過ごそうとしているが、それでどうして人民に数えることができるだろうか。今後、これらのことを行うことなく、実業を各々が行い、生活を安定させせよ」（「痛禁行淫」『皇城新聞』一八九九年八月一日）と述べたという。

李祐寅のいう「人民に数えられない」者に対する刑罰とはどのようなものであったのだろうか。大韓帝国成立後の法部への各裁判機関の報告内容を見てみると、①熾烈な東学残党の追跡、火賊、民乱、②墳墓紛争、両班による民衆虐待など、身分意識・差別が深く関わる問題、③貪官汚吏による民衆虐待や詐欺（私鋳銭・偽造手形・偽造銅貨・偽造印章など）、④民間信仰の弾圧、⑤教化、温情裁量、減刑の質稟、⑥新たな刑罰の限界の告発、という六つ特徴を見て取ることができる。①は処刑や終身懲役、②の堀塚はほぼ終身懲役であり、両班による百姓の凌虐は『大典会通』の禁制編に基づいて笞一〇〇、懲役終身と重い刑罰が科された。

④の民間信仰＝「淫祀」への弾圧は、一八九六年一月一〇日の咸興府報告書第一号「新到配罪人罪名等別紙開録報告（附別紙）」の例を取り上げたい。朴齋允は妖邪の徒を誘って邪術を行い、村民を扇動しているという理由で、大明律の師巫邪術禁止の條にのっとって、杖一〇〇＋流三〇〇〇里という厳罰に処せられ、全州府錦山郡茂朱から咸鏡道の永興郡に定配された（『稟報』一、九八〜九九頁）。しかし、巫覡への厳罰は大きな反発も生んだ。同年六月頃、警務使の金在豊は巫女等の祈祷を禁止し、宗廟関帝廟その他五、六の廃棄を実行、塑像木偶、付属する器具、巫女の花衣まですべてを押収して、城外で焼棄し、巫女は悉く放逐した。すると、三人の巫女が自決を遂げて抗議し、寿典洞内にある李牧穏影堂という韓山李氏李穡（高麗末の大臣）を祭る祠も誤って廃毀したため、韓山李一族が憤慨し連日上疏を行い、この秩序混乱の責任を取って金警務使は依願免職に追い込まれたのである（臨時代理公使加藤増雄ヨリ文部大臣兼外務大臣西園寺殿「報告第一号」一八九六年六月一一日『駐韓公使館記録』十一、三二八〜三二九頁）。

厳罰の強化だけでは対処できないほど、支配秩序に対する不満のエネルギーは社会の周縁に沈殿していたのである。支配側は厳罰による民への威嚇だけではなく、犯罪に手を染めざるを得ない者の生活の窮状を慮り、教化と温情裁量を図る必要性にも迫られた。実際、盗賊の取締に対しても、一九〇〇年四月頃、警務使の徐相龍は各坊曲に、「この治世に穀物が不足し皇帝が憂いている。貧富の差が広がって、わずかな穀物を奪ったり、家の垣根を越えて穴をあけたり、刀を懐に強盗することは、父や祖先を賊にすることである。盗賊の妻や子は盗んだものを食べて着るのか。妻子を悪の道づれにしてはならない」と告示した(「文を以て盗みを止む」『皇城新聞』一九〇〇年四月一七日)。儒教的倫理に訴えて自首と贖罪を薦め、盗まれた物の三分の二は持ち主を探して給したという。

また、一八九八年七月二日の三和港裁判所報告書第九号「本港在囚罪人金河泳因病特放要望事」(『稟報』三、一三五頁)は、在囚の罪人金河泳(七〇歳)が終身懲役で囚われてから、その母は道路を彷徨する乞食になってしまい、金自身も病が重く命は明日朝まで保てるかの状態にあるので、特別に釈放をしたいと要望している。一八九八年九月一三日の京畿裁判所質稟書第四十三号「漢城裁判所移来する刼奪人財賊漢韓順化等六人處辦質稟書」(『稟報』三、三一六頁)では、韓順化・金昌植・李春明・崔致三・趙京云・金有石の六名は「愚蠢農民」で、凶荒で飢えをしのぐために強盗をしており。元来、彼らには良心がなく、姑息に縦横していることには変わりがないが、「これを懲役させ、これを教化して善人にできれば、良民になることができる」と、情状を酌量した減刑処分を求め、懲役による改心を主張している。こうした教化主義的な質稟は決して例外的なものではない。

とはいえ、「懲役刑」の実態は悲惨なものであった。一八九八年八月一五日の京畿裁判所報告書第二十七号「本所罪囚費特加磨錬要望事」(『稟報』三、二二二頁)は、「五十余名の懲役丁は日夜飢えに泣き、命は風前の灯にあります。看直が巡検した時に告げることは、実に言葉にし難いものです。もし、彼らの食費を後回しにすれば、該徒らは幾日もせずに餓死に至るでしょう」と悲惨な懲役囚の現状を告発していた。地方はもっと悲惨で、懲役をする環境すら整っていなかった(『独立新聞』一八九九年三月一五~一六日)。「自由刑」中心の刑罰へと甲午・光武改革で急速に転換したが、環境が整えられないまま、現場は取り残され、囚人の置かれた悲惨な状況は改善されなかったのである。

おわりに――臨界に達した民本主義的統治のゆくえ――

「民は国の本」とする儒教的統治のもとでは、苛酷な刑罰で民を苦しめるのは却って秩序紊乱の元となるので、教化によって社会秩序を構築するのが理想である。しかし、一八世紀末頃からは教化だけでは対応できない、内憂外患の危機が社会を覆うようになった。そうした状況の中で丁若鏞や兪吉濬が論じた刑罰論は、教化・寛容な刑罰と、「化外」「賊」「無頼輩」に対する苛酷な刑罰・威嚇との「中庸」の上に成り立っていた。このジレンマは一九世紀末になればなるほど支配層にとって大きくなっていった。

それは、（1）君臣を基軸とした王朝の支配体制、（2）在地士族の民衆支配、（3）民衆の自律的な共同性の確立、という三者のせめぎあいの上に生じる葛藤でもあった。すでに、一九世紀という長い時間をかけて、（3）からくる（1）（2）に対する不満のエネルギーと変革への期待が、終末思想の流布、民乱の発生、東学農民戦争、火賊の活動の広域化といった形で表面化し、そこに西欧の脅威や日本の政治的・経済的侵略という「外憂」が大きく関わっていった。そうした内憂外患の状況のなかで行われた刑罰の改革は、単に一国内の支配―被支配関係の問題として捉えうるものではない。日本の干渉が（1）の領域に加わり、それが刑罰の正統性をめぐる深刻な社会内対立を惹起していったのである。

だからこそ、甲午改革後の大韓帝国は国の正統性復権のためにも、より「旧本」に回帰し、民本と教化、寛刑による民意の鎮撫を一定標榜せずには成り立ちえなかった。大韓帝国期に見られる儒教的な政治文化は、そのような薄氷の上で、内部の矛盾、葛藤を抱えたまま、理想とは程遠いからこそ、その正統性をめぐって各層がせめぎあう求心力の磁場であったと言えるのではないか。このような薄氷の上の、矛盾を内包した大韓帝国為政者の「中庸」ですら、

「暴徒」を徹底的に殲滅できない「病根」と見なし、「力」の武断派（寺内・長谷川ら）と、「詐」の文治派（伊藤統監）の共闘によって日本が朝鮮を植民地化していく危機はすでに目前であった。

参考文献

【日本語】

伊藤俊介　二〇〇三「朝鮮における近代警察制度の導入過程」（『朝鮮史研究会論文集』第四一集）

伊藤俊介　二〇一三「兪吉濬―その開化思想と政治運動」（趙景達他編『講座東アジアの知識人① 文明と伝統社会』有志舎）

井上勝生　二〇一三『明治日本の植民地支配』岩波書店

岩井茂樹　二〇〇八「宋代以降の死刑の諸相と法文化」（冨谷至編『東アジアの死刑』京都大学学術出版会）

梅森直之　二〇〇六「変奏する統治―二十世紀初頭における台湾と韓国の刑罰・治安機構」（酒井哲哉編集『岩波講座「帝国」日本の学知　第一巻「帝国」編成の系譜』岩波書店）

姜孝叔　二〇〇二「第二次東学農民戦争と日清戦争」（『歴史学研究』七六二号）

カールソン、アンデシ　二〇〇八「千金の子は市に死せず―十七・十八世紀朝鮮時代における死刑と梟首」（前掲書『東アジアの死刑』）

田中俊光　二〇〇八「朝鮮後期の刑事事件審理における問刑条例の援用について」（『朝鮮史研究会論文集』第四六集）

姜在彦　一九八四『近代朝鮮の思想（新版）』未来社

崔鍾植　二〇〇七「韓国刑法の歴史的展開と課題」（『九大法政研究』七四巻三号）

趙景達　一九九八『異端の民衆反乱―東学と甲午農民戦争』岩波書店

趙景達　二〇〇二『朝鮮民衆運動の展開―「士」の論理と救済思想』岩波書店

趙景達　二〇一〇「危機に立つ大韓帝国」（和田春樹他編『岩波講座東アジア近現代通史二　日露戦争と韓国併合』岩波書店）

趙景達　二〇一二『近代朝鮮と日本』岩波新書

愼蒼宇　二〇〇八『植民地期朝鮮の警察と民衆世界』有志舎

鶴園　裕　一九九〇「李朝後期民衆運動の二・三の特質について」（『朝鮮史研究会論文集』第二七集）
鶴園　裕　二〇〇〇「朝鮮王朝後期の反乱」（深谷克己編『民衆運動史五—近世から近代へ　世界史のなかの民衆運動』青木書店）
洪　東　賢（伊藤俊介訳）　二〇一五「一八九四年東学農民軍の郷村社会内での活動と武装蜂起についての正当性論理—慶尚道醴泉地域の事例を中心に」（アジア民衆史研究会／歴史問題研究所編『日韓民衆史研究の最前線』有志舎）
宮嶋博史　一九八六「朝鮮社会と儒教」（『思想』七五〇号）
森山茂徳　一九八七『近代日韓関係史研究』東京大学出版会
矢木　毅　二〇〇八「朝鮮党争史における官人の処分—賜死とその社会的インパクト」（前掲書『東アジアの死刑』）
安丸良夫　一九九九『一揆・監獄・コスモロジー』朝日新聞社

【朝鮮語】
柳　永　益　一九九一『甲午更張研究』（一潮閣）
李　鐘　旼　一九九九『植民地下の近代監獄制度における統制メカニズムの研究—日本の刑事処罰体系との比較』延世大学社会学専攻博士学位論文
金　炳　華　一九七四『韓国司法史（中世編）』（一潮閣）
崔　珍　玉　一九八一「一八六〇年代の民乱」（『伝統時代の民衆運動』下、풀빛）
鄭　奭　鍾　一九八一「洪景来の乱」（前掲書『伝統時代の民衆運動』下）
朴　廣　成　一九八一「高宗期の民乱研究」（前掲書『伝統時代の民衆運動』下）
裵　亢　燮　一九八八「壬戌民乱前後の明火賊の活動とその性格」（『韓国史研究』六〇、一九八八年）

三　済州島四・三事件と政治文化

藤本匡人

はじめに

本稿での課題は、解放期朝鮮で発生した済州島四・三事件を政治文化論的なアプローチで再解釈しようとするものである。四・三事件とは、一九四七年三月一日の三・一節発砲事件（以下、三・一節事件と称す）を契機として、漢拏山の禁足地域が全面開放される一九五四年九月二一日までの期間、済州島において発生した武力衝突と鎮圧過程を総称するものである。これら一連の過程で二万五〇〇〇人から三万人の島民が死亡したと推定される（제주４・３사건진상조사보고서작성기획단『제주４・３사건진상조사보고서』三六七頁、以下、『보고서』と表記）。なぜ四・三事件を取り上げるかと言えば、これほど大規模な虐殺事件が発生した背景には、民族主義やイデオロギーといった近代的視座からでは把握できない伝統的価値観や、それに基づく行動様式などが、事件発生と密接に関わっていたと考えるからである。植民地期に総督府が支配への合意調達のために増設した近代的装置によって、民衆が近代化されてい

くとする「植民地近代性論」が、いかに幻想性に満ちた議論であるかは趙景達によってすでに指摘されている［趙景達　二〇〇八］。また、戦争協力を強いるために、民衆に対する規律統制が頂点に達した戦時動員体制期においても、皇民化政策の強度が増せば増すほど民衆の即自的な抵抗が増していくという［同右］。民衆が植民地権力の支配に対し、必ずしも合意しなかったとすれば、解放期における民衆の主体的営為は、多分に伝統的な価値観や行動に規定されていたと見ることができる。この傾向は、済州島ではより顕著に見られたと思われる。植民地期の済州島は、日本への出稼ぎにともなう商品経済の発展が見られながらも、火山島であるがゆえに土地生産性が低く、自作農の割合が陸地[*1]と比べて高かった。従って農村の階層分化が進まず、その分、余剰をめぐる対立が少なく村単位の共同体が維持されていたのである。『朝鮮経済年報』によれば、一九四六年の時点での済州島の土地所有関係は、小作が九％、自作兼小作が二〇％、自作が七一％（朝鮮銀行調査部『朝鮮経済年報　一九四八』地四頁）となっており、自作農の割合が非常に高い。それゆえ解放後の済州島には、自給自足を基本とする共同体が広がっていたと見ることができる。こうした共同体社会において、伝統的価値観や行動様式は当然のように共有されており、それは換言すれば政治文化の問題として捉えることができる。

では、四・三事件における政治文化とは具体的にどのようなものなのか。着目するのは警察と民衆との関係である。言うまでもなく、四・三事件勃発の背景を検証するうえで、警察と民衆との関係を分析することは避けて通ることができない。そして、そこで描かれる両者の関係も米軍政下で復権した「親日派」警察と、それと対立する民衆という単なる二項対立であってはならない。なぜかと言えば、かつて警察と民衆との間で政治文化が共有されていたからである。愼蒼宇によれば、朝鮮王朝末期から大韓帝国期にかけて、民衆は逮捕されても警察への賄賂などによって刑の執行から逃れることが可能であったという。在地社会において末端警察と民衆との間では、近代的視座からすれば「不正」とされる行為を媒介としつつ、秩序維持が図られる面があったというのである。儒教的民本主義を統治の柱とする朝鮮王朝においては、武よりも文が重んじられるため、厳罰的な対応よりも教化的な対応が優先される。従って、末端警察も「小事への寛容さ」を備え、武に偏らない徳治的な対応を見せる場合があった。また、規律が緩いがゆえに近代的な規範意識が弱く、民衆に対し時に暴力的に対処することもあり、末端警察がもつ「小事への寛容さ」は暴力と表裏一体の関係であった。こうした、儒教的民本主義に基づく秩序維持の政治文化が、末端警察と民衆との間で共有されていたが、その政治文化が武の統制を志向する日本の警察支配が強まるなかで、動揺していくのである［愼蒼宇　二〇〇八］。無論、こうした政治文化は植民地期を通じて多分に変容を強いられたに違いない。しかし、植民地期の民衆が必ずしも全面的に近代化されたわけではないとすれば、そうした政治文化が完全に消滅することはなく、何らかの痕跡が残り続けたのではないだろうか。そして共同体意識が色濃く残り続けた済州島では、解放後、警察と民衆との間で、かつての経験に基づいて、儒教的民本主義に基づく秩序維持の政治文化を再構築しようとする何らかの動きが見られたのではないだろうか。

　こうした観点から本稿では、四・三事件勃発の背景を検証する過程で、警察と民衆との間で共有された政治文化の所在とその変容過程を明らかにしつつ、その延長線上に四・三事件を位置づけ再解釈を試みることにしたい。振り返ってみれば、一九八〇年代後半から本格化した四・三研究は、時代的制約を受けるなかで共産暴動説と、八〇年代後半の民主化運動のなかで提起されはじめた民衆抗争説の二つの対置する議論が併存してきた。九〇年代に入り、済民日報によって「四・三は語る」（日本語訳の書名は『済州島四・三事件』）が刊行されたことにより、実証研究の水準が著しく高まり、その結果、四・三事件の展開過程や米軍政の対応、また民衆の被害の実態など多くの具体的事実が明らかになった。[*2] その後、個別具体的な研究が多数行われてきたが、四・三事件を政治文化の視点から解釈しようとする研究は、管見の限りではない。

　他方、本稿ともかかわる議論として、四・三事件における警察と民衆との関係に着目した梁奉哲の研究がある［양

봉철　二〇〇二］。梁の研究は、済州島における警察組織の人的構成や性格、軍や西北青年団（以下、西青と称す）との関係、および警察と済州島民との関係を、集団虐殺の検証等を通じて明らかにしている。しかし、四・三事件における警察の責任の所在を追及する姿勢で描かれた警察と民衆との関係は、敵対的側面のみで調和的側面が見られない。それでは後述するように、解放から三・一節事件まで警察と民衆との間で目立った衝突がなかった理由を説明することができない。

　また、済州島の共同体と四・三事件に関連するものとして洪ギドンの研究がある［홍기돈　二〇一五］。洪の研究は、済州島で強固な共同体および済州島固有の分離意識が形成される歴史的過程を明らかにしつつ、共同体に立脚した分離意識と四・三事件を関連付けて理解しようとするものである。中長期的な視野で四・三事件を捉えようとする姿勢には賛同するが、分離意識に基づいて形成された共同体が、どのような秩序で維持されていたのかという点が明確になっておらず、民衆を主体的に見ようとする意識も弱い。

「解放」という革命的混乱状態と米ソ両大国の進駐という政治的激動期に発生した四・三事件は、これまで冷戦対立や民族主義的な言説で語られる場合が多く、民衆も単純な被害者として客体的に描かれる場合が多かった。朴賛《パクチャン》殖《シク》は四・三研究における新たな方法論を模索することの重要性を説いているが［박찬식　二〇〇八］、民衆世界に残る伝統的な政治文化に着目する政治文化論は、民衆を主体的に捉えることはもとより、冷戦や民族主義といった解放期特有の問題にのみ捉われない新たな視座を提供することになると思われる。

　本稿では、引用文献・史料として제주4・3사건진상규명　및　희생자명예회복위원회編『제주4・3사건자료집』（①〜⑪、同会、二〇〇一〜二〇〇三年）と、済民日報四・三取材班『済州島四・三事件』（一〜六、新幹社、一九九四〜二〇〇四年）を多く使用した。紙幅に制限があるため、以下、『제주4・3사건자료집』は（『자료집』①）のように、『済州島四・三事件』は（『済』一）のように略記することを予め断っておく。

1　蘇る政治文化

朝鮮半島では、解放から八月三一日までに全国で一四五の建国準備委員会支部（以下、建準と称す）が組織されるなか、済州島で島単位の建準が結成されたのは一九四五年九月一〇日であった。この建準結成に前後して、各面（行政村）・里（自然村）単位でも建準が組織されたようである。やがて建準は人民委員会へと改編されるのだが、この人民委員会が権力の空白状態のなかで共同体に立脚した自治的機関として機能したのである［文京洙　二〇〇五］。

済州島で米軍による本格的な軍政業務が開始されたのは、四五年一一月一〇日以降であった。それに先立つ九月二八日、日本軍の降伏と武装解除を目的とした軍政要員が来島した際、米軍政史料には「子供たちが星条旗と大極旗を振り、済州邑内には歓迎のポスターが貼られていたが、住民たちは、大方、淡々としていた」（「The History of United States Army Forces in Korea」、『자료집』⑧、二〇八頁）と記されている。済州島の民衆は島で軍政が開始されることに対し、それほど高い関心を持っていなかったのではないだろうか。

実は米軍政にとっても済州島は、統治上それほど重要視される地域ではなかった。済州島の軍政を担った第五九軍政中隊の要員は、四五年一二月末の時点で将校七名、その他の要員が四〇名となっており（一九四六年一月二三日付「제주도　제59군정중대　부대사」、『자료집』⑨、七二頁）、それほど多くの人員は配置されていない。また、米軍政史料には、軍政要員は「完全な装備を整えて警戒任務を遂行したが、済州島は彼らにとって事実上、唯一の休暇キャンプのようなところ」（一九四六年一二月九日付「一九四六년一二월四일~六일　제주도　시찰　보고서」、『자료집』⑨、一六頁）であったと記されている。少なくとも米軍政は、民衆との間で大規模な衝突が発生するという懸念をもってはいなかったと思われる。また、済州邑では軍政庁が置かれたため、民衆と軍政要員との接点はあったはずだ

が、周辺地域では軍政要員と民衆が接触する場面すら稀で、軍政が開始されたという認識も希薄だったのではないだろうか。当時の島の雰囲気を知るうえで、四七年九月に済州島大静面の第九連隊長として赴任した金益烈《キムインニョル》の次の記述が興味深い（金益烈「四・三の真実」、『済』二、二三七頁）。

あたかも解放や独立したという事実さえも知らないといったふうに、日帝時代と同様に黙々と自分たちの生業に従事するばかりだった。解放や独立は官吏や軍人が関心をもつことであって、わが済州島民には何の関係もないし、日帝が米軍政に変わり、済州島に大兵力を駐屯させていた日本軍に代わって米軍と警備隊の軍人たちがいるだけだという、単純な受け止め方が支配的であった。それ以外のなんらかの感慨を感じているふうには見えなかった、というのが島民に対する私の率直な感想であった。

金益烈が赴任した四七年九月といえば、四・三事件発生の起点となる三・一節事件以降、多数の応援警察や西青がすでに来島しており、島の緊迫度は解放直後よりもはるかに高かった時期だと推察される。また、大静面という限定された地域での見聞である可能性があるため、多少の割引は必要である。しかし金益烈は、「夜間にはMPや警察の銃声が絶える日がないような不安な状況」であった釜山やソウルとは異なり、「全連隊が弾丸が一発もない空銃を持っていても、少しも不安を感じたり、弾丸の必要性を感じることがなかった」し、それゆえ「警察官はすることがなく、暇を潰すために白昼でも勤務地を空けて酒を呑むのが常」（同右、二四〇頁）であったと語っている。解放直後の済州島は、陸地と比較して相対的に牧歌的な雰囲気であったと言えよう。また、金益烈は連隊の陸地出身の兵士が済州島の風俗、礼儀、言語などに無知であったがゆえに、島民の自尊心や誇りを傷つけることが多く、そうした済州島はまるで外国のようだったとも言っている（同右、二三四頁）。当時の済州島民が、いかに伝統的な生活文化を維持しながら、日々を黙々と生きていたかを物語るものである。

では、こうした牧歌的な雰囲気のなかで警察と民衆は、どのような関係を取り結んでいたのだろうか。米軍政史料によれば、四五年一〇月五日の時点で済州島の警察官は一〇一名、このうち日本人が五〇名、朝鮮人が五一名となっている（「No. 26, 1945. 10. 5.」、『자료집』⑦、二五頁）。この朝鮮人警察官五一名のうち、解放後も相当数が済州警察の幹部として活動したようである［양봉철　二〇〇二］。その後、四六年八月に「道」に昇格してからは、警察の数は三三〇名に増員されている（「No. 497, 1947. 2. 27.」、『자료집』⑧、三一頁）。これら警察官の出身地が済州島なのか陸地なのか判然としないが、両者の間では少なくとも、四七年三月の三・一節事件までは、特筆すべき衝突はなかった。三・一節事件までは、曲がりなりにも警察と民衆は共生関係を維持していたということである。陸地で四六年の一〇月人民蜂起の際、警察と民衆との激しい暴力の応酬によって二〇〇名を超える警察官が殺された事実とは対照的である［カミングス、ブルース　二〇一二］。当時の警察と民衆との共生関係を裏付けるものとして、四六年初め、表善面細花支署の主任として現地に赴任した、ある警察官は次のように述べている（『済』一、五九頁）。

> その頃は、巡査は力がなく、住民に大きな顔をすることができませんでした。日帝時代の軍服を着て現地に赴任してみると、昔の駐在所の建物には、人民委員会の看板が掛かっていました。仕方なく片方の入口に支署の看板を立てました。一時期、同じ建物に人民委員会と支署の看板が並んで共存したということです。発令通知書をもらったとき、当時の金昌禧《キムチャンヒ》警察署長が文道培《ムンドベ》人民委員長にわたせといって名刺に紹介状を書いてくれました。私が支署の主任として赴任するのでよろしくという内容でした。これを文委員長に手渡すと、一時期、彼と親しくすごすことができました。人民委員会の集会があったときも、支署の巡査たちが参席することもありましたが、別に問題ありませんでした。

この証言から、当時の警察と民衆は、日常的な生活圏のなかで共生関係を維持していたことが伺える。それどころか、警察署長と人民委員長との紹介状のやり取りなどは、公職である警察とて共同体の構成員であるという自覚さえ感じられる。さらに後述するように陸地から応援警察が来る前は、後に二代目の武装隊司令官となる李徳九《イドック》でさえ、支署の警察官と一緒に酒を飲むなど様々な付き合いがあったという（同右、四七二頁）。また、四七年一月に朝天面で「民青」の結成式が行われた際、朝天出身左派の有力者であった安世勲《アンセフン》以外にも、朝天支署主任が臨席して祝辞を述べるなど（『済州新報』一九四七年一月二八日）、警察と民衆との間でイデオロギーをめぐる対立もなかった。

とはいえ両者の共生関係はそう単純なものでもない。後述するように解放直後の済州島は、対日貿易の不法化による物資不足や食糧不足により、島民の生活難は深刻な状況であった。そのような社会状況のなかで両者は奇妙な共生関係を形成していくのである。米軍政史料には、木浦港から済州島を経由して米が日本に密輸され、その輸送は木浦の密輸組織と関連がある済州島民によって行われており、密輸に協力している人たちのなかには、警察幹部が含まれていると記されている（「No. 99, 1945. 12. 17.」、『자료집』⑦、二七頁）。

食糧や物資が不足するなかで、当時は相当量のヤミ行為が行われていたと思われるが、民衆がヤミ行為を行う、あるいは何らかの形でヤミ行為の物品を調達することで、生活を維持していたとしても不思議ではない。一方、警察のほうも事情はさほどかわらなかったのではないだろうか。後述するように、警察の給与は安定的に支給されていなかった可能性が高く、絶対的に食糧や物資が不足している時代において、自らの食い扶持を確保することは容易ではなかったはずである。それゆえ、民衆たちのヤミ行為に加担する警察がいたとしても不思議ではない。金時鐘《キムシジョン》は解放直後からほどなくして密航船が横行し、「生活雑貨や履物、反物等を日本で仕入れて釜山あたりの闇市で卸し、済州島にも品物を運びこんで荒稼ぎ」をしていた人々がいたと述べている。さらにこうした取引の「裏でつるんで私腹を肥やしていた警察幹部や、米軍政官吏も当然のようにはこびって」（金時鐘『朝鮮と日本に生きる』九四頁）いたという。

また、米軍政史料には、釜山の李某が済州島の金某に送った書簡を検閲した際、「収監中の金某の兄は、五万ウォ

ンを払えば二〇日内に釈放される」という記述がある。この書簡から済州島で賄賂による釈放が行われていたと断定することはできないが、少なくとも米軍政が「裁判を待っている罪人も賄賂さえ提供すれば、釈放されることを確認している」(「No. 265, 1946. 6. 27.」、『자료집』⑦、二八頁)という認識を示していることが重要である。米軍政の認識のように、警察側も自らの食い扶持を確保するために、民衆からの賄賂や饗応などの便宜に応じて罪を問わず釈放する、あるいは罪を軽減するといった「不正」行為を日常的に行なっていたのではないだろうか。四七年一月に済州島における治安維持の最高責任者である済州監察庁長申宇均《シンウギュン》自らが、密輸品をめぐる「不正」行為に加担し、全国的に話題となった「福市丸事件」の発生などは、警察と民衆との「不正」行為が常態化していたことを物語るものである。それは警察と民衆との「不正」行為に基づく共生空間が広範囲にわたってということであり、そうした行為によって、解放後の済州島社会の秩序維持が図られていた面があったのだと思われる。こうした事例を単に近代的な規律に反する否定されるべき行為として、歴史的に評価することは容易である。しかし、それではなぜ三・一節事件までは、警察と民衆との間で顕著な対立が見られなかったのかという理由が不問に付されたままである。このような「不正」に基づく共生関係を朝鮮の歴史的文脈で捉えるならば、それは厳罰よりも教化を優先する儒教的な規範意識に裏打ちされた警民関係＝政治文化であり、だからこそ両者は目立った対立もなく一定期間、共生関係を保つことができたのだと思われる。

それでもやはり、近代的な論理からすれば規律に緩やかな済州警察は、単なる「だらしない」警察官たちにほかならない。それゆえ四七年二月二〇日、規律刷新に全力を傾けることを目的として、「福市丸事件」によって解任された申宇均に代わって、新監察庁長姜仁秀《カンインス》が済州島に着任した(『済州新報』一九四七年二月二〇日)。そして、そのための要員として二月二三日に忠南・忠北道から一〇〇名の応援警察が、済州島に派遣されたのである(『漢城日報』一九四七年三月四日、『자료집』①、九四頁)。

2　民衆生活の破綻と三・一節事件

米軍政は進駐直後、自由販売制度を導入したが、結局失敗に終わり、一九四六年から穀物供給制度を再開させた。当時、穀物収集量が最も少なかったのが済州島であった。四六年秋の穀物買い上げの割当量は、全国四三五万八〇〇〇石のうち、済州島は五〇〇〇石に設定された（『独立新報』一九四六年一〇月一八日、『자료집』①、三八頁）。ところが、四七年二月一五日の時点での収集率は、全国で七八％に対し、済州島は二二％にとどまっている（『東亜日報』一九四七年二月一八日、『자료집』①、八三頁）。済州島の場合は、穀物と言っても米がほとんどとれないため、麦が中心であったが、土地が痩せた上に自給自足が基本の済州島の農民にとって、供出に応じる余剰などほとんどなかったのである。ちなみに四七年の二月の時点でも四四％に過ぎず、大きな改善は見られなかった（「No. 468, 1947. 2. 27.」、『자료집』⑦、三五頁）。

こうした厳しい穀物供出が行われているなかで、約六万人の帰還島民が押し寄せたことにより、食糧不足は深刻な状況に陥った。民衆は「麦の麩《ふすま》のおかゆから、八割方がひじきの麦ごはん、くず、かぼちゃ、芋、大根をこね合わせただけのだんご汁」（前掲『朝鮮と日本に生きる』九七頁）など、食べられるものは何でも食していたという。米軍政も食糧問題を解決するための有効な手立てを打つことができなかった。それゆえ日に日に厭世観が高まるなかで、大静面のある村では、飢餓による生活難に絶望した民衆が、葬儀の際の酒宴で酩酊状態となり、自らの妻を打殺する事件も発生している（『済州新報』一九四七年二月二〇日）。

食糧問題とともに生活必需品の不足も極めて深刻であった。済州島社会は、解放以前、工業製品の四〇％程度を日本からの輸入によって賄っていた（前掲『보고서』七一頁）。また、対日交易以外にも、一九二三年に就航した「君

が代丸」によって多くの生活用品が人々の往来とともに済州島にもたらされていた。[*3] そうした結びつきが、米軍政の対日交易禁止政策によって一挙に遮断されたのである。四五年一一月一八日、済州飛行場の倉庫から日本の衣服を盗んだ女性が米兵によって銃撃されるというような悲惨な事件も発生している（「No. 35, 1945. 11. 22.」、『자료집』⑧、二〇頁）。当時の物資不足を象徴するような事件である。

こうした食糧不足や物資不足に追い打ちをかけるように、四六年には朝鮮全土をコレラが襲った。同年八月の時点で全国のコレラ患者数は一万九九五人、死者は七一九三人にも達し、済州島でも患者数が七〇八人、死者は三六九人に達している（「No. 317, 1946. 8. 29.」、『자료집』⑦、三〇頁）。米軍政は予防注射やハエの駆除、生鮮食品への注意喚起などできる限りの対策は講じたようだが、それでもコレラを食い止めることが出来なかった。

さらに済州島では狂犬病が流行したが、四七年二月四日の『済州新報』には、万が一狂犬に襲われたら「クッ（神霊を呼び招き、病気治癒などを祈る儀式）」などの迷信に拘泥せず、すぐに道保健衛生局で発防注射を受けるよう注意を促している。こうした疫病の恐怖に対する民衆の救済願望の行先は、伝統社会や植民地期と同様、依然として「迷信」であり、近代的な医療はおろか、米軍政の諸政策に期待した民衆が、はたしてどれほどいたのかと、疑わせるばかりである。

いずれにしても、四七年に入り民衆生活は破綻の危機に瀕していた。それゆえ有効な手立てを打てない米軍政に対する不満は増大し、大規模な示威行動として現出することになる。それが三・一節示威であった。四七年三月一日、三・一節二八周年を記念して島内各地で集会が行われた。そして済州邑で行われた集会後、大規模なデモ行進が行われたが、これに陸地から派遣された応援警察が発砲し、六名が死亡、六名が重傷を負う事件が発生した。これを契機に、警察の不誠実な対応に対し、済州島民は官民ゼネストという手に打って出ることになる。『独立新報』は「三月一〇日を契機に、警察署、審理院、道立病院の三つの機関を除いた官公署、銀行、会社、通信機関、学校など

一五六の機関はストライキを断行する一方、島民は撤市を行って」（『独立新報』一九四七年四月五日、『자료집』①、一四一頁）いると報じている。この他、個人商店などの参加を含めれば、文字通り島民挙げてのゼネスト敢行である。このゼネストに対し米軍政は、根本要因は発砲した警察の対応にありながらも、背後には南朝鮮労働党（以下、南労党と称す）が煽動しているという認識を示している（「No. 512, 1947. 3.14.」、『자료집』⑧、三二一頁）。しかし、確かに南労党が煽動した事実はありはしたが、基本的には単に警察への憤怒が爆発したものと見るのが妥当である。また、このゼネストは、一九一九年の三・一運動でも見られた「撤市」の伝統の系譜に位置付けることもでき、[*4] 動員のあり方にもかつての政治文化の痕跡があった。

そして注目すべきは、このゼネストに一部の済州警察官が参加したことである。大静面摹瑟浦では、三月一四日に来島した米軍政庁の警務部長であった趙炳玉《チョビョンオク》がゼネストの状況視察に訪れた際、大静面事務所をはじめとして「大静中、国民学校、郵便局、漁業組合、金融組合、澱粉工場等がストライキに突入し、商店街も門を閉ざしており、撤市状態であった」ばかりか、一行が大静支署へ行ってみると大静支署はからっぽだったという（『済』一、一一六八頁）。その他の支署でもストライキに同調した警察官がおり、ゼネスト参加や辞表提出などを理由に罷免された警察官は、済州警察監察庁（一九四七年三月九日、済州監察庁から改称）警査四名、巡警六名、第一区署（済州警察署）警査三名、巡警三九名、第二区署（西帰浦警察署）警衛一名、警査一名、巡警一二名の計六六名にものぼっている（『中外新報』一九四七年四月二日、『자료집』①、一三五頁）。当時の警察職級は、総警—監察官—警監—警衛—警査—巡警（「美軍政下의　警察」内務部治安局『韓国警察史』九三九頁）となっていたが、警衛一名を除けば罷免者はいずれも、警査や巡警といった普段、民衆との接点が多い末端警官である。では、なぜ警察がゼネストに参加したのか。当時、中文支署巡警であり、ゼネストに参加した韓泰和《ハンテファ》は次のように述べている（『済』一、一一七一頁）。

三・一（節）事件が発生すると、村の雰囲気はがらりと変わってしまいました。中文はもともと気性の荒いところだったのですが、事件のあとは住民の目が刺すように厳しく、青年たちの抗議も激しくて、とても勤務を続けられる状態ではなかったので、辞表を提出することにしました。

韓泰和は警察に嫌悪感を抱く村の民情を察知し、もはや警察官として勤務し続けることは危険だと判断して辞表を提出している。彼にとって重要なことは、警察官として生きるよりも、今後も「村人」として生きていけるか否かであった。まさに前近代的な「公」と「私」の境界線があいまいな共同体ならではの論理であり、警察といえども共同体の構成員たる自覚をもっていたことの証左である。済州島では四七年三月の段階においても両者の濃密な共生関係が維持されていたのであった。

では、三・一節事件および官民ゼネストに対し米軍政はどのように対応したのだろうか。先述したように米軍政は、ゼネストの根本要因は警察の発砲にあるという認識を示していた。一方で、南労党との関係を指摘していたように、「反共」を統治理念とする米軍政は、少しでも共産主義者との繋がりが疑われる場合は、当然のごとく排除すべき対象として位置付けた。それゆえ「済州島の人口の七〇％が左翼団体の同調者や関係者であり、左翼勢力の拠点となっている」（「No. 79, 1947. 3. 20.」、『자료집』⑦、一五四頁）という認識を示すようになり、済州島を「アカの島」として規定し、徹底弾圧の対象区域として措定したのである。警務部次長であった崔慶進《チェギョンジン》などは「済州島住民の九〇％が左翼色を帯びている」（『漢城日報』一九四七年三月一三日、『자료집』①、一〇三頁）と公言するなど、朝鮮人権力者も米軍政と認識を共有していた。こうして国民国家形成期における「内なる敵」がつくられたのであった。

以後、弾圧の陣頭指揮を執るのが生粋の反共主義者であった趙炳玉である。警務部長就任後、国内の警察力の強化に全力を注いでいた趙にとって、済州警察の一部がゼネストに参加したという事実は屈辱以外の何物でもなかった。それゆえ「警察の規律を維持する上で必要な措置を」とるとし、ゼネスト参加の警察官を辞表受理ではなくして罷免処分としたのである。趙にとって規律の緩やかな済州警察は、もはや姿勢を糺すといったレベルではなく、すぐにで

も排除すべき存在であった。そこで趙は「済州島社会を無秩序状態におとしめている根本的要素を除去する根本方針を樹立した」(『済州新報』一九四七年三月一六日、『자료집』①、一一〇頁)として、ゼネストを秩序破壊行為と規定し、無秩序な治安を糺す強固な姿勢を示した。その方法は、応援警察や西青を大挙陸地から動員させ、規律の緩やかな済州警察に代わる治安維持の担い手とすることであった。実際に、三・一節事件前にすでに派遣された一〇〇名の応援警察を含め、四七年三月一五日に全南から一二二名、全北から一〇〇名、同月一八日には京畿道から九九名、合計四二一名の応援警察が派遣されている(『独立新報』一九四七年四月五日、『자료집』①、一四三頁)。また、西青も正確な数は不明だが、四八年初頭の時点で七六〇名が済州島に存在したという主張もある(金奉鉉『済州島 血の歴史』七六頁)。いずれにしても相当数の外来勢力が来島することになった。

この応援警察の派遣は、言うまでもなく米軍政の了解を得たものであった。その米軍政が、応援警察は「一〇月蜂起で同僚の警察が残酷に殺されたことを、長い間忘れていないという事実を念頭におかなければならない」(前掲「No. 79, 1947. 3. 20.」)と指摘するほど、左翼と聞けば容赦なく暴力を行使する警察官たちであった。ソ連占領下における北部朝鮮の社会主義政策に対する憎悪を抱いて越南してきた西青も同様である。やがて島の警察機関の重職は、ほとんど応援警察によって占められることになり、西青のなかにも警察官となって治安維持の前面に立つ者が多数現れるようになる。

3　変容する政治文化

済州島の治安維持の主導権が済州警察から応援警察や西青に代わっていくなかで、三・一節示威および官民ゼネストを主導した関係者たちが次々に検挙された。その数は一九三七年三月一八日の時点で約二〇〇名(『済州新報』

一九四七年三月二〇日)、四月一〇日には五〇〇名に達している(『済州新報』一九四七年四月一二日、『자료집』①、一五四頁)。無論、検挙された者に対する取り調べは応援警察が担当し、それは殴打からはじまる厳しい取り締まりであった。ゼネスト後に検挙されて二週間あまり拘留された金時鐘は、応援警察の拷問によって「離れている取調室から牛のような呻き声や、喉が裂けたような叫び声がこだまのようにひびいて」(前掲『朝鮮と日本に生きる』一七三頁)きたという。解放後の済州島で、四七年の三・一節事件までは警察の拷問が問題化することはなかった(前掲『보고서』一四九頁)。しかし、応援警察の来島によって民衆生活のなかで公権力の暴力が、徐々に身近な存在になったということである。

しかし、確かに応援警察は暴力行使を厭わない厳しい取り締まりを行ったが、一方で民衆に対し、ある程度配慮しなければならない事情があった。四七年四月に陸地の鉄道警察から済州島に派遣された人物はこう語る(『済』一、三三九頁)。

釜山~済州旅客船で済州に到着してみると、住民の警察に対する反感が普通でないことにすぐに気がつきました。最初の日は飯も食わせてもらえなかったほどです。五月六日から同僚の鉄道警察官出身者九名とともに城山支署に配属されました。(中略)ところが、部屋を借りることもできず、食事の提供さえ嫌がられるほどで、苦労しました。

繰り返しになるが、当時の警察の給与は安定的に支給されていなかった可能性が高い。従って、応援警察のほとんどが自ら食い扶持を現地調達しなければならない状況であった。「公人」である警察でさえこのような状況であり、あくまでも私設団体である西青などは、無給で来島していたのである(メリル、ジョン『済州島四・三蜂起』三七頁)。従って、応援警察や西青は、無実の人々を不法検挙しながら罪人に仕立て上げ、賄賂を獲得する手法で自らの生活を維持していった。例えば、四七年一一月、金英培《キムヨンベ》済州警察監察庁長は、私設団体＝西青などによる不法寄付＝賄賂強

要によって民間に被害が及び、批判の声が上がっているとして、賄賂強要を防ぐための警告文を発表している（『済州新報』一九四七年一一月六日、『자료집』①、一二二頁）。賄賂強要は、警告文を発せざるを得ないほど、広く行われていたのであり、西青だけでなく応援警察も賄賂を強要していたに違いない。ある老人は応援警察や西青の来島以降は、「無辜の人を支署から救い出すために裏金を使うことも多かった」（『済』一、三七四頁）と証言している。儒教的な教化主義に基づく規律の緩やかな警民関係が再構築されたからといって、民衆は必ずしも居心地がいいわけではなかった。朝鮮王朝時代には規律的な規範意識が薄弱であるがゆえに警察が民衆に寄生するという慣行が、悪しき政治文化として存在していたのであるが、応援警察や西青の来島によって、そうした負の政治文化も再び現出するようになったということである。

当時の済州島は警察にとってよほど実入りがよかったのだろう。次のような事例もある。第六管区全州の南原署を辞職した元巡警だった人物は、拳銃や胸章を返納せず、所持したまま五月初旬に済州島へ潜入し、済州邑禾北里を拠点として自らを済州警察署の刑事と称した。そして、偽警察官を演じながら密輸の取り締まりを口実に約一万円にのぼる金品を着服し、その金で豪奢な料亭に通い遊興に耽っていたという（『済州新報』一九四七年六月八日）。警察を辞職した者がわざわざ来島して偽警察官を演じるほど、当時の済州島は警察にとって不正を恣にできる極めて魅力的な職場であった。

一方、民衆側は、賄賂や饗応に負担を感じながらも、暴力的な応援警察と微妙な距離を保ち、その振る舞いを甘受した。だからこそ応援警察も自らの収入源となる民衆に対し、死に至らしめるほどの過剰な暴力を行使することは少なかった。解放直後の牧歌的な空間で再構築された儒教的政治文化に基づく警民関係は、確実に変容をきたしてはいるが、四七年秋ごろまでは、ある程度の形を保ちながら維持されていたと言えるだろう。

この微妙なバランスで保たれていた警民関係が大きく変容していくきっかけになったのが、四七年一〇月に結成された警察後援会である。この組織は「第一線で活動している警察官が、生活難に逢着して、困窮しているという惨憺たる実情を目にし、愛国的精神の発露をもって、これを後援しようという」(『済州新報』一九四七年一〇月二一日)という目的で各邑面につくられたものであった。すなわち、済州島に縁故がない応援警察の食糧確保をはじめとする生活問題を、民間人の援助によって緩和しようというのである。これは、応援警察や西青がこれまで行ってきた寄生行為が合法的に行なえることを意味していた。寄生行為の合法化によって応援警察はさらに深く民衆の生活圏に入り込むようになる。四・三事件を前後する時期の事例だと思われるが、次の金環炯《キムキョンヒョン》の証言がそれを物語っている(横田英明編『済州島四・三事件を生きぬいて』六二頁)。

軍隊はそれほどではなかったが、警察はひどかった。巡回していて、今日はこの部落で夜を過ごすことになると、あそこの家には食べ頃の豚がいるからあれをつぶせ、といって豚をつぶし、なけなしの米を出させて白米を炊かせ、酒を持ってこさせて大宴会をやる。私の母親は婦人会の会長をしていたんだが、二五、六歳未満の女性は既婚、未婚を問わず、全部、隠れろといって警官の前に出さず、おばさんたちが警官の接待をしていたという。そんな状態を私たちの言葉で「無法地帯」といった。奴らがやっていることが法律なんだ。

この証言からは、これが応援警察の事例だと断定することはできない。しかし、済州島に縁故がないゆえに、民衆に寄生しながら自らの生活を維持しなければならない応援警察の事例として見るのが自然である。それは金環炯が「四・三の頃の警察と終戦直後の警察とでは大きく違ってきていた。終戦直後の警察はまだ親しみがあった」(同右、七〇頁)と述べていることからも想像できる。いずれにしても警察のこうした暴力的所業も、朝鮮王朝時代に見られた悪しき政治文化である。寄生行為の合法化以降は、こうした行為が徐々に増えていったものと思われる。当然のことながら、四七年に入っても食糧難が改善されないなかにあって、民衆の生活は極めて厳しい状態となり、不満の声はさらに増大していった。

こうして両者の対立は徐々に先鋭化していくことになる。例えば四八年二月九日、安徳面沙渓里で陸地から派遣された安徳支署主任と済州出身の巡警二名の警察官が民家で酒を飲み、そのまま泊まり込んでいたところを村の若者たちが急襲し、私刑を加える事件が発生している。若者たちは三・一節事件以降、村で集会を開くたびに支署に情報がもれることがあり、警察内部の密告者に神経をとがらせていたという。無論、警察も逃走した者の家族に対し厳しい報復暴力を加え、主導者の一人、任昌範《イムチャンボム》なる若者の母親は自宅で首を吊って死んでしまった（『済』一、四五二〜四五三頁）。共生のバランスを崩した両者の激しい暴力の応酬を垣間見ることができる。

また、四八年二月八日から、済州島の全域で同年五月一〇日に実施される予定であった「南朝鮮単独選挙」に反対する示威が行われた。城山面で行われた示威では、民衆が「旗を打ち振り、太鼓を鳴らし、杖鼓を打ちながら行進する」（同右、四五五頁）など、多分に祝祭的様相を呈していた点が注目される。祭りと反乱は表裏一体の関係にあることは、ベルセが指摘する通りである［ベルセ、Y＝M　一九九二］。生活難が続くなかで、警察や西青への対応に困惑した民衆も相当な鬱憤を抱えており、祝祭的示威を行うことによって蓄積されたストレスを晴らすほかなかった。

このように微妙なバランスで保たれていた警民関係は、四八年に入ると大きく揺らぎ始めた。それゆえ武装隊司令官となる金達三《キムダルサム》を中心とする一部の若者は、武力でもって異議申し立てを試みる。それが一九四八年四月三日の武装蜂起なのである。

蜂起にあたり、武装隊は二種類のビラを撒いている。それは島民へのアピール文と警察への警告文であり、その内容は単独選挙・単独政府反対や警察・右翼青年団体に対する反抗の勧誘、反米救国闘争などからなっていた（金奉鉉『済州島人民들의《4・3》武装闘争史』八四〜八五頁）。それは多分に政治的、民族主義的であり、一方で警察や右翼青年団体に対する報復的な意味合いも含まれていた。

しかし、四月三日に警察支署や右翼団体の事務所の襲撃に参加した武装隊の人数は約三五〇人で、所持していた武

器は九九式小銃二七丁、拳銃三丁、手榴弾二五発、煙幕弾七発、その他は竹槍などであった（文昌松編『한라산은 알고있다』一九頁）。このような貧弱な武力で米軍政をはじめとする済州島の外来勢力を排除し、なおかつ単独選挙を阻止しようと本気で考えていたとは到底思えない。従って、警告文やアピール文に書かれていることを目的とした武装蜂起だと、文字通り受け取ることはできない。

では、武装隊は何を求めて武装蜂起を決断したのだろうか。四八年四月二八日、金達三と第九連隊長金益烈の間で和平交渉が行われたが、この「四・二八和平協商」で金達三は金益烈に対し、戦闘停止の条件として以下の三点を示している（前掲「四・三の真実」、『済』二、二七七頁）。

①済州島民のみで行政官吏と警察を編成し、民族反逆者と悪質警官、西青たちを済州島から追放せよ。
②済州島民で編成された警察が構成されるまで、軍隊が済州島の治安に責任をもち現在の警察は解体せよ。
③義挙に参加したいかなる者も全員その罪を不問に付し、安全と自由を保障せよ。

これまで島民に暴力を加えた応援警察や西青を捕らえて処罰せよ、といった問題を複雑化する報復的要求は一切なく、後に彼らが阻止した単独選挙反対に関する要求もなかった。彼らは①からもわかるように、済州島民からなる官吏や警察による行政を希望していたにすぎない。彼らは、解放後に現出した儒教的政治文化が消滅の危機に瀕したので、済州島民だけでその政治文化を再構築しようとしたのだと理解される。

いずれにしても、和平で合意した「四・二八和平協商」により、事態は解決に向けて進むはずであった。しかし、ソウルの軍政首脳部の意向に基づいた応援警察や西青らの妨害行為によって合意は破棄された。これは明らかに武装隊に対する権力側の裏切り行為であった。裏切られた武装隊は単独選挙を妨害し、結果的に島内三ヵ所の選挙区のうち、二ヵ所で選挙無効となった（『朝鮮日報』一九四八年五月二〇日、『자료집』②、九八頁）。こうして済州島は名実ともに「アカの島」となった。儒教的政治文化の再生を夢想しつつ行われた四月三日の小さな蜂起は、単独選挙を

とりまく極度に政治化された島の雰囲気のなかで、制御不能な闘争へと発展していくことになる。

おわりに

一九四八年四月六日、ソウルで会見を開いた趙炳玉は、今回の武装蜂起をあくまでも共産主義者の仕業とする認識を示しつつ、島民の生命・財産の保護を目的として応援警察を派遣し、「亡国的徒輩」を抜本的に除去する方針を示した（『ソウル新聞』一九四八年四月七、『자료집』②、三二一〜三二三頁）。無論、これらの認識は米軍政と共有するものであった。これに従って、応援警察が次々に来島し、五月に武装隊が単独選挙を阻止した後、七月末の時点で応援警察の数は一五〇〇名に膨れ上がり、済州島の警察官の総数は二〇〇〇名にまで達した（『朝鮮中央日報』一九四八年七月三〇日、『자료집』②、一八三頁）。その他、西青をはじめとする右派青年団体も大量に派遣された。こうして済州島に巨大な物理力が到来することになり、民衆はこれらと対峙しなければならなくなった。四・三勃発直後に済州島に派遣されたある警察官は、次のような証言をしている（『済』二、五五頁）。

四・三事件勃発直後、禾北署主任の発令を受けました。（中略）悩みの種の一つが、食事の問題でした。本署からの俸給もきちんと届くわけではありません。仕方がないので、村を巡察して、疑わしいものを捕まえ、その家族が支署に出入りするようにして、食事の問題を解決しました。

この証言からもわかるように、派遣された応援警察が食糧を自前で調達しなければならない状況はこれまでと変わらなかった。しかも、この頃になると民衆の負担は確実に増していった。村上尚子は安徳面沙渓里の事例として、五月中旬以降、応援警察や西青が頻繁に出入りするようになり、村の負担が大幅に増えたことを明らかにしている［村上尚子　二〇一三］。応援警察や西青も、自らの生活基盤を支えてくれる民衆との共生関係を容易に崩したくはなかったはずである。応援警察や西青が民衆に依存する度合いを確実に強めながらも、両者の共生関係は維持されていたかに見える。

しかし、「内なる敵」に措定された済州島の武装蜂起が「共産主義者の暴動」として規定され、島の雰囲気が高度に政治化されるなかで、警察と民衆との共生関係は確実に崩壊へと向かっていった。民衆は、自身が粥も満足に食べることができない食糧事情のなかで、応援警察に「牛肉には飽き飽きした」(『済』三、二八頁)と言わしめるほどに饗応したが、それでも命が保証されるわけではなかった。五月の単独選挙阻止の直後、家族が警察に連行されたある村人は、家族が取り調べを受けている時、支署が「「米を持ってこい」と言ってきたので、米をいっぱい持っていったのだが、その甲斐もなく、皆虐殺されてしまった」(『済』三、五二頁)と語っている。民衆は賄賂や饗応といったこれまでの手法で共生の維持を図ろうとするのだが、それが通用しなくなり、これまで以上に犠牲者をともなうようになったということである。

こうした事態は、無給で来島してきただけに、西青の場合はなおさらであった。西青の暴力は、「見張りに立っていた巡警までが(西青による)虐殺劇の連続に衝撃を受けて怒る」(『済』五、五五頁)ほど凄まじいものであった。「西青といえば泣く子も黙る」と言われたその暴力は、縁故のない済州島で自ら生活基盤を構築しなければならないサバイバル的な状況と、潜在的な共産主義者への憎悪が複雑に絡み合いながら表出したものと思われる。

事態は民衆にとって最悪であった。しかも、こうした事態に追い打ちをかけるように、一九四八年八月一五日に誕生した大韓民国政府と建国後に発足した米臨時軍事顧問団は、麗順事件を契機に四八年一〇月から「焦土化作戦」を敢行した。軍隊や警察を大挙動員しながら行われた「焦土化作戦」は、武装隊のみならず一般民衆をも殺戮の対象としていた。ここに警察と民衆との間で共有された儒教的政治文化は消滅に至る。さらに、権力側が投入した巨大な戦力と対峙することになった武装隊の恐怖と葛藤も相当なものであった。「島」という地理的条件のなかで、武装隊も容易に逃げ出すことができず、恐怖と不安と疑心暗鬼に陥った彼らの暴力の衝動は、やがて連帯すべき民衆へも向けられることになった。こうして、約三万人もの人命が失われる大惨事に至ったのである。

以上、四・三事件を政治文化論的な観点からの再解釈を行ってみた。四六年秋に発生した一〇月人民蜂起の際、民衆は山頂の烽火をあげる、太鼓をたたく、急使を派遣する、口コミで伝えるなどの伝統的な通信手段を用いて、米軍政期で最大規模の民衆蜂起といわれる大衆動員を可能とした［カミングス、ブルース　二〇一二］。それは甲午農民戦争や三・一運動の時に見られた民衆蜂起の作法を踏襲するものであった。また朝鮮戦争の際、大田では民衆が貼り紙の前に集まって、朝鮮の伝統的な終末思想である「鄭鑑録」の話題を持ち出し、「鶏龍山都邑がそのときをお告げする」と語り合っていたという［金東椿　二〇〇八より再引用］。解放直後の民衆運動には、確実に朝鮮王朝時代にあった政治文化が糸を引いている。四・三事件もまた、かつて警察と民衆との間で共有された儒教的民本主義に基づく秩序維持の政治文化が解放期に再構築され、それが大きく変容をきたした時、武装蜂起に至った事件として見ることが可能なのである。

こうした問題は、国民国家形成期の国民創生の経緯とも関連している。言うまでもなく朝鮮総督府の植民地権力は民衆の「国民」化に失敗した。一方で、解放後に南朝鮮に出現した権力もまた、容易に国民化を進めることができなかった。国民化は民衆が慣れ親しんだ政治文化を大なり小なり暴力的に解体することで成立するのだが、解放直後に現出した済州島の政治文化は、実に色濃く、朝鮮王朝時代の儒教的政治文化を彷彿とさせるものであった。こうした事態は、多かれ少なかれ、南朝鮮全域で見られたものと思われるが、済州島は、それが最も悲劇的に行なわれた地域なのであった。済州島の悲劇を冷戦的イデオロギーの問題としてのみ考えることの問題性は、まさにこうした点にあるのである。

註

＊1　済州島では朝鮮半島のことを「陸地」と呼ぶ。従って、本稿で朝鮮半島を指す場合は「陸地」と表現する。

＊2　その他、現在の韓国における四・三研究の到達点を示すものとして、前掲『제주4・3사건진상조사보고서』が挙げられる。また、四・三研究には欠かすことのできない重要な一次史料が多数載せられている前掲『제주4・3사건자료집』は、現時点で最も網羅的な資料集である。

＊3　「君が代丸」の往来については、［杉原達　一九九八］を参照のこと。

＊4　趙景達によれば、朝鮮王朝時代に国政への抗議を目的として行われていた「撤市」と呼ばれる商人のストライキが、一九一九年の三・一運動発生時のソウルで見られたという［趙景達　二〇〇二］。

参考文献

【日本語】

カミングス、ブルース　二〇一二『朝鮮戦争の起源』一、明石書店
金益烈　一九九五「四・三の真実」（『済州島四・三事件』二、新幹社、所収）
金時鐘　二〇一五『朝鮮と日本に生きる―済州島から猪飼野へ』岩波新書
金東椿　二〇〇八『朝鮮戦争の社会史―避難・占領・虐殺』平凡社
金奉鉉・金民柱　一九七七『済州島　血の歴史―〈4・3〉武装闘争の記録』国書刊行会
済民日報四・三取材班　一九九四年〜二〇〇四『済州島四・三事件』一〜六、新幹社
愼蒼宇　二〇〇八『植民地朝鮮の警察と民衆世界―八九四―一九一九「近代」と「伝統」をめぐる政治文化』有志舎
杉原達　一九九八『越境する民―近代大阪の朝鮮人史研究』新幹社
趙景達　二〇〇二『朝鮮民衆運動の展開―士の論理と救済願望』岩波書店
趙景達　二〇〇八『植民地期朝鮮の知識人と民衆』有志舎
村上尚子　二〇一三「朝鮮の独立統一問題に対する米国の政策と済州島四・三事件」（『歴史学研究会』九〇六号）
文京洙　二〇〇五『済州島現代史―公共圏の死滅と再生』新幹社
ベルセ、Y＝M　一九九二『祭りと反乱』藤原書店

メリル、ジョン 一九八八『済州島四・三蜂起』新幹社
横田英明編 二〇一〇『済州島四・三事件を生きぬいて―聞き書き・金璟炯の半生』リーブル

【朝鮮語】

金奉鉉・金民柱 一九六三『済州島人民들의《4・3》武装闘争史――資料集』交友社
제주4・3사건진상조사보고서작성기획단 二〇〇三『제주4・3사건진상조사보고서』제주4・3사건진상규명 및 희생자명예회복위원회
박찬식 二〇〇八『4・3과 제주역사』각
홍기돈 二〇一五「제주 공동체문화와 4・3항쟁의 발발 조건」(『耽羅文化』49 제주대학교 탐라문화연구)
文昌松編 一九九五『한라산은 알고있다――묻혀진 4・3의 진상』제주도인민유격대 투쟁보고서
양봉철 二〇〇二「제주경찰의 성격과 활동연구 ― '제주4・3'을 중심으로」성균관대 교육대학원 석사학위논문

四　救荒の理念と現場
――清末北京における「宗室騒擾」をめぐって――

村田遼平

はじめに

一九世紀のアジア諸地域（ひろく西アジアまでをも含め）においては、理念と現実との間の葛藤がひろく見られる。清朝の治める中国も同様であった。現在から過去を顧みると、多くのことにその痕跡を確かめることができるだろう。

本稿で取り上げるのは、国家による災害・飢饉救済を指す救荒である。政治権力にとって災害や飢饉に対する政策を行うことは必須だが、清朝は歴代中国王朝のなかで最も完成された救荒を行ったとされている［李向軍一九九五］。とくに一八世紀の乾隆期は高度な官僚制の下に充実した救荒が行われた［Will 1990］。こうした救荒の背景となる理念は儒教である。それは救荒において「仁」が強調されることに端的に表れている。皇帝の仁による救済という像は、政治的正当性を維持するためにも必要である。

そうした理念的な救荒像の一方で、実際の救荒の現場は如何なる様相を呈していたのだろうか。これまでの研究によって、大規模な災害を中心に救荒がどのように行われたのかについて多くが明らかにされてきた。[*1] しかし、各個の救荒策の背後にある理念と実際の現場との関連性に対して、十分な関心が払われているとは言いがたい。理念と実態との間に懸隔があるのは必然だが、それが清朝において如何なるかたちで表出するのかについて考察することは、清朝権力自体の検討につながるだろう。官府や民間人が何を行ったのかを詳細に明らかにするのみならず、救荒における理念と実態の関わりの分析が求められよう。

それゆえに本稿では、救荒の内容それ自体を直接的には分析の対象としない。むしろ救荒の現場で起きた出来事とそれに対する官僚の対処から、救荒の理念を逆照射することを目指す。これは、一定期間継続的に行われる救済行為およびその現場において、ある特徴的な事件が発生すると、平素表出しにくい点が浮き彫りになると思われるためである。

救荒に対する考察は、現場で行われた日々の業務について記されたであろう官府の文書に基づいて行われる。史料に見えるルーティンワークなくして救荒の現場は成り立たないが、そのルーティンワークだけでは現場が十分に見えてこない。事件は、救荒における「隠された」ルーティンワークと意識とをつかむきっかけとなりうる。

本稿では、光緒九年（一八八三）一〇月に、北京近郊の清河鎮に開設された粥廠（炊き出し所）で発生した事件を取り上げる。この事件は「宗室騒擾」と呼ばれ、[*2] 清朝皇族たる宗室[*3]が関わったとされた。

周知のとおり北京は清朝の首都であり、清朝支配層が多く居を構えていた。宗室は基本的に北京内城に居住することになっており、宗室が関与する本事件は北京ゆえに起きたとも言える。一方、北京は救荒についても、とりわけ充実した政策が行われたとされている。こうした条件から、北京近郊の救荒の現場である粥廠で宗室により引き起こされた事件は、本稿にとって格好の分析対象となりうるのである。

以下、まず一九世紀後半の北京と粥廠とを概観し、次いで「宗室騒擾」の内容について論じる。そして事件に対する官僚の対処を検討したうえで、粥廠における「徳」と「武」の側面について考察する。なお、年月日は陰暦を基本とし、年のみ西暦を付記した。史料中の人名、地名などは常用字に改めている。

1 一九世紀後半の北京と粥廠

中国社会における一九世紀後半は戦乱と災害の時期であった。第二次アヘン戦争、太平天国を始めとする各地の反乱に代表されるが、華北に目を向ければ、捻軍や西北のムスリムによる反乱、そして一八七〇年代後半に発生した大旱災である。こうしたなかで、道光年間以降に穀物価格の上昇が見られ、とくに大旱災に襲われた七〇年代後半には急上昇した。ただし、本稿で対象とする一八八〇年代初めには、被災以前の水準に戻っている［Li 2007: Chap. 4］。北京でも穀物価格を始めとして諸物価が上昇を続け、銭に対する銀の価値の上昇（「銀貴銭賤」）という銀銭比率の変動が生じていた。政府からの銀銭・穀物支給で生活を営む八旗旗人において、清朝の財政難と八旗人口の増大に伴い支給が不十分となり、さらには銀の支給比率が低下したことなどにより一層の貧困化が進んだ。

華北大旱災以降、初めて北京周辺を水害が襲ったのは光緒九年である。六月下旬から七月上旬にかけて北京一帯では大雨が断続的に降り、とくに北京東方の州県や順天府南部で被害が拡大した。前年からの山東省における水害の影響もあり、山東・直隷両省の被災民は故郷を離れた。移動する被災民は食を求めて各地へ流入する。北京もまた例外ではなく、官府は流入者に対する対処を求められた。

清代北京における救荒策としては、平糶（穀物の廉価販売）、以工代賑（公共事業に被災民を雇用）、資遣回籍（路銀を与えて郷里へ還す）などが知られるが、とくに一九世紀以降に重要視されたのが、炊き出しを行う粥廠であった。一八世紀には豊富な穀物備蓄を背景に被災民に対して穀物を支給する方法が取られたが、一九世紀には、一八世紀の救荒の前提であった穀物備蓄が減少し、多くの流民が発生し、被災地および被災各戸に関する詳細な調査を必要とせず不特定多数の人びとに食事を提供する粥廠が主要な救荒策となった［Li 2007: Chap. 9］。粥廠重視の流れのなかで、北京城内のみならず郊外へと開設地を拡大し［邱仲麟　一九九九］、本稿で取り上げる清河粥廠もその一つである。[4] 郊外粥廠は北京城へとつづく街道沿いの郷鎮に開設された。光緒九年に官府が開設したのは、定福荘、黄村、龐各荘、採育、孫河、清河の六ヵ所であった（図参照）。各粥廠では、九月一五日から翌光緒一〇年閏五月二四日まで施粥が実施された。

郊外粥廠の運営について、監督に当たる人員（監放）として在京官僚が一名ずつ中央から派遣され、実際の業務にあたる人員が複数名在廠し、共通の章程も定められた。施粥の手順を示すと、毎朝、受領希望者を門前で待たせ、時間になったら開門し、混雑を避けるために男を左、女を右に並ばせて廠内に入らせた。廠内に入った者には番号札を渡し、札と引き換えに施粥を行った。小人は大人の半分の量であった。札がなくなり次第、銅鑼を鳴らして閉門した。閉門後には如何なる人も中に入れることを許さず、強引に入ろうとする者、騒ぎを起こす者は、旗人・民人を問わず委員・夫役が捕えることになっていた（『期不負齋政書』府尹書六「示諭各鎮粥廠煮粥放振遵照奏定章程」）。

かかる方針のもと運営された清河粥廠には、監督者として光禄寺少卿の延茂《えんも》が[5]派遣されていた。利用者数は、最大で光緒九年一二月末に二四〇〇〜二五〇〇名であった（国立故宮博物院蔵、軍機処档奏摺録副、文献番号125971、光緒年間、延茂上奏）。延茂は清河粥廠における監放を、八月二五日に上諭にて命じられ[6]、九月初九日に訓令を仰ぎ、同月一三日に粥廠に到着した。そして同月一五日の施粥開始からおよそ一ヵ月後、事件が発生する。「宗室騒擾」であった。

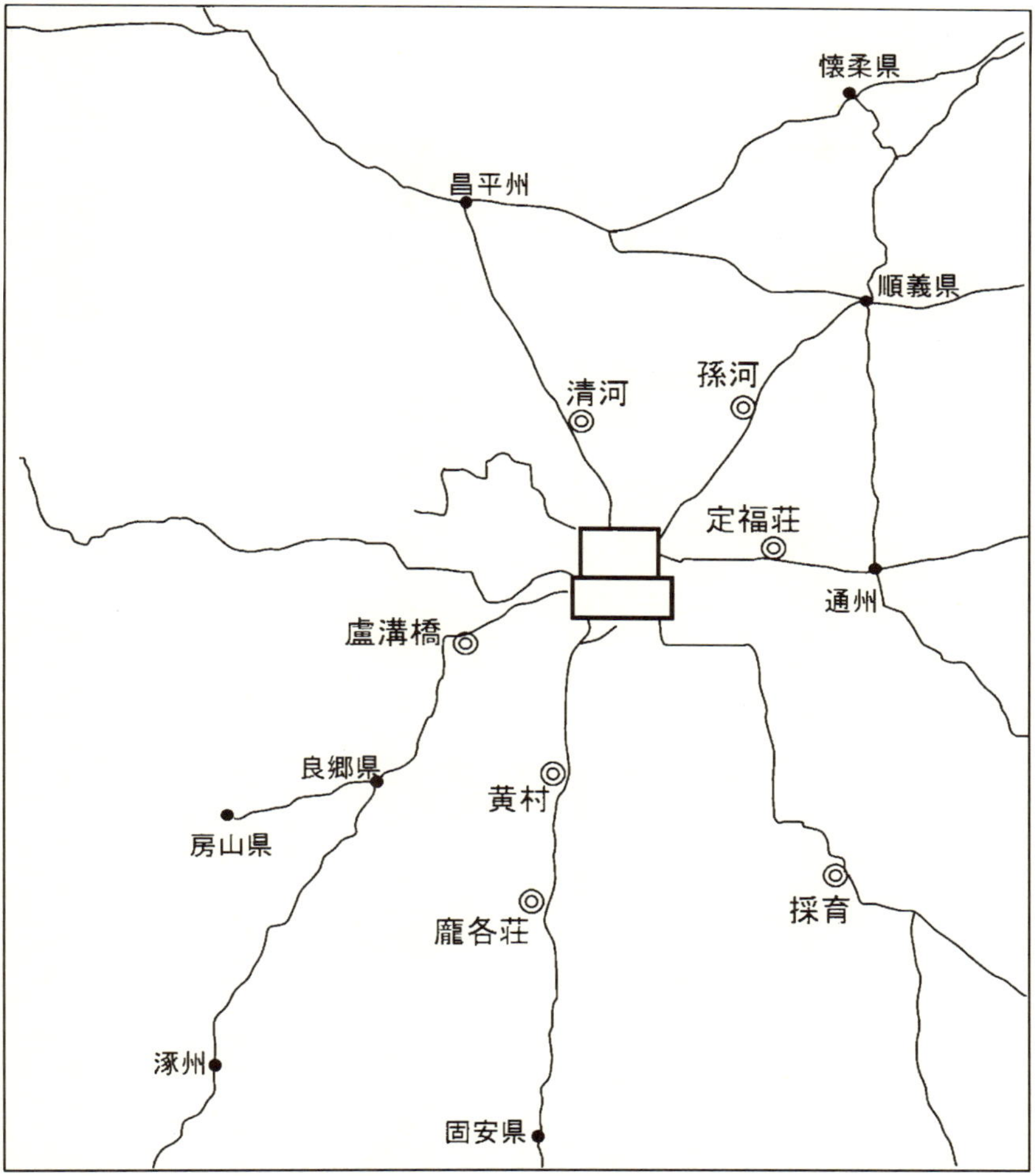

図　北京近郊地図

地図中の記号はそれぞれ，●が州県城，◎が郷鎮の所在地を指す．線は街道を示している．

（譚其驤主編『中国歴史地図集　第８冊　清時期』地図出版社，1987 年，８頁を基に筆者作成）．

2　「宗室騒擾」

光緒九年一〇月二一日、清河粥廠では朝から被災民に対する施粥が行われていたが、突如として複数の男たちが出現する。[*7] それは腰に黄帯をつけ頂帽をかぶっていない二人の男と、彼らの引き連れる奇妙な服装をしたゴロツキの「悍奴」数十人であった。以下、この事件の様子について、監督者たる延茂の上奏に依拠して記す。[*8]

〔二人の男と「悍奴」は〕廠門に殺到し嘲笑し、粥を受け取る婦女に戯言を飛ばしました。奴才《わたくし》は役〔下役人〕に取り締まるように命じました。しかし、このゴロツキは人数が多いことを恃みにして下役人を殴打し、廠門を取り囲み罵り叫びました。さらに、「おれは宗室公載姓だ。泰公府に住んでいるぞ」と揚言しました。奴才は、「ここは上諭を賜って散放する粥廠であるぞ。宗室の者とはいえ、騒ぎを起こすことは許されない」と暁諭しました。しかし、この宗室の者はますます好き勝手に叫囂し、非常に凶暴でした。その時、粥廠内には千数百の災民がいました。かれらもまた声を同じくして罵り叫び不平を言いました。みなこの宗室が現れたことで、思う存分にし〔騒ぎ立て〕ようとしました。奴才は民衆を怒らせることを誠に恐れました。乱闘となり、勢いとして必ずや大きな事件を惹起します。至急、委員などを監督して飢民に暁諭させました。廠門を一歩たりとも出てはならない、と。また、洋鎗刀矛を装備した捕盗営兵を派遣して賑倉を守らせました。幸いにして事態の激変することはありませんでした。上のご関心が十分〔な粥廠〕であり、この宗室の者たちは怒鳴り散らしていましたが、ついに去りました。（『光緒朝東華録』光緒九年一〇月辛未の条。[*9] 以下、とくに明記しない限り、この事件の経過に関する引用と言及は同史料に基づく）

清河粥廠における「宗室騒擾」とは、二人組の男と、引き連れられた「悍奴」が施粥中の粥廠の周囲で騒ぎ立てた事件であった。事件の構図を、この場に居合わせた人びと（「宗室」・「悍奴」、延茂など粥廠運営者、「災民」）に即して整理すると以下のようになる。

まず「宗室」と「悍奴」である。騒ぎを起こした二人の男は黄帯を腰に着けていた。黄帯とは、宗室のみ身に着けることを許された黄色の腰帯であり、ゆえに宗室の者は「黄帯子」とも呼ばれた。一方で彼らは、爵位を示す頂戴を付けていなかった。二人組に引き連れられた「悍奴」は、奇妙な服装でゴロツキのような者という点のみが判明する。[*10]二人組の主張は、自らが「宗室公載姓」であり、「泰公府」に住んでいる（「我係宗室公載姓、住泰公府」）、ということである。彼らは他に何の要求も行っておらず、粥廠にいる婦女に対する悪口を言い、騒ぐだけであった。

延茂を始めとした運営側には、監督の延茂、役、捕盗営兵がいた。騒ぐ「宗室」「悍奴」に対して、直接力づくに抑え込もうとするが撃退され、言葉による鎮静化を期して暁諭を行うも効を奏さず、有効な対処を行いえたとは言えないだろう。穀物や器具など賑済に関わる物品などを収めたと思われる「賑倉」を、捕盗営[*11]の兵に守らせている。騒ぎに対して様々な行動を起こしているが、結果的には騒ぎが収まるまで、ただ待つだけとなったように読み取れる。

粥廠内にいた「災民」は、騒ぎの内容から多くが女性であったと推測される。[*12]かれらの行動としては、騒ぐ「宗室」に呼応するかのように記述されている。この史料からは「災民」が宗室のどのような点に共鳴し、何を主張していたのかを読み取ることはできないが、不平を言う（「同鳴不平」）とされていることから、連年の災害や被災による生活状況を背景とした不平不満を口に出していたと推察される。実際に行われる粥廠の運営に対する不満の有無は確かではないが、少なくとも、監督者の延茂は粥廠への不満に転化する恐れを持ったのだろう。大きな事案へと発展することを避けようとする対処に、そうした延茂の姿勢をうかがうことができる。とりわけ「賑倉」を捕盗営兵に守らせたことに端的に表れている。

このように整理したうえで事件の特徴について見てみると、粥廠で発生したにもかかわらず、自称宗室の二人の男はとくに要望を出すこともなく、「悍奴」とともにただ騒ぐのみであった。ゆえに何を目的としての行動であったのか、明確ではない。[*13] なお、救荒と関係する騒擾としては鬧賑がある。鬧賑とは、飢饉や災害時に、とくに地方官府に対して救荒の実施や充実を求め、府州県衙門や粥廠、平糶廠等で発生した騒擾であり、清代後期に減少したと指摘される［堀地明　二〇一一：二五二～二五四］。今回の案件でも食糧の提供や救済は要求されていない。ただし、銃器を備えた兵を穀物倉の守備に当たらせたことから、運営側は騒擾を起こした者や粥廠内の民による食糧強奪を危惧したことがわかる。粥廠を利用する民の行動と相まって、当時の粥廠運営の現場において、救済用の食糧が搶奪される恐れという危機意識が潜在していたと推測される。

本事件においてもっとも興味深い点は、騒ぎを起こした者が宗室を自称したことである。二人の男は宗室の象徴である黄帯をつけ、自らを宗室と称した。清朝の皇族たる宗室ではあるが、経済的に没落する者も多数いた。かれらによる案件自体は嘉慶年間以降に増加しており、宗室の処罰に関する規定が変更されている。また宗室が北京城内で事件を起こす際には、官府の注意を引かないようにするため腰帯を着けないことが多かったと指摘される［劉小萌　二〇一五：二五三］。これらの点を鑑みると、宗室であると披瀝した「宗室」の者たちの行動は奇妙である。自ら宗室と称して粥廠で騒ぎを起こしたことに対して、延茂も疑念を抱く。この後、どのような展開をたどるのだろうか。節を改めて述べよう。

3　官の対処

粥廠の門前で騒ぎを起こした者たちが去った後、延茂は先ほどの者が宗室を冒称していることを恐れた。そこで委員に衣服を改めさせて、ひそかに彼らの後を追わせ、「宗室」の家丁に対する訊問が行われた。家丁によると、北京内城東単牌楼の蘇州胡同の「姓載」は、昌平州官窰にある墳墓に参り帰京した、とのことであった。

この訊問結果を受けて、延茂は官窰に弁（下級武官）を派遣する。昌平州は北京城から北へ八〇里（約四〇キロメートル）にあり、官窰は昌平州城から東北に一〇里（約五キロメートル）に位置する郷村である（光緒『順天府志』巻二八・郈鎮二）。この弁の派遣は、土地の者に尋ねて家丁の証言の真否を確かめるためであった。果たして、家丁の証言は正しかった。土地の者によると、官窰には蘇州胡同泰公府の墳墓が存在し、前日に墓参に来た、とのことである。これらの調査から延茂は、清河粥廠で騒擾を起こした人物を宗室と断定した。

そこで延茂は、宗室の関与ゆえに対処方針を上諭によって示すよう求める。

およそ人心のある者で〔災民に〕惻憫の情を持たない者はおりません。しかしながら、ついに凶暴で不法な、今回の宗室の如き者がありました。もし実際とは異なるように〔この宗室を〕弾劾すれば、まさに「強き者をおそれず、鰥寡を侮らず」（『詩経』大雅・烝民）とは何でありましょうか。また、清河鎮はもとから在地のゴロツキが多いことで知られています。この度の肆擾を目にして、勢い〔ゴロツキは〕必ずや〔悪事を〕たくらみましょう。ただ朝廷の紀綱を損なうだけではなく、民衆を怒らせることを恐れます。怒りによって異変が生じ、その勢いはいっそう抑えがたくなります。この宗室は天家に出自しており、「議貴」であり「議親」でもあります。どうして臣下が妄りに汚すことができましょうか。思うに、この宗室は賑廠を肆擾し、災民に災いを及ぼし、聖恩に背いて家法を汚しました。臣下を辱めただけではありません。奴才の職務は取締りであり、もし実際に異なるかたちで弾劾すれば、上は朝廷に背き、下は百姓に恥じることになります。如何に〔この宗室を〕処分すればよいでしょうか。伏してご英断を乞います。

皇帝の慈悲深い心によって、災害に見舞われた民のために開設運営されていた粥廠で凶行に出たのは、あろうことか皇族たる宗室であった。しかし、宗室とは言え、騒ぎを起こした事実を曲げてしまえば、在地の混乱につながるだけでなく、監察官としての役目にも背くことになる。ゆえに、延茂は、上諭によって今後の方針を示すことを求める。

上諭による処置を求めているのは、宗室に対して一般の民同様の処罰過程をとることができなかったためである。清朝では元来、宗室関連の事件について、刑部ではなく宗人府が担当していた。[*14] しかし前述のように、宗室関連案件の増加を受け嘉慶年間に規定が変更され、光緒年間には、宗人府と刑部が共同で訊問し、その結果を上奏した上で処置を定めることになっていた。また上奏文中にみえる「議貴」「議親」の語は、宗室に関する特別な処置のあり方を端的に示している。これらは、『周礼』秋官・小司寇に記された、量刑に対して特別の審議を加え減刑を認める「八議」に含まれる。議貴とは高貴な者に対して、議親は皇族に対して用いられた。[*15] 八議に該当する者が律を犯した場合には、犯情を記して上奏し、それに対する上諭を待ち処理する必要があった（『読例存疑』巻一・八議）。上掲した延茂の上奏は、これらの規定に即したものである。

「宗室」の処置とともに、延茂は粥廠の警備をめぐる問題を提議している。それは、上掲の上奏文に附された二つの文書（片）において述べられる。一方の文書ではこのようにある。清河粥廠も含む北京郊外の六鎮に開設された粥廠は北京城から数十里離れた地にあり、付近には治安維持にかかる部隊が駐留していない。さらに各粥廠には重要な賑倉がある。しかし各粥廠に派遣される人員は順天府が定めた委員・差役各二名であり、今回の騒擾のような事態が発生した場合にはとても取り締まることができない。そこで捕盗営あるいは緑営に人員を派遣させ、粥廠付近に若干名を駐札させるよう順天府に命じることを求める。賑倉を守るだけではなく、取締りにも有益なためである（中国第一歴史档案館蔵、軍機処録副奏摺〈以下、軍機処録副と略〉、03-107-5592-135）。もう一方では、北京城内外における官府・紳民による粥廠の現況について述べたうえで、今回は偶然にも官府の粥廠で騒擾が起きたために即座に対処できたが、それ以外の粥廠で同様の案件が発生した場合には速やかな処置をとることが難しいとしている（軍機処録副、03-107-5592-134）。この二つの附属文書からは、運営形態の如何を問わず、北京城内外における粥廠警備を重視すべきと強調していることが読み取れる。

こうした延茂の上奏を受けて、一〇月二四日に上諭が発せられた。上奏に言及した後、以下のように続く。

> 宗人府は〔自称宗室の者を〕調査し具奏せよ。以後、各廠にて騒擾があれば、宗室および旗人・民人を問わず、すぐさま捕えて各衙門に引き渡し、例によって処分せよ。請う所の営兵を派遣し弾圧することについて、順天府は酌核処理せよ（『光緒宣統両朝上諭档』第九冊、三七〇頁、光緒九年一〇月二四日）。

延茂の要請したふたつの点、「宗室」の取り扱い、および粥廠の警備に対して命令が下された。騒ぎを起こした「宗室」の者については宗人府が調査することとし、粥廠の警備要員については順天府に処理が命じられた。ここで注意したいのは、粥廠で騒擾が発生した場合に、宗室も含めてすぐさま処置するように条件（「無論宗室及旗民人等、即著拏交各衙門照例懲辦」）が附されている点である。「宗室騒擾」の対処に関する上諭であるため違和感なく受け取ることもできるが、これは従前の状況と比べると大きな変更であると考えられる。なぜなら第一節で論じたように、北京郊外に開設された粥廠において騒ぎを起こす者は旗人・民人を問わず取り締まるように（「不論旗民、即由委員夫役拏送各衙門懲辦」）とされ、宗室には言及されなかったためである。この点については次節にて詳論する。

一方、粥廠警備要員の増員について、順天府は属下の宛平県に照会した。その報告によると、清河鎮近くを流れる清河にかかる清河橋以南の地は京城北営管轄の徳勝汛に属すが、粥廠のある清河橋以北は直隷提標の下にある鞏華営が担当するというのである。順天府はこの報告に基づき、直隷提標提督に対して兵を出すように求めた（『期不負齋政書』府尹書六「咨照清河粥廠撥兵弾圧」）。京城北営は、北京外城および城外における警備などを担当する緑営の部隊、歩軍統領属下の巡捕営の一角をなした。直隷提標は直隷提督属下の緑営の部隊である。清河粥廠の詳細な位置が不明なため宛平県の報告の正否を判断できないが、順天府管轄の捕盗営には言及されていないことから、粥廠への人員派遣に決して前向きではない順天府の姿勢がうかがえる。以降、実際に粥廠の治安維持要員が増員されたのか不明である。

同月二八日には、宗人府による「宗室騒擾」に関する調査の結果が上奏されたことを受け、延茂に該当人物を宗人府に引き渡し、宗人府は訊問して処罰すべしとする上諭が下された（『光緒宣統両朝上諭档』第九冊、三七五頁、光緒九年一〇月二六日）。宗人府に訊問が命じられたことから、先の上諭で宗室との断定が留保されていた二人組は清朝中央によって宗室と認定されたとわかる。

こうして北京郊外の粥廠において発生した「宗室騒擾」は結末を迎えた。具体的な要求は何ら見出せず、ただ廠の周りで騒ぐだけの事件であった。次節では、この事件に垣間見られる救荒の理念と現場との関連について論じる。しかしその前に、騒ぎを起こした「宗室」について、確認しておこう。

この「宗室」は誰だったのだろうか。史料中には、「載姓」や「姓載」とあるが、これは名ではなく輩行を示し、載の字がつく世代であることを指すと考えられる。ちなみに、時の皇帝である光緒帝は載湉《さいてん》、前皇帝穆宗同治帝は載《さい》淳《じゅん》であった。

手掛かりとなるのが、家丁の証言に見える、「宗室」の住居が所在する内城東単牌楼の蘇州胡同である。蘇州胡同は内城の東南角にあった。ここには「貝勒弘曔府《ベイレこうとん》」が存在したとされる（『嘯亭続録』巻四・京師王公府第）。弘曔とは、康熙帝の第一三子怡親王胤祥《いしんのういいんしょう》の第三子である。康熙四九年（一七一〇）に生まれ、雍正六年（一七二八）に死去した。死後、貝勒[*16]に叙されるが、嗣子がいなかったため弟の寧郡王弘晈《ねいぐんおうこうきょう》の第一子永喜《えいき》が継いだ。しかし、永喜も嗣子を残さぬまま亡くなり、その後、爵位は継承されていない（『愛新覚羅宗譜』甲二、八四五頁）。つまり、貝勒であった弘曔の居宅が「貝勒弘曔府」と呼ばれたのである。

しかし、「宗室」の主張やその家丁の証言によると、蘇州胡同に所在するのは「弘曔府」ではなく「泰公府」である。この泰公府について、愛新覚羅載泰《さいたい》という人物との関連が推測される。載泰は道光一八年（一八三八）に奕増《えきぞう》の第二子として生まれた。咸豊九年（一八五九）に奕菘《えきしょう》の養子となる。咸豊一一年（一八六一）に恭親王奕訢《きょうしんのうえききん》と西太后によるクーデタ、いわゆる辛酉政変によって怡親王載垣《さいえん》が自刃を命じられ、載泰は載垣を継いだ（ただし、爵位は親王から降級し不入八分輔国公となる）。同治三年（一八六四）には怡親王系を寧郡王系の載敦《さいとん》が、代わって載泰は寧郡王系を継ぎ、奉恩輔国公に叙せられた。しかし、五年には妓女を妾として争いを起こすなど素行不良のため爵位を革去された（『穆宗毅皇帝実録』同治五年一一月甲申の条）。その後、光緒元年（一八七五）に黒竜江へと流され、四年には同地で死去している。これらをふまえると、貝勒の弘暾の住居が「貝勒弘暾府」となるように、爵位が公であった載泰の住居が「泰公府」と呼ばれたのだろう。

載泰の養父奕菘の祖父である永蔓《えいまん》は蘇州胡同にかつて存在した「貝勒弘暾府」の主、弘暾の三番目の養子であった。そして先の永喜も含め、弘暾の養子のなかで唯一子孫を残したのが永蔓であった。よって、蘇州胡同にあった「貝勒弘暾府」には永蔓の子孫が住み続け、輔国公に叙せられた載泰に至り、「泰公府」と呼ばれていたと推測される。

このように考えると、騒ぎの最中に「宗室」が叫んだ「宗室公」の「公」とは、彼ら自身が「公」であったかはさておき、「公」すなわち載泰に関係する人物であると称していたことを意味するのではないだろうか。頂戴を着けていないことも、載泰が爵位を革去されたことと関連するように思われる。もちろん載泰はすでに死去していたから、載泰本人ではない。

これらの点から、この事件の「宗室」は、載泰と何らかの関係のある（ないしは関係があると称する）者と見ることができよう。しかし、現在のところ「宗室騒擾」の関係者の供述などを確認できていないため、騒ぎを起こした理由や背景には不明点が多く、特定の人物に絞り込むには至っていない。

4 「徳」と「武」のゆくえ

まず確認するのは、「宗室騒擾」に対する運営側の対処である。前節で見た延茂の上奏に明らかにように、騒ぎを起こした二人の「宗室」と、彼らの引き連れる数十人の「悍奴」に対して、延茂とその配下は異なる対処をした。時系列に沿って整理すると、粥廠の門を取り囲む「悍奴」に対して、延茂の命を受けた役が取り締まろうとした（だが逆に「悍奴」に殴打される）。一方、騒ぎ立てる「宗室」に対して、上諭を受けて設立した粥廠ゆえに、宗室とはいえ騒ぐことは許されない、と延茂が暁諭した。このように実力行使と暁諭という対照的な対処をしている。

こうした運営側の対処は、騒ぎを起こした者以外についても見られる。すなわち、「宗室」たちの出現に伴い声を上げ始めた「災民」には、延茂が委員を監督して暁諭させた。一方、粥廠内の「賑倉」には銃器装備の兵を守備に就かせた。「賑倉」については事態急変に備えた予防的措置であるが、仮に「賑倉」が襲われることになった場合には、襲撃者に対して捕盗営兵が対処したことであろう。

このように粥廠運営側の動きを整理すると、暁諭は「宗室」と「災民」に対して、実力行使は「悍奴」と「賑倉」（予想される襲撃）に対して用いられている。相手によって手段が異なっていたとわかる。いささか抽象的ではあるが、前者は「徳」を意識した対処、後者は「武」に重点を置いた対処と見なすことができよう。以下、この区分に即して述べる。

まず「武」についてである。粥廠運営に従事する役による「悍奴」の取締りは、おそらく武器など使用せずに行われようとしたのだろう。それは、人数で優るとはいえ武器所持の描写のない「悍奴」に、役が退けられたことにうかがうことができる。

一方、「賑倉」に配備された捕盗営兵は洋鎗（西洋式銃）を装備していた。捕盗営の用いる銃器について、同治二年（一八六三）に定められた「捕盗営章程」では、従来用いられてきた「鳥鎗」が挙げられるのみであった（光緒『順天府志』巻六三・営制）。この章程が定められてから「宗室騒擾」までの二〇年間における鳥鎗から洋鎗への装備の変遷は、清朝全体の動向とも関わっている。第二次アヘン戦争後の一八六〇年代から、清朝では督撫が中心となって洋式火器の輸入と製造に乗り出した。清朝における洋鎗使用の拡大は、捕盗営に洋鎗が導入される経緯にもうかがわれる。順天府によれば、捕盗営設立後、刀矛や鳥鎗などを用いて演習に努めてきたが、近年、各地の軍営では洋鎗を使用しているものの、捕盗営ではまだ計画していない。しかし、盗賊でさえ洋鎗を所持し、その抵抗に遭うなか、捕盗営に洋鎗を備えなければ、軍の実力と威容を増すことができない。順天府は洋鎗の購買を期するが、資金が十分ではなかった。そこで神機営王公大臣と直隷総督に撥給を求める。この要請に対して、神機営は軍事に関わる事案ゆえに上諭によるべきとしたが、直隷総督は応じ、「司百林非洋鎗」一〇〇丁[*17]、「洋鎗薬」一〇〇ポンド、「大銅帽」六〇〇〇個を順天府に送った（『期不負齋政書』府尹書二「順天府捕盗営添練洋鎗片」）。この要請は光緒七年から九年の間に行われており[*18]、「宗室騒擾」の時点では洋鎗が捕盗営に配備されていたと思われる。こうして、新しい兵器[*19]を備えた捕盗営兵が「宗室騒擾」における賑倉守備の役割を担うことになったのである。

ただし、この捕盗営兵が事件発生以前から粥廠に駐在していたかどうか留保が必要である。この度の事件で、捕盗営兵は「調派」されており、あらかじめ粥廠付近に駐在していたと断定できない。光緒二年（一八七六）の北京城郊外を対象にした「設廠放粥条款」では、粥廠における治安維持人員の存在が言及されていない[*20]（軍機処録副、03-107-5579-25）。一方、郊外粥廠ではないが、咸豊七年（一八五七）に北京内城で開設された粥廠では、歩軍統領衙門・五城察院から派遣される文武官員に「兵役五、六名」を伴わせることになっていた（中国第一歴史档案館蔵、順天府档案、28-1-49-005）。粥廠における部隊の駐在を明確に示した史料が存在せず、内城と郊外とを同様に捉えることへの留意は必要だが、光緒九年の近郊粥廠は順天府が主となる運営形態であり、北京城郊外の治安維持に携わる順天府管轄下の捕盗営の人員が粥廠にいた可能性はないとは言いきれない。あらかじめ駐屯していなかったとしても、不測の事態の際に武装した人員が派遣されることは予想される対処であったと言えよう。

炊き出しを行う粥廠と西洋式銃を持った人員との関係は、何を意味するのか。盗賊への対策を念頭に置いた捕盗営洋鎗導入に関する順天府の情勢認識とも関係するだろうが、当時の北京近郊の粥廠には武器を所持した治安維持要員が必要とされる情勢であったことを反映していよう。北京周辺が治安悪化の傾向にあるという認識を官府が示していたことは確かだが、すでに粥廠守備の人員が確保されるようになっていたのかは、不明である。しかし、捕盗営兵による賑倉守備が行われたのは、情勢悪化に対する官府の認識という前提があったからこそ可能であったと言えよう。章程にこそ表れないが、事態対処の一方策としての暴力の使用が、清朝官員、少なくとも延茂には想定されたと推察される。さらに言えば、人員増加を要請する延茂の論理をふまえると、粥廠内の治安維持のみならず、粥廠の外部も見据えて治安維持要員を必要とした官府の姿勢をうかがうことができるのではないだろうか。粥廠における「武」とは、空間的な意味での粥廠内に留まらないように思われるのである。

このように「宗室騒擾」という事件を通して、粥廠における治安維持のための軍事的側面が浮き彫りとなるが、一方で、皇帝の徳が強調される面も確認することができる。粥廠における「武」の問題とともに考察すべき「徳」の問題である。

この事件の一連の過程をみて強く感じるのは、称揚される皇帝の徳である。中国歴代王朝の支配イデオロギーに儒教が重要な要素であることは周知のとおりであり、粥廠という救荒用施設の背景にある皇帝の仁を読み取ることは容易である。清代北京でも咸豊年間の事例だが、追加開設される粥廠は皇帝による施しの具現化であることが強調され（順天府档案、28-1-49-004）、こうした観念は本事件における延茂にも共通する。また救済すべき者について、一九世紀初め嘉慶年間にはより能動的な皇帝の関与が看取され、嘉慶帝のような、乞丐といえども一視同仁として救わねばならない、という一君万民を示した姿勢［堀地明　二〇一六：二八〇〜二八一］、すなわち救うべき者に対する皇帝の理想的とも言える態度を表す言説は枚挙に暇がないだろう。

そのなかで本事件では、徳の顕現する粥廠の運営を阻害する者が出現する。皇帝の救荒における姿勢として、一方の極として被災した者に対する一視同仁の向き合い方があるならば、その対極に位置するのが、皇帝の命で開設された粥廠に害を及ぼすことは如何なる者であっても許されないとする態度と思われる。粥廠における騒ぎはたびたび発生していたが、本事件は宗室によるものであった。皇帝と宗室をめぐる問題が浮上する。

騒ぎ立てる「宗室」に対して、延茂は粥廠が上諭に基づき開設されたことを強調した。暁諭とは、もとより上下の関係を含む語である。説諭の主体は、二者関係においては上位の者である。漢軍八旗の一員かつ進士である延茂と本事件の「宗室」とでは、官職に就いていないとしても「宗室」が原理的に優位にあると観念されていたことは、彼らの処置への命令を求める延茂の上奏文にも一端をうかがうことができる。

しかし、延茂は「宗室」に対して暁諭した。平素意識されたであろう懸隔を埋めることができるのは、上諭によって粥廠の監督を命じられたという点であった。皇帝という絶対的な存在に依拠する限り、一官僚としての自らと「宗室」との間の差は超えうることとなった。ここに、少なくとも清末における、原理的な意味での、皇帝と宗室との間に存在する断絶が看取されよう。

そしてその延長上に、粥廠で騒ぎを起こす者は宗室も含めて捕えて管轄衙門が処罰するように命じた上諭が位置付けられよう。「宗室騒擾」以前、粥廠において騒ぎを起こす者に対しては「旗人・民人を問わず」とされるのみであったが、以後は「宗室および旗人・民人を問わず」となり、宗室も例外なく対処するように命じられた。もちろん、騒ぎを起こす者を該当衙門に送致し例によって処罰せよとされたように、宗室を旗人・民人と同様に罰するようになったわけではないことには注意が必要である。宗室における特別な処罰過程は否定されていない。宗室という特権的な者も、皇帝の命の下では所定の手続きに則り、処理されねばならなかった。しかしながら、粥廠で騒ぎを起こしうる存在として宗室も想定されたことは、嘉慶年間以来の宗室に関する処罰規定の変遷もふまえると、従前に比べて皇帝優位を強調するようになったと捉えうるのではないだろうか。そしてこれは、騒ぎを起こす場所が皇帝の至高の仁によって開設される粥廠ゆえ、と言えるかもしれない。

おわりに

本稿では、光緒九年に北京城近郊の清河鎮に開設された粥廠で発生した「宗室騒擾」と呼ばれる事件について、官府の対処を中心に検討してきた。事件自体は、粥廠の周囲において宗室を自称する者と「悍奴」が汚い言葉を発し騒ぎ立てただけであった。搶奪や何らかの要求がなされたわけではない。しかし、この事件に対する官府の対処からは、いくつかのことがわかる。

皇帝の徳を現した救荒策としての粥廠は、その実、洋鎗という新しい武器を備えた兵が関わるという可能性をはらむなかで運営されていた。この事件を受けて、粥廠を監督する官僚から、治安維持に携わる人員の増員さえ要請されていた。これは当時の北京の状況を反映するとともに、皇帝の命により運営されるからには、妨害されることなく運営されねばならないと官僚が意識していたことの表出でもあろう。

また、粥廠で騒ぎを起こした「宗室」に対して、事件の只中に直接制圧するような運営側の対処は取られなかったが、監督の官僚によって、皇帝の命による粥廠であることを理由にして騒ぎをやめるよう暁諭がなされた。そして、その後の上諭において、粥廠で騒ぎを起こす者を宗室・旗人・民人に関わりなく、捕えて管轄衙門に送り処罰するように命じられた。一連の処置の背景には、捕盗営兵配備と同じく、皇帝の至高なる仁による粥廠を阻害してはならないという意識を読み取ることはもちろん可能だが、より重視したいのは、皇帝の下では宗室も無論のこと一様に従うべきであるとする、上諭に示された意である。ここには皇帝の存在を強調する側面が濃厚に見られると思われる。

このような「一君万民」を暗示する言説の表出は、如何なる文脈の下に置かれるべきだろうか。雍正期以降の清朝における皇帝権力の基調は、皇帝独裁であった［宮崎市定　一九五七］。その流れの下に本稿で見た事例も位置することは確かだが、単に前代同様の皇帝独裁を示す言辞に留まるのだろうか[*21]。

ここで参照軸として挙げたいのは、清代の旗人や宗室に関する法について、旗・民の別や宗室の特権が訴訟や法的処罰過程の上で有効性が薄れ「常軌化」が進んでいくという議論である。その画期は一九世紀前半の道光年間にあるとされる［胡祥雨　二〇一六］。「宗室騒擾」に対する上諭に見られる、粥廠で騒ぎを起こした者を宗室と旗人・民人とを分け隔てなく担当衙門に送り罰すべきとする点は、一見すると「種族」に基づく別の解消を反映した一事例にもとれるが、その文脈には注意しなければならないだろう。なぜならば、本稿の事例における宗室・旗人・民人をめぐる言説には、皇帝の下での「平等化」、すなわち「一君万民」の明確な表出、むしろ再強化への志向をも示唆する過程が看取されると思われるためである。それは、上述の上諭のみならず、皇帝の聖恩によって開設された粥廠における騒擾は如何なる者であれ許されない、という延茂の説諭においても見られるような、皇帝の徳に対する強調にも暗示される。もちろん、皇帝の徳に対する称揚もこの時期のみに見られる言説ではない。ただし、徳を理由とした、宗室に対する皇帝の優位を再確認するかの言辞を軽視してはならないだろう。そして、胡自身も留意するように、この「平等」は「西洋近代」的要素とは異なる点をはらむだろう。かかる「平等」をめぐる問題は、一九世紀清朝中国における「伝統」と「近代」との関係を示唆すると思われる。

本稿で取り上げた清末北京のある粥廠で発生した案件から、このような見通しを示すことが可能ではないだろうか。

ただし、仮にかかる描き方が妥当であるとしても、それは実際の皇帝権力の強大さを必ずしも意味しないという点を附言しておきたい。この時期は西太后による「垂簾聴政」が行われていたが、光緒一〇年（一八八四）には清仏戦争敗北の責を負わされるかたちで恭親王奕訢が失脚し、西太后へ権力が集中し、そして段階的に光緒帝の親政へと移行していくなど、政治権力の変動が見られたとされる。[*22] 当時の中央政局のなかで、象徴的な「皇帝」の「徳」を如何に捉えるべきか、さらなる検討が必要であろう。

「宗室騒擾」を起こした者たちが如何なる動機により行動を起こしたのか、本稿では十分検討することができなかった。この動機が解明されれば、清末の宗室の置かれた社会的経済的状況のみならず、皇帝に対する宗室の意識の一端も明らかにされるだろう。また、一九世紀後半の北京郊外に開設された粥廠で発生した事件から、北京城にとって郊外に位置する粥廠の重要性が垣間見られた。清朝の首都たる北京において、官府が救荒に求めた役割の全体像を描くことが求められる。これらは本稿に残された課題である。

「宗室騒擾」における「徳」と「武」の諸相は、この後どのような展開をたどるだろうか。本稿では十分な検討をすることができないが、ある上諭を挙げて本稿のむすびとしたい。本事件からおよそ一八年後、義和団鎮圧のため八ヵ国連合軍が北京へと入城し戦火の余燼が残る光緒二七年（一九〇一）五月、西太后や光緒帝は西安に逃れていたものの、北京城にて搶劫を起こす宗室・旗人は法により処罰すべしとの上諭が出された（『光緒宣統両朝上諭档』第二七冊、九六頁、光緒二七年五月初一日）。その結果はさておき、法による処罰が示された。実際の状況とは裏腹に弥増す「一君万民」の光は、京師たる北京ゆえだったのだろうか。

註

＊1　清朝における個別の救荒に関する成果は膨大である。本稿と関連のある光緒年間の華北を取り上げたものとしては、［Will 1990］、［何漢威　一九八〇］など。

＊2　この事件については、粥廠増設と治安状況との関連を示す事例のひとつとして邱仲麟が取り上げている［邱仲麟　一九九九：二五〇］。しかし、清代北京における粥廠の全般的な傾向を論じる文脈のなかで言及されるのみで、事件の具体的な分析を行っていない。

＊3　清朝における宗室とは、ヌルハチの父タクシの直系子孫のことを指す。タクシの兄弟の子孫は覚羅と呼ばれた。なお宗室・覚羅の人数は、清初に比べ清末には激増していたとされる。順治一八年（一六六一）には男女合わせて一二七七人（宗室は、男二〇三人、女二一六人、覚羅は男七五五人、女五二二人）だったが、清朝滅亡後の一九一五年には、およそ三五倍の四万九六五二人（宗室は男一万六四五四人、女一万二八三八人。覚羅は男一万一四三〇人、女八九三〇人）となっている［鞠徳源　一九九二：二七］。

＊4　清河粥廠が初めて開設されたのは乾隆二七年（一七六二）である［邱仲麟　一九九九：二三三］。なお、清河鎮は北京の北方二〇里（約一〇キロメートル）に位置する。

＊5　延茂は、内務府漢軍正白旗人、同治二年（一八六三）の進士。光緒二六年（一九〇〇）、八ヵ国連合軍が北京に入城した際に、弟の延芝とともに安定門（北京内城の北に位置する門）で戦い、北京城が占領された後、自害した。死後、太子少保、諡号の忠格を贈られた（『清史稿』巻四七五・列伝二五五）。

＊6　延茂の肩書は、「稽察弾圧清河粥廠光禄寺少卿」である（『申報』「光緒九年十一月初七日京報全録」、光緒九年一二月一七日）。

＊7　本史料では、騒ぎに関わった者たちが男性であると明確に示されていない。しかし、引用史料中の自称宗室の者の発言などから、男性である可能性が高いと判断した。

＊8　引用史料における（　）内は筆者による説明、〔　〕内は筆者による補足である。以下の史料でも同様である。

＊9　なお、『光緒朝東華録』と同様の内容が、『申報』（「光緒九年十一月初七日京報全録」）にも見られる。両者にはいくつか語句の異同があるが（例えば『光緒朝東華録』では「災民」であるが、『申報』では「飢民」となっている）、大きな相違点はない。

＊10　「悍奴」について史料中では「奇装異服」とされている。具体的に如何なる服装であったのか判然としないが、当時における社会的逸脱を示すような装いであったと思われる。

＊11　捕盗営は、同治二年（一八六三）に設置された北京城外における巡警、逮捕などの治安維持に携わる部隊である。光緒九年当時、

東西南北中の五営をなしていたが、東西南北の四営は順天府属下の各路庁同知が、同治一一年に増設された中営は順天府治中が管轄した。兵二〇人で一つの部隊を構成した（光緒『順天府志』巻八・兵制）。

＊12 嘉慶六年や民国期の事例から、粥廠の利用者は女性の方が多かったと推測される［堀地明　二〇一六：二八九―二九一］、［張金陔　一九三三：二〇七］。

＊13 後述する事後の経過から、宗室を自称した者たちへの訊問が行われたであろうことは判明しているが、管見の限りそれを具体的に示す史料を確認できていない。

＊14 宗人府は宗室に関する事務を担当する官庁である。宗室関連の案件調査の他には、戸籍（『玉牒』）の管理などがある。

＊15 議貴は、爵一品、文武官位の三品以上、散官（実職ではない官）二品以上の者を言う（『読例存疑』巻一・名例律上之一・八議）。

＊16 貝勒は宗室の爵位のひとつである。宗室の爵位は、和碩親王、多羅郡王、多羅貝勒、固山貝子、奉恩鎮国公、奉恩輔国公、不入八分鎮国公、不入八分輔国公、鎮国将軍、輔国将軍、奉国将軍、奉恩将軍、の一二等からなる（嘉慶『大清会典』巻一・宗人府）。

＊17 原文では「司百林非」となっているが、正しくは「司百林飛」で同音による誤記と思われる。薛福成によれば、この銃はアメリカで生産された後装式のライフルで広く使用されていた（薛福成『出使英法義四国日記』巻五、一一月丁卯の条）。

＊18 史料の性格上、具体的な日時は不明だが、同書・政書四は光緒七～九年の間に発せられた各種行政文書を収録しているため、この片奏も同期間に発せられ、「宗室騒擾」以前である可能性が高い。

＊19 ただし、捕盗営に洋鎗を提供した直隷総督李鴻章が光緒九年一二月に最新の後装式火器の整備を主張しているため（『李文忠公全集』訳署函稿巻一五「論購新式火器」、光緒九年一二月二六日）、この洋鎗は必ずしも最新式ではなかったと思われる。

＊20 対象とされた粥廠開設地は、礼賢鎮、定福荘、清河鎮、龐各荘の四ヵ所である。

＊21 雍正期の皇帝独裁と以後のそれとが同一ではないことはすでに指摘されている。例えば、乾隆帝の後継である嘉慶帝が親政開始後に行った改革について、［豊岡康史　二〇一六］を参照されたい。

＊22 この時期の中央における政策決定過程（とくに対外交渉）の実態に関する研究として、［大坪慶之　二〇〇八・二〇一一］を参照されたい。ただし、内政と外政との関係については、今後の考察が必要と思われる。

参考文献

【文書史料】

中国第一歴史档案館蔵、軍機処録副奏摺

中国第一歴史档案館蔵、順天府档案

国立故宮博物院蔵、軍機処档奏摺録副

中国第一歴史档案館編『光緒宣統両朝上諭档』全三七冊、桂林：広西師範大学出版社、一九九六年

光　緒『順天府志』一三〇巻、光緒一二年刊（北京：北京古籍出版社、一九八七年）

薛允升『読例存疑』光緒三一年刊（台北：成文出版社、一九七〇年）

周家楣撰、志鈞編『期不負齋政書』九巻、光緒二一年刊（沈雲龍編『近代中国史料叢刊』第九二輯、九一四、台北：文海出版社、一九七三年）

昭槤撰『嘯亭続録』五巻（清代史料筆記叢刊、北京：中華書局、湖北第二次印刷、一九九七年）

朱壽朋編『光緒朝東華録』北京：中華書局、一九五八年

宗譜編纂処編『愛新覚羅宗譜』北京：学苑出版社、一九九八年

【文献資料】

大坪慶之　二〇〇八「清仏戦争前夜における清朝中央の外交政策決定過程」『東洋学報』九〇巻三号

大坪慶之　二〇一一「イリ問題にみる清朝中央の政策決定過程と総理衙門」『東洋史研究』七〇巻三号

豊岡康史　二〇一六「嘉慶維新（一七九九）再検討」『信大史学』四〇号

堀地　明　二〇一一『明清食糧騒擾研究』汲古書院

堀地　明　二〇一六「嘉慶六（一八〇一）年北京の水害と嘉慶帝の救荒政策」村上衛編『近現代中国における社会経済制度の再編』京都大学人文科学研究所

宮崎市定　一九五七「雍正硃批諭旨解題―その史料的価値―」『東洋史研究』一五巻四号（のちに、『宮崎市定全集』一四、一九九一年に収録）

何漢威　一九八〇『光緒初年（1876-1879）華北的大旱災』香港：中文大学出版社

胡祥雨　二〇一六『清代法律的常軌化―族群与等級』北京：社会科学出版社

鞠徳源　一九九二「清朝皇族的多妻制度与人口問題」『満学研究』第一輯
李向軍　一九九五『清代荒政研究』北京：中国農業出版社
劉小萌　二〇一五『愛新覚羅家族史』北京：中国社会科学出版社
邱仲麟　一九九九「清代北京的粥廠煮賑」『淡江史学』一〇号
張金陔　一九三三「北平粥廠之研究」『社会学界』第七巻（李文海主編『民国時期社会調査叢編　社会保障巻』福州：福建教育出版社、二〇〇四年、に収録。本稿で挙げた頁数は収録書による）
Li, Lillian M. 2007. *Fighting Famine in North China: State, Market, and Environmental Decline, 1690s-1990s*. Stanford, Calif.: Stanford University Press.
Will, Pierre-Étienne. 1990. *Bureaucracy and Famine in Eighteenth-Century China*. Trans. Elborg Forster. Stanford, Calif.: Stanford University Press.

五 「仁政」と近代日本
——地方都市秋田の感恩講事業を事例として——

大川　啓

はじめに

感恩講は、一八二九（文政一二）年、城下町久保田（現秋田市）において、外町（町人地）の貧民や孤児などを恒常的に救済する事業・施設として創設された。秋田藩の保護・支援のもと、民間によって運営されてきた感恩講は、明治維新後も救貧活動を継続した。秋田市には、一八九四（明治二七）年に内町（旧武家地）の救貧事業として東部感恩講が、一九〇五年には貧困児童の養育・教育施設として感恩講児童保育院が設立された。その後、一九四五（昭和二〇）年の敗戦前後で救貧事業の停止にいたったが、児童保育院は、児童養護施設として現在も活動を続けている。

感恩講のこうした歴史は、社会福祉史研究において、活動や組織の先駆性、安定した財政基盤などが注目されてきた［大杉由香　二〇〇八、など］。近年、若尾政希は、感恩講の創設が、秋田における仁政観念の変容を示すと論じている［若尾政希　二〇一六］。本来、領主の務めだった「仁政」が、民間の富者に担われるようになり、それらも含めて「仁政」と呼ばれていたところに、政治常識の変容が認められるという。一九世紀初めの秋田では、民間の富者も「仁政」の担い手となった。では、変容後の「仁政」は、その後どのようになったのだろうか。感恩講の救貧活動は、前述したように、一九四五年前後まで継続された。本講では、変容後の「仁政」が、近代でも存続した過程とその要因を検討してみたい。

明治初期における感恩講の存続については、庄司拓也が、廃藩置県による財政基盤の喪失から一八八一年の再建までの過程を整理している［庄司拓也　二〇〇二b］。だが、近世後期からの救貧活動の存続に視点をおくと、事実関係の位置づけなどにとらえ直すべき点が少なくない。また、大杉由香は、秋田県の恤救規則の保護率が、各地の感恩講事業などによって、一八九七年まで全国平均の半分未満という低い水準に抑制されていたことを指摘した［大杉由香　一九九四］。大杉は、その一方で、明治三〇年代以降の感恩講が、救貧に偏重して防貧対策が手薄となったため、秋田市内の救済組織全体のなかで相対的地位を低下させたと論じている［秋田市史編さん委員会近・現代部会編　二〇〇五］［大杉由香　二〇〇八］。だが、救貧行政が極端に限定されていた近代日本で、地域に救貧を供給し続けたことの意義は少なくなかったはずである。筆者は、明治期の秋田市に、複数の担い手による重層的なセーフティネットが存在していたことを指摘し、その主要な一つである感恩講・東部感恩講で供給していた救貧が、恤救規則とは桁違いの規模だったことを強調した［大川啓　二〇一七］。本稿では、そうした例外的な規模の救貧が実現した歴史的背景を説明することになる。

1　救貧事業継続の危機とその克服

(1)　救貧事業継続の危機

　近世の感恩講は、秋田藩の保護のもと、備高（知行高）からの年貢収入によって救貧活動を実施していた。感恩講備高は、創設の有志・賛同者一九一名が出金した金二〇〇〇両・銀一〇貫目により、一八二九～一八三〇年に買い入れた知行高（新田開発の報労として士民に与えられ、売買も認められていた辛労免）二四一石余を嚆矢とする［秋田市　二〇〇三］。以後も買い増しされ、一八五五（安政二）年には、五二九石余に達した［加賀谷長兵衛編　一九〇八］。年貢収入という安定した財源が、近世における感恩講の救貧活動の継続を支えていたといえる。

　一八七一年の廃藩置県後、旧秋田藩庁は、感恩講にたいする知行高収入の給付を停止した。知行高からの収入で活動していた感恩講は、存続の危機に直面した。ただし、給付の中止は、明治政府が直接判断したわけではなかった。旧秋田藩庁（秋田県庁）で大参事を務めた須田盛貞は、そうした給付が、廃藩置県以降「不体裁ニ属シ候ニ付」県の租税収入に組み入れたが、給付の是非自体を、大蔵省には照会しなかったとしている（「明治五年ヨリ同七年ニ及ブ感恩講備高等ニ関スル書類」［一九四二年一二月］、秋田県公文書館蔵、ＡＨ三六九―一一七）。また、そうした対応は、「事務混雑誤落ニ相成リ、断ジテ廃講申渡候儀ニハ無之候」という。

　知行高からの収入が途絶えた感恩講は、一八七二年五月二七日、給付の再開を求める請願を秋田県庁に提出した（『御巡幸関係書類』明治一四年、秋田県公文書館蔵、九三〇一〇三―一一〇三七）[*1]。この請願に前後して、秋田県庁との交渉は、数十回に及んだ［加賀谷長兵衛編　一九一一］。一八七三年五月一八日に着任した権令・国司仙吉のもとでは、「単ニ貧民ニ施行スルハ宜シカラスト擯斥セラル」という。この間、感恩講では、備蓄籾を取り崩して救貧活動を続けたものの、それも払底し、以後は民間の融資によって事業を継続した。だが、その負債は、一八七三年の時点で、八五二円余に上った。

廃藩置県の際、感恩講の代表者である年番は、那波三郎右衛門・吉川総右衛門・加賀谷長兵衛・佐々木彌左衛門・齊藤直治の五名だった［加賀谷長兵衛編　一九二二］。年番たちは、事業の廃止が「第一、発起者ノ遺志ニ悖リ、第二、義捐者ノ篤志ニ背キ、第三、市内貧民ハ遂ニ飢餓凍餒ヲ免レサルベシ。如斯ハ忍フ能ハサル」として、前述の請願を提出し、交渉を続けたという。事業継続のために融資をおこなったのも、年番の那波らだった。

当代の那波三郎右衛門は、感恩講の創設を主導した祐生の子である祐章（一八〇五―一八七六）だった。祐章は、一八三七（天保八）年の祐生没後に感恩講の年番を引き継いだ。天保の飢饉下で支出が増大していた感恩講に融資をおこない、救貧活動を維持した［庄司拓也　二〇〇二c］。一八五〇（嘉永三）年には、感恩講への寄付の奨励策（寄付者とその次代まで、寄付額に応じて裃・袴の着用を許可）を秋田藩に上申して採用され、一二五名から一四一一両の寄付を集めた［加賀谷長兵衛編　一九〇八］。感恩講では、寄付を原資に知行高を買い増して財政基盤を強化するとともに、非常用の籾の備蓄を開始した。なお、藩の御用聞町人を務めた那波家は、明治期には呉服太物商・織物製造・酒造・質店などを営み、秋田町（市）有数の資産家となった。

秋田県庁は、前述した感恩講の請願を、一八七三年一一月七日付で大蔵省に上申した（前掲『御巡幸関係書類』）。感恩講・土崎感恩講の知行高は、廃藩置県で廃止された辛労免にあたり請願を受け入れることはできないが、事業を継続できるよう別途に、従来の知行高三年分相当の資金（感恩講に二万円、土崎感恩講に二〇〇〇円）を下げ渡すよう要望したという。大蔵省は、一八七四年八月三日付で、両講に今後の手当として六〇〇〇円を下賜する旨を秋田県庁に指令した。「旧官員不都合ノ取計ニ流候情実ヲ斟酌」した措置とする。ただし、今後の「情願」は控えるよう説諭すべきこと、以後講名を廃止すべきことなどの伝達も指示している。

秋田県庁は、一八七四年八月一五日付で、感恩講・土崎感恩講に計六〇〇〇円（感恩講に五五四三円八九銭五厘、土崎感恩講に四五六円一〇五厘）を下賜する旨を伝えた（前掲『御巡幸関係書類』）。この際、前述した大蔵省の指令にはなかった、「旧来ノ姑息法ヲ改メ、自今物産蕃殖窮民授産ノ為、新ニ樹芸等ヲ興シ、以テ従来ノ素心徹底致候様方法取調ノ上、右金請取方可申出」ことが付加されている。ここで注目されるのが、感恩講の救貧活動を「旧来ノ姑息法」と見なして退け、「物産蕃殖窮民授産」を目的として「樹芸等」を起業することを求めている点である。それは、殖産興業の論理によって、近世後期以来の救貧に再編を迫るものだった。またそうした要求が、大蔵省ではなく、秋田県庁からだったことも確認しておきたい。

感恩講は、窮民授産事業として、桑・桐・茶などを栽培する授産植物場の設立を計画し、一八七六年三月一四日に「旧感恩講」の名義で、五五四三円余の受け取りを願い出た［庄司拓也　二〇〇二b］。秋田県庁では、同年四月七日に約二五四三円八九銭を交付している。差額の三〇〇〇円については、県庁が湯沢製糸会社に貸し付けており、いずれ回収して交付すること、回収までの間はその利息分（年利八％）を支払うことが伝えられた。この大幅な減額により、当初の授産植物場設立計画は、実現が困難となった。このため、感恩講では、既存の農園を購入し整備する方針に計画を変更したが、資金難で実現にはいたらなかった。なお、感恩講では、米の現物支給で実施していた救貧を、一八七六年中より、米代に相当する現金の支給へと切り替えている［加賀谷長兵衛編　一九二二］。「前年ノ達示ニ従」った措置とされ、「生業従事ノ資金貸与ノ名義」で支給していたという。感恩講は、財政面だけではなく、事業内容の面でも危機に直面していた。

(2)　危機の克服

感恩講の危機は、一八七八年に大きな転機を迎えた。感恩講は、一八七八年五月一四日付で、秋田県庁にたいして、授産植物場の設立を延期し、備蓄米の補充に取り組むことを願い出た。感恩講の備蓄量が、従来の半分以下にとどまっている現状では、米価高騰時の対応は困難であるうえに、「古老之伝説ニ、凶饉ハ大低《ママ》五十年内外ニ一周スル天地ノ気運ト承及候。天保四年ノ大凶災ヨリ、将ニ五十年ニ垂ントス。此レ備穀ノ最モ急ナル時節ト思考候」という（前掲『御巡幸関係書類』）。「天保四年ノ大凶災」とは、一八三三（天保四）年から一八三六年にかけての全国的な飢饉である天保の飢饉を指す。東北地方を中心に大量の流民が発生し、多くの餓死者や疫死者が出た。感恩講は、飢饉の発生周期を前提に、天保の飢饉から五〇年になろうとする一八七八年現在、備蓄米の補充こそが最優先の課題であると強調していた。菊池勇夫は、飢饉の周期への着目には、儒教の経典である「礼記」の「王制篇」をふまえた経験科学的な解釈が認められるとして、天運や天譴にとどまらない、近世後期の新しい知の登場と位置づけている［菊池勇夫　一九九七］。感恩講の主張は、そうした近世後期以来の経験的な知を、主要な根拠とするものだった。

秋田県庁は、同年六月六日付で、感恩講のそうした方針を認めた［庄司拓也　二〇〇二b］。一八七四年に従来の救貧活動を否定し、窮民授産の起業を要求してきた、県庁が「凶荒豫備」の優先を公認したことになる。また、同年には、米の現物支給も再開されている。『感恩講誌』（一九二一年）では、「県庁モ本講創立ノ旨趣ヲ諒トシ、直接施米ヲ是認セラレタルヲ以テ、更ニ稟申許可ヲ受ケ、六十年来ノ慣行ニ復シ、施米ヲ行フコト、セリ」としている。翌一八七九年、感恩講は、田地十一町二反一畝四歩・金禄公債証書三三九〇円（年七分利付）を購入して、財政基盤を築くとともに、講所有地の収穫米に依拠した活動が可能となった。救貧事業の存続という観点からすれば、一八七八年は、秋田県庁が「創立ノ旨趣ヲ諒トシ」、感恩講が「六十年来ノ慣行ニ復」した重要な画期といえる。

一八七八年がそうした画期となったのは、一つには、地方官の交代が関わっていたと考えられる。一八七五年五月一九日、秋田県権令が、国司仙吉から石田英吉（一八七八年六月一四日より県令、一八八三年三月八日退任）に代わった。『感恩講誌』（一九二一年）では、前述した一八七六年四月の資金交付について「時恰モ好シ、石田権令新ニ赴任セラレタルニ付、祐章親シク面謁シ年来ノ事歴ヲ詳ニシ懇ニ情願シタルニ、同権令ニハ深ク之ヲ諒トシ速ニ相当ノ取調ヲ命スヘキ旨ヲ指示セラレタリ」としている。那波三郎右衛門祐章は「晩年人ニ語リテ曰ク、本講ノ窮途ニ於テ石田権令ヲ得タルハ、世ノ所謂冥府ニ仏ヲ見タルモノニシテ実ニ感激ニ堪ヘサリシ。余モ今日ハ死シテ瞑目スルヲ得ヘキナリ云々ト」いう。祐章は、資金交付直後の一八七六年五月に亡くなっているため、こうした内容が、前述した一八七八年の秋田県庁の方針転換を直接指すわけではない。だが、一九二一年の増訂三版『感恩講誌』で、そうした記述が加筆されたのは、感恩講に転機をもたらした石田英吉を、祐章没後も含めて顕彰する意図があったのではなかろうか。

秋田県権令の国司仙吉と後任の石田英吉では、感恩講への対応が大きく分かれていた。文明開化政策や廃仏毀釈などで、各府県の地方官の施政にばらつきがみられたことは先行研究でも指摘されている［牧原憲夫　二〇〇八、など］。国司と石田の対応が分かれた背景として、一つには、そうした政策志向の差違があったと考えられる。なお、大月英雄は、明治初期の滋賀県令・籠手田安定が、儒教的な政治文化である牧民思想に基づき、凶年対策や備荒貯蓄の整備を施政の中心に据えていたことを論じている［大月英雄　二〇一八］。そうした儒教的民本主義の志向が、石田英吉にも認められるかについては、今後の研究の進展を待ちたい。籠手田の事例は、明治初期には、地方官次第で感恩講のような事業が許容される余地もあったことを示唆している。

救貧事業の存続において、もう一つの大きな画期となったのが、一八八一年九月の明治天皇の巡幸である。同年の東北・北海道巡幸（七月三〇日〜一〇月一一日）において、明治天皇は、九月一六日から一八日まで秋田町に滞在した。この際、感恩講は、九月一二日に先発していた内務卿松方正義の視察、続いて同一七日に参議大木喬任の視察を受け、両者から賞賛を得ている［加賀谷長兵衛編　一九〇八］。大木の視察に際しては、感恩講総代の那波三郎右衛門祐富が、籾殻と同講の略記・調書を提出した。同一七日、那波祐富は、行在所に招かれて、左大臣有栖川宮熾仁・参議大隈重信らより「窮民救助法行届奇特ナル趣、鄭重ナル褒詞」を受けた。翌一八日に再び行在所に招かれた那波祐富は、褒状と目録を授与された後、天皇に拝謁している。授与された褒状には、「其方祖父祐生貲ヲ出シ首唱、同志ヲ募リ感恩講ヲ設立シ、育嬰救災鰥寡ヲ賑済ス。爾後両世能ク先業ヲ継キ、世故変遷困難ニ際スト雖モ百折不撓、遂ニ維持シテ今日ニ至リ、方法完備其恵ヲ被ル者二百余万人ノ衆ニ至リ候段、奇特ノ事ニ候」とある。祐生から祐章、祐富と継承され維持されてきた感恩講は、現在において「方法完備」しており「後来益勉励可致」という。これらは、明治天皇が、感恩講の救貧事業を公認したことを意味する。庄司拓也も指摘しているように、この拝謁によって、感恩講のそれまでの活動は全面的に肯定されることになった［庄司拓也　二〇〇二b］。延期されていた授産植物場の設立も再開されることはなかった。

(3) 財政基盤の確立と信用の獲得

一八八一年は、感恩講の財政基盤の面でも大きな画期となった。前述した巡幸に先立ち、同年七月、大蔵省は、感恩講・土崎感恩講に手当として計五万三三五二円七四銭（感恩講に四万九二九六円九九銭八厘、土崎感恩講に四〇五五円七四銭二厘）を交付した（前掲『御巡幸関係書類』）。感恩講は、前年の一八八〇年、一八七四年交付の五五四三円余では従前の知行高に比して過小であるとして、知行高からの給付の再開、ないしは、それに相当する金額か公債証書の交付を、国に請願していた。秋田県庁では、感恩講備高が「辛労免高ニ比スレハ、旧藩以来取扱方鄭重且所有ノ権限一層堅固ノ者ニ有之」として、かつての上申の不備を認め、請願を強く後押しした。また、請願が認められた背景には、元老院副議長・佐々木高行の後押しがあったという［庄司拓也　二〇〇二b］。佐々木は、一八七九年に感恩講を視察し、その理解者になったとされる。この補償によって、感恩講の財政状況は大幅に改善され、田地の買い増しなどにより安定した財政基盤が確立されることになった。

また、一八八一年には、秋田県令石田英吉をはじめとする多額の寄付が、感恩講に寄せられている。巡幸の際に感恩講が大木喬任に提出した調書には、同年九月五日調の同講の財産状況や備蓄米量、構成員数などが記されている[加賀谷長兵衛編　一九〇八]。これによれば、同講の構成員は五二七名で、その内訳は「旧来人員」三六一名、「新加入人員」一六六名という。「旧来人員」は一八八一年より前に寄付した者とその相続人、「新加入人員」は同年初めて寄付を申請した者と考えられる。「(明治十四年) 出金者姓名簿」によれば、一八八一年の寄付申請者は、一七四名なので、八名以外が新加入だったことになる[青木美智男監修　二〇〇〇、史料一八]。寄付の申請額は、一〇〇〇円の一名を筆頭に、一五〇円が六名、一〇〇円が五名、七五〜六〇円が八名、五〇円が一一名、三〇円が二三名、二七〜二五円が四名、二〇円が一四名、一五円が一〇二名で、計六〇九七円だった。だが、不納額が二一八七円六〇銭に上り、実際に寄せられた寄付は、三九〇九円四〇銭にとどまった(全額不納の六名は加入を抹消)。実際の寄付額では、瀬川徳助の三五〇円を筆頭に、山中新十郎・土屋善三郎・森沢利兵衛の一五〇円、加賀谷長兵衛・辻兵吉・本間金之助・村山三之助の一〇〇円、加賀谷源右衛門・加賀谷富太郎の七五円、佐藤文右衛門・遠藤小太郎の七〇円が続いている。なお、県令石田英吉の寄付は、三〇円だった。

こうした寄付は、感恩講の財政基盤を支えただけではなく、その事業への支持が明瞭に表現されている点も重要であろう。石田英吉の寄付は、現職の秋田県令による支持表明であり、感恩講の信用を高めたと考えられる。また、寄付を申請した一七四名の多くは、秋田町の外町(旧町人地)住民だったと思われるが(後述)、それだけ多くの地域住民の支持が集まったことの意義は少なくない。前掲「(明治十四年) 出金者姓名簿」によれば、廃藩置県以後の寄付は、一八七六年の一名(三円)にとどまっていた。秋田藩の保護を失ったことが、財政基盤だけでなく、感恩講の地域社会での立場や信用にも負の影響を及ぼしていたことをうかがえる。一八八一年の寄付により、地域住民の支持が示されたことで、感恩講の信用も大いに回復したと考えられる。さらに、寄付申請者一七四名のうち、一六六名が「新加入人員」だったことは、そうした支持の広がりが、近世以来の支持層とは異なる、新たな支持層によってもたらされたことを意味する。一九世紀後半には、開港・明治維新・松方デフレなどの大きな経済変動が、商家・資産家経営の盛衰や新旧交代に影響を及ぼしたことが指摘されてきた［宮本又郎　二〇一〇、など］。秋田町でも、そうした新旧の商人層の変動があったと考えられるが、「新加入人員」一六六名は、近世近代移行期に参入・成長した新興商家だったと想定できる。感恩講にとって、一八八一年の寄付は、そうした新興商家からの支持を獲得する重要な機会となった。

2　組織・運営体制の再建

感恩講の安定した財政基盤の確立後、一八八四〜一八八五年・一八八七〜一八九〇年の二度にわたって、講員（寄付者とその相続人）による訴訟が起こった。いずれも、講有資産の所有権が中心的な争点となったが、原告側の敗訴に終わった。後者の判決では、無形人（法人）である感恩講自体に資産の所有権を認め、講員の共有が否定された。この前後には、秋田県庁による感恩講の監督方法が明文化され（一八八四年）、組織や運営に関する規定である『感恩講慣例』（以下、『慣例』と略す）が定められたが（一八九二年）、庄司拓也によれば、いずれの目的も講有資産の維持にあったという［庄司拓也　二〇〇二ａ］。

だが、財政基盤確立後のそうした動向、①秋田県庁による監督方法の明文化、②『慣例』の制定、などは、秋田藩の保護を失って不安定化した感恩講の組織・運営体制が再建されていく過程としても捉えることができる。その他にも、この時期には、③年番補充の再開、④儀礼の再編成、などが行われた。以下では、①〜④について、救貧事業の存続に関わる側面を中心にふれてみたい。

①監督方法の明文化は、感恩講の要請に、内務省—秋田県庁が応えたものである（『感恩講監督方法取調書類』明

治一七年一〇月~同一八年五月、秋田県公文書館蔵、九三〇一―〇三―〇〇八六四、一・三〕。年間二度の決算報告（第一条）のほか、認可を受けるべき案件として、「年番」の補充（第三条）・組織変更や先例のない事件への対応（第四条）などが定められた。秋田県庁は当初、認可を受けるべき案件として、「救恤事務」以外への支出（第二条）を挙げていた。内務省は、これを「救恤事務ノ外講金ヲ支出スルヲ得サル事」に改めている。当時の内務省―秋田県庁にとって、感恩講とその救貧活動は、現状のままで維持すべき対象となっていたことがわかる。その背景には、前述した明治天皇の公認があった。一方で、こうした限定された監督内容には、内務省―秋田県が、かつての秋田藩のような「仁政」を担う主体ではないこともよく示されている。

②『慣例』は、一八九二年在任の年番が、今後の管理者を率由《そつゆう》する目的で、従来の慣行や断片化した旧記を、総則・救恤・役員・財産管理・義捐者の各章と附則に整理したものである〔秋田市史編さん委員会近・現代部会編二〇〇五、二〕。注目されるのは、第二条において「本講ハ窮民救恤ヲ以テ唯一ノ目的」とし「其他ノ事ハ縦令ヒ公益ヲ目的トスルトキト雖モ之ヲ為スコトヲ得ス」としている点である。そこには、前述した訴訟の判決の影響がうかがえる。秋田始審裁判所の「裁判言渡書」（一八八八年六月八日）では、無形人である感恩講には「当初義捐ノ目的タル済貧等ノ約款」を遵守する義務があり、それに反した場合には、寄付者が是正を求めうるとしている〔秋田市史編さん委員会近・現代部会編　二〇〇五、一〕。第二条は、従来の救貧活動への批判や干渉には対抗となる側面もあるが、感恩講が活動内容を変更したり、新たな事業を起こすような場合には一定の制約となりうるものだった。

③感恩講の代表者である年番は、用掛（事務担当）や下役（受給資格の出張審査等の担当）、その他の使用人を差配して講の運営にあたった。『慣例』では、「共同シテ本講ヲ代表」するとして、定員を「三人以上七人以下」と定めている。補充を要する場合には、「在任ノ年番ニ於テ、義捐者タルト否トヲ問フコトナク、救恤区域内ヨリ名望及ヒ財産アル者ヲ選定シ、県庁ノ認可ヲ経テ依嘱スヘシ」という。

年番の員数は、前掲『御巡幸関係書類』によれば、一八二九年の創立から一八七四年まで五～七名で推移してきたが、一八七五年には、那波三郎右衛門祐章・齊藤直治・吉川総右衛門の三名となった。翌一八七六年に那波祐章が死去し、家督を相続した祐富が年番に着任したものの、次の補充は五年後の一八八一年となる。また、齊藤直治は、一八八〇年までに退任したとみられる。一八八一年に加賀谷長兵衛が着任し、これ以後は、一八八三年の村山三之助、一八八六年の佐藤文右衛門、一八九四年の本間金之助・高堂兵右衛門、と増員されていった（吉川総右衛門は、一八八八年退任）［加賀谷長兵衛編　一九一〇］。一九〇二年の那波、一九一三年の佐藤の退任時には補充されず、一九一八年の村山、一九一九年の高堂の退任時にそれぞれの家督相続者が着任し、以後四名での運営が続いた［加賀谷長兵衛　一九二二、など］。

一八七一年から一八八一年までは、前述したように、財政・事業内容の面で危機に直面した時期にあたるが、一八七五年以後には、年番の員数も二～三名まで減少しており、運営面にも影響が現れていたことをうかがわせる。そうした運営の詳細までは明らかにされていないが、補充の再開も一八八一年四月であり、そこには危機の克服が関わっていたと考えられる。その際に着任した加賀谷長兵衛（一八五八―一九二四）が二〇代前半だったことは、危機の克服にともない、次世代への事業の継承が意識されてきたことを思わせる。

以下では、補充が再開された一八八一年から一八九四年までに着任した五名の年番について検討してみたい。『秋田県管内名士列伝』（渡辺真英　一八九〇、北辰堂）では、一八八九年の納税額を、加賀谷長兵衛が秋田市内で四番目（七七六円）、村山三之助が九番目（四一七円）、佐藤文右衛門が七番目（四七八円）、本間金之助が二番目（一〇五八円）、高堂兵右衛門が四九番目（三一円）と推定している。加賀谷・村山・佐藤が質店、本間が小間物雑貨商、高堂が酒造業と、いずれも商家であるが、高堂以外は、秋田県内の郡部に多くの土地を所有する大地主でもあった。一八九四年までに補充された年番のうち、四名は、地域有数の資産家だったといえる。一方、高堂兵右衛門は、「財産」以上に「名望」の面で優れていたと考えられる。高堂屋酒店は、近世の豪商で薬種小間物商の高堂屋の分家として、一八六〇年に開業した［井上隆明　一九七七］。本家の高堂屋は、越中富山の薬種商で、一八〇三年に販路だった久保田町に移住して店舗を構えたが、天保の飢饉の際に藩に多額の上納をしたことで、佐伯の姓を与えられ帯刀を許されている。当代の高堂兵右衛門（一八四七―一九一九）は、一八八四・一八八七年に地方代議機関の議員に選出され、一八八九年の市制施行後も市会議員に連続当選して一九一七年まで務めた（『表彰書類』大正四～七年、秋田県公文書館蔵、九三〇一―〇三―〇八三五一、九）。高堂の場合、そうした議員選出の実績が、本家の有する伝統とも相まって、年番にふさわしい「名望」を裏付けていたといえる。年番の補充において、こうした資産・名望に優れた人材を得られたことは、感恩講の運営面での再建を広くアピールすることになったと思われる。

感恩講との関わりでいえば、加賀谷家は、創立時の一八二八年に二〇両を寄付し、先代が一八六〇年代から一八七〇年代にかけて年番も務めていた［青木美智男監修　二〇〇〇、史料一七～一九］。村山家も、祖先が創立時に一〇両を寄付している。高堂兵右衛門家は、本家の高堂屋八兵衛が創立時に二〇両を寄付しており、同家も一八八一年に六〇円を寄付している。加賀谷・村山・高堂の場合、感恩講の創立を支えた旧家とその一族だった。一方、本間金之助の場合、感恩講への寄付を確認できるのは、一八八一年の一〇〇円が最初である。これは、本間家が、近世近代移行期に成長した新興商家だったことと関わっていると考えられる［大川啓　二〇一五］。なお、佐藤文右衛門は、一八六九年に一〇両の寄付を確認できるが、同家の歴史的な位置づけについては今後の研究の進展を待ちたい。補充された年番には、近世以来の旧家だけではなく、新興の商人である本間金之助も含まれていた。新たな運営の担い手に新興商家を加えていくことは、前述した商人層の新旧交代をふまえた場合、旧家の没落で、年番補充のサイクルが滞るといった事態を回避するメリットが認められる。それはまた、新興商家にも感恩講の価値が共有されていることを示し、その将来性を地域にアピールすることになったと考えられる。後述する東部感恩講の年番に着任した辻兵吉の場合も新興商家であり、感恩講への寄付は、先代による一八六二年の二〇両が最初だった。辻は、一八八九年の納税額が、市内で最高（一六六三円）と目されていた（前掲『秋田県管内名士列伝』）。新興商家である本間や辻が、感恩講事業の新たな担い手となった意義は少なくなかったといえる。

④前述した『慣例』では、毎年定例の儀式として、一月一日の秋田県庁への新年拝賀、一月五日の蔵開式、三月一一日の「天恩拝戴ノ紀念」、陰暦三月二一日の創立記念、一一月二一日の頒餅式、を挙げている。また、感恩講で慶事があった際の臨時の儀式として、南秋田郡寺内村矢橋の日吉神社（現秋田市八橋本町一丁目の日吉八幡神社）で神楽を奏し、寄付者とその相続人に神酒・赤飯を振舞うことが定められている。日吉神社は、近世久保田の外町（町人地）の総鎮守で、明治期に県社とされた。

『慣例』を逐条解説した『感恩講慣例義解』［秋田市史編さん委員会近・現代部会編　二〇〇五、二］（以下、『義解』と略す）には、これらの儀式の由来が記されている。陰暦三月二一日は、創立を記念して、日吉神社で神楽を奏し、「本講ノ為メ特ニ周旋尽力シタル者」に神酒を振舞った。『義解』には、一八三〇年の藩主の命で「永久之ヲ施行セシメラル」とある。それは、前述した臨時の祝儀の先例とも位置づけられており、両者の形式もほぼ重なっている。また、一一月二一日の頒餅式は、寄付者とその相続人全員に、熨斗を付した重餅を頒布してその寄付を称える行事で、秋田県知事かその代理人臨席での実施を定めている。『義解』には、一八二九年の秋田藩からの書付が引用されており、「献上金銀致候面々、子々孫々永久年々備餅一重ツ、被下候間」とある。いずれの儀式も、近世に由来があり、感恩講の歴史とその担い手を顕彰するとともに、秋田藩との深い関係を強調するものとなっている。感恩講では、これらの儀式によって、寄付者とその相続人、「本講ノ為メ特ニ周旋尽力シタル者」との結びつきが、毎年再生産されていくことを期待していたと考えられる。

ただし、頒餅式の場合、秋田県知事かその代理人の臨席を得ることが定められていた。そこには、秋田県庁との特別な関係をアピールする意図もうかがえる。また、一月一日の儀式は、年番が県庁に出向いて、新年の拝賀をする行事だった。一八八五年に感恩講が願い出て許可されたもので、一八八六年から開始されており、安定化した県庁との関係を持続していくことが期待されていたと考えられる。なお、感恩講と東部感恩講（後述）は一八九五年、寄付者宛の受領証に県庁の公認を受けたい旨を願い出て、その許可を得ている（『第一課庶務掛事務簿』明治二八〜三二年、秋田県公文書館蔵、九三〇一—〇三—〇〇八七六、一）。その願書によれば、寄付者は皆「其義捐ノ証ヲ後世ニ貽シ其家ノ栄誉」とすることを希望しており、県庁の公認であれば「義捐者ニ於テ一同感激シ、後来義捐者ヲモ勧奨スルノ大関係タル」という。両講では、県庁の公認を名誉と捉えており、そうした受領証の発行によって、寄付者を満足させるとともに、さらなる寄付の奨励としても期待していたことがわかる。これらに示されているのは、感恩講が、かつての秋田藩の代役を秋田県庁に望んでいたことである。そしてそれは、民間の富者のみでは「仁政」の任い手として不十分であることを示唆しているように思われる。

三月一一日の「天恩拝戴ノ紀念」とは、宮内省からの下賜金を記念したもので、日吉神社で神楽を奏し、感恩講の年番・用係・下役に神酒を振舞った。一八八九年、感恩講は、明治天皇の「永世ニ保続セシメラレ度　思召ヲ以テ」三〇〇円を下賜された［加賀谷長兵衛編　一九〇八］。これを記念した行事を毎年実施することで、天皇との関係がくり返しアピールされることになった。皇室との関係は、藤嶋正行によれば、一九〇五〜一九一三年に「接触拡大期」を迎え、一九七六年当時まで続いていたという［藤嶋正行　一九七六］。

これら毎年定例の儀式には、感恩講の正当性に関わる、旧秋田藩・秋田県庁・皇室、そして多くの寄付者の存在、といった要素のすべてが含まれている。そうした儀式が毎年実施されることによって、感恩講の正当性がくり返しアピールされていたといえる。

以上①〜④のように、安定した財政基盤の確立後、感恩講は、組織・運営体制の再建を進めた。再建の基軸に据えられたのが、近世後期以来の救貧事業の維持であり、その背景には、一八八一年の明治天皇の公認や一八八八年の裁判所の判決があった。一八九〇年代半ばには、秋田市の外町（旧町人地）に救貧を供給する安定した組織・運営体制が、物心両面で確立されたといえる。

3　東部感恩講・児童保育院の設立

(1)　東部感恩講の設立

一八八一年、感恩講は、安定した財政基盤を確立するとともに、近世以来の救貧方法を明治天皇に公認され、秋田町の新たな支持層を開拓し、大きな信用を獲得することになった。その影響は、感恩講事業の広がりとして現れていく。秋田県内、特に旧秋田藩領にあたる各市郡において、一八八二年に増田・浅舞の二講、一八八五年に角館・横手・駒形・湯沢・鷹巣栄・十文字の六講が設立され、一八九〇年代に東部（秋田市）・男鹿・亀田・能代・吉田の五講の設立が続いた［藤嶋正行　一九七六］。土崎・門目・大館田郷といった近世に起源をもつ組織を加えると、明治後期の秋田県内では、一七の感恩講が活動していたことになる。[*2]そうした各地の事業が、秋田県の恤救規則の保護率を抑制していたとされる［大杉由香　一九九四］。

東部感恩講は、一八九四年一月一四日に設立された（湊彌七編　一九〇八『各感恩講概要』東部感恩講）。感恩講の活動区域外だった、秋田市の内町（旧武家地）を中心とする地区を対象とした組織で、同年三月九日から救貧活動を開始している。その設立の背景には、感恩講の活動が、前述した『慣例』などにより、外町（旧町人地）に限定されていたことがあった。ただし、感恩講の年番・那波三郎右衛門祐富は、旧武家地に救貧が及ばないことを早くから懸念していたとされ、実際に一定の対応もとっていた。感恩講では、財政基盤の安定した直後の一八八二年から、秋田県庁の許可を得て、白米三〇石を当該地区での救貧に充てている［加賀谷長兵衛編　一九一〇］。だが、一八九〇年の米価騰貴が、旧武家地の貧困問題をより深刻化させた（前掲『各感恩講概要』）。那波祐富の懸念は、秋田市長の小泉吉太郎、儒者の西宮藤長と共有されるに至り、三者を中心に感恩講に倣った事業が発起された。資金調達は容易ではなかったものの、那波らの募金活動をはじめ、一八九二年の旧藩主・侯爵佐竹義生による寄付も呼び水となり、一八九四年の設立にいたったという。

東部感恩講の設立経緯については、同講年番が秋田市役所の照会に回答した「東部感恩講創設発起人并に設置計画に関し最幹旋尽力為したる者について」に詳しい（『庶務事務簿』明治二七年度、秋田市役所蔵、三一四三九七・二七）。これによれば、資金調達が当初難航したのは、「東西両部ノ人望財産アル者」に寄付を募ったが、「東部士族ハ、業ニ已ニ罷弊シ、余力アル者多キニ非ス。西部落ニ於テハ、旧来ノ感恩講アルアレハ、東部ト痛痒相関セサルヲ以テ、切当ノ情ヲ惹クコト能ハサルカ如キ」ためだったという。『秋田市史』では、市制施行をめぐり、外町において外町単独での町制施行を支持する意見が強かったことなどを指摘し、内町との対立を強調している［秋田市　二〇〇四］。士族と商家との「習慣風俗」の違いなどに起因するという、そうした対立は、商工業者の内町への進出が進んだ明治三〇年代前半には解消したとされる。だが、設立が発起された一八九一年時点では、内町・外町間には、相当な距離感があったと考えられる。

これにたいして、那波祐富は、市長・小泉吉太郎の後押しもあり、「家事ヲ抛チ寝食ヲ忘レ東馳西奔、懇友相謀リ、親交相誘ヒ、酒盃笑談ノ間ニ人間盛衰ノ事ヲ話シ、貧富共救ノ務ヲ語リ、彼我ノ間ニ圭角ヲ顕ハサスシテ専ラ円滑ヲ主トナシ、発起以来四年間終始彼レカ自宅ヲ会場トシ、或ハ集会人ノ多キ自宅容ル、コト能ハサルトキハ他席ヲ借リテ之ヲ開ク等、其幾回ナルヲ知ラス」。那波は勧誘の都度、自宅等に酒席を設けており、そうした尽力によって外町から多額の寄付が寄せられたという。一八二九年の感恩講創設の際、那波祐富の祖父・祐生は、寄付者やその紹介者をその都度自宅で供応し、その人数は延べ数千人に及んだとされる［青木美智男監修　二〇〇〇、史料二］。那波祐富の供応は、そうした先例に倣ったとも考えられるが、前述した外町の消極的な姿勢を打破することになった。

西宮藤長は、「碩儒ニシテ齢古希ニ近キモ、其労ヲ厭ハス東馳西走、人ニ説クニ徳義ヲ以テ義金勧奨、或ハ設立ノ旨ニ貫徹セスシテ反動説ヲ試ムルアルモ、理解説明終ニ異議ナカラシメタリ」。市長・小泉吉太郎は、「能ク一市内士民ノ状態ヲ熟視シ、資財軽重ノ度ヲ概見シ、諸人応分ノ義援金ヲ勧奨セシカ為メ、身ハ肺患ニ苦シムト雖モ東西ノ間ニ日夜ノ奔走、身命ヲ抛チ百方尽力シテ、反対論者アレハ此義挙タル所以ヲ懇諭明弁、終ニ服従賛襄セシムルニ至ル」という。西宮（一八二五―一八九五）は、秋田藩の藩校明徳館の文学（学長）、私塾・四如堂の塾長、秋田女子師範学校校長などを務めた［秋田市　二〇〇四］。小泉（一八五一―一八九五）は、秋田藩士出身で、初代の秋田市長となり二期目を務めていた。「反動説」「反対論者」の詳細までは確認できていないが、士族層の支持を獲得するうえで、西宮と小泉の経歴や立場が影響力を有していたことは十分想定しうる。

また、旧藩主・侯爵佐竹義生の寄付によって「当市士民一層勉励心ヲ発シ続々義捐者ヲ生出セルニ至ル」とされる。佐竹義生（一八六七―一九一五）は、父義尭の死去により、一八八四年に家督を継いだ。感恩講との関係は、一八八九年の三〇円の寄付に始まる。「曽テ祖先ノ旧藩ニ在テ是講ヲ奨励セシヲ聞キ、又県地ニ来リ、親ク其実況ヲ観テ深ク其美挙ヲ感」じたという（『感恩講書類』明治二二～二三年、秋田県公文書館蔵、九三〇一〇三―〇〇八六六、二九）。旧藩主家の代替り後に生じた、佐竹義生との直接の関係が、一八九二年の一〇〇〇円の寄付につながったことになる。

「秋田市内東部感恩講設立願」（『東部感恩講書類』明治二七～二八年、秋田県公文書館蔵、九三〇一〇三―〇〇八六三、四）によれば、二二八名から、計一万二二五円と田二反歩の寄付が寄せられた。寄付額は、旧藩主・佐竹義生の一〇〇〇円を筆頭に、那波三郎右衛門の七〇〇円、湊弥七・辻兵吉の五〇〇円、加賀谷長兵衛・本間金之助の三〇〇円、佐藤文右衛門・平野三郎兵衛・村山三之助・加賀谷富太郎の二〇〇円、以下一五〇円・一二〇円が各二名、一〇〇円が五名、七五～六〇円が五名、五〇円が一八名、四五～三五円が一四名、三〇円が一八名、二五円が一三名、二〇円が四四名、一五円が九六名、田二反歩が一名となっている。注目されるのは、五〇〇円の湊をはじめ、一〇〇円の船山忠定、六〇円の羽生氏熟といった士族による寄付である。湊らは富裕な士族であるが、前述した一八八一年の感恩講への寄付には参加していない。東部感恩講の設立は、維新後の士族層にまで感恩講事業の支持が拡がる重要な契機だったといえる。また、発起者である小泉吉太郎・西宮藤長の寄付が一五円宛であるように、多額ではなくとも拠出をした士族も少なくなかったと思われる。

東部感恩講では、運営にも士族が関わっていた。設立時の年番には、発起者の那波三郎右衛門祐富・西宮藤長のほか、湊彌七・辻兵吉・御代信成・船山忠定・高久景福が着任した（前掲『東部感恩講書類』明治二七～二八年、一）。このうち、那波・辻以外の五名が、士族である。前掲『秋田県管内名士列伝』では、一八八九年の納税額を、那波が秋田市内で三番目（八七六円）、湊が五番目（六五九円）、辻が一番目（前述）、船山が三三番目（六一円）と推定しており、西宮・御代・高久は記載されていない。東部感恩講への寄付額では、那波が七〇〇円、湊・辻が五〇〇円、船山が一〇〇円、御代・高久が四〇円、西宮が一五円となっている（前掲『東部感恩講書類』明治二七～二八年、四）。年番の多くを士族が占めたことは、内町の士族が救貧事業を受け入れるうえで、抵抗感を緩和したように思われる。

東部感恩講は、那波ら発起人が、秋田市の内町・外町双方の支持を獲得したことによって設立された。内町（旧武家地）を対象とする東部感恩講の設立は、当時の秋田市全体に救貧を供給する事業が成立したことを意味する。

(2) 感恩講児童保育院の設立

感恩講は、一九〇五年に児童保育院を設立した。貧困家庭の子ども・孤児・捨て子を施設で預かって養育し、院内で尋常小学校相当の教育（一九二四年から公立小学校への通学に変更）や実業教育を提供した［秋田県社会福祉協議会編　一九七九］。実業教育では、退所後の自立・就職のために「簡易ノ手工」（工作・技術）を重視していた。院長は、感恩講の年番が務め、族長（主任指導員）以下の教師、保婦らが現場を担った。

児童保育院設立の直接の契機とされるのが、一九〇二年の内務書記官・井上友一による感恩講視察である［加賀谷長兵衛編　一九〇八］。井上は、後に内務官僚として日露戦後の地方改良運動や感化救済事業、中央慈善協会創立などを推進したことで知られる［池田敬正　一九八六］。救貧より防貧、防貧より風化（精神的振興）を重視すべきとする『救済制度要義』（一九〇九年）を著した。井上は視察の際、年番にたいして、従来の救貧事業に加えて、防貧を目的とした貧困児童の教育事業を起こすことを提案した。井上は、一九〇〇年に国際慈善事業会議（パリ）に出席して西欧を視察している。児童保育院は、その井上が「時世ノ進歩ニ伴フノ施設」として勧めた事業だった［加賀谷長兵衛編　一九〇八］。

ここで注目したいのは、感恩講が、新たな養育・教育事業と従来の救貧事業との関係をどのように位置づけていたかである。一九〇八年の『感恩講誌』では、児童保育院設立の経緯に多くの頁を割いており、元来、感恩講創設の契機には、当時の藩主・佐竹義厚が志した「育児保嬰」があったとする。児童保育院の設立は、その「宿望」の実現であり、井上友一ら多くの有識者から『慣例』の規定に適うと評価されたことを強調している。そこには、感恩講関係者が、『慣例』の規定への抵触を多分に懸念していたことが示されている。前述した『慣例』第二条が、実際に新規事業の一定の制約となっていたことを確認できる。

また、一九〇五年一〇月、感恩講が内務大臣宛に提出した「児童保育院設置願」には、「本講ハ従来鰥寡孤独実際生活ニ困難ナル者ヲ救済シ、併セテ自立自営ノ途ヲ立ツヘキヲ奨励致来候所、多数ノ被救恤者中徒ニ依頼心ヲ起シ本講ノ恵沢ニ浴スルハ当然ナルモノ、如ク思惟シ、遂ニ自活ノ精神ヲ喪フ者ナキヲ保シ難キノミナラス、世運ノ進歩ニ伴ヒ、単純ナル直接救助ノミニテハ、本講創設ノ趣旨ヲ完カラシメ難キ憂有之候ニ付」とある（『感恩講事務簿』明治三八年、秋田県公文書館蔵、九三〇一—〇三—〇〇八七一・二〇）。ここでは、感恩講が、従来から「自立自営」を奨励してきたことを強調している。たしかに、一八二九年に定められた規則には「此救助ヲ得ル者ハ、専ラ家業ヲ励ミ家産ヲ興スヲ目的トスヘシ。遊惰ニシテ貧困ヲ招ク者ハ、再ヒ救助セサルノ意ヲ毎度説諭スルモノトス」とある（前掲『御巡幸関係書類』）。その趣旨は、明治期にも引き継がれ、「月二回受救者ノ家宅ニ就キ実状ヲ調査スル等、力メテ其査定ヲ厳ニシ、遺策ナカラシメンコトヲ期」していた（秋田県　一九〇五『秋田県慈善事業一班』、『秋田県報』第一九四八号付録）。

だが、一九〇五年に児童保育院設立の理由として挙げられたのは、従来の救貧によって惰民を養成することへの懸念だった。近世以来、惰民養成の回避を図ってきた感恩講であっても、そうした懸念を払拭できなかったことになる。地方紙の『秋田魁新報』では、一九〇〇年前後、惰民養成の弊害があるとして、感恩講に批判を向けていた（「消極的慈善につき」上下、一八九七年一二月一二・一四日付論説、など）。一九〇五年前後には、感恩講がいわば自己否定せざるを得ないほど、惰民養成の批判が高まっていたことをうかがえる。なお、『秋田魁新報』は、児童保育院の設立計画を「該団体が貧民の結果よりも原因の救助を旨とし、則ち消極的より積極的に転せんとするもの」と高く評価している（「感恩講の一飛躍」一九〇三年一一月二三日付論説）。

むすびにかえて

知行高からの収入に依拠してきた感恩講は、一八七一年の廃藩置県によって存続の危機を迎えた。危機は、財政面にとどまらず、事業内容にも及んでいた。一八七四年、秋田県庁は、殖産興業の論理によって、近世後期以来の救貧活動に再編を迫った。そうした危機は、一八七八年に転機を迎える。地方官交代後の秋田県庁は、感恩講の備蓄米補充を優先する方針を認め、その後、救貧方法も従来のものに復した。さらに、一八八一年の明治天皇の巡幸によって、感恩講の従来の活動が全面的に肯定されることになった。財政状況も、巡幸に先立つ大蔵省の補償によって大幅に改善された。同年には、新興商家を中心に多額の寄付も寄せられており、感恩講の信用も大いに回復したことがうかがえる。

安定した財政基盤の確立後、感恩講は、組織・運営体制の再建を進めた。明治天皇の公認や一八八八年の裁判所の判決などに規定されて、再建の基軸には、近世後期以来の救貧活動の維持が据えられた。年番の補充も再開され、新旧の商家から運営の担い手を獲得した。また、再編成された儀式には、旧秋田藩・秋田県庁・皇室・寄付者といった感恩講の正当性に関わる要素が配され、それらが毎年再演されることで、正当性をアピールするとともに、寄付者らとの関係の再生産も図られた。これらをつうじて、一八九〇年代半ばには、秋田市の外町（旧町人地）に救貧を供給する安定した組織・運営体制が確立された。

財政面と組織・運営面を再建した感恩講は、一八九四年の東部感恩講の設立に関わり、一九〇五年には児童保育院を設立した。内町（旧武家地）を対象とする前者の設立は、当時の秋田市全体に救貧を供給する事業が成立したことを意味する。これにたいして、後者の児童保育院は、防貧を主眼としたもので、従来の救貧活動を自己否定する側面も含まれていた。そうした背景には、惰民養成への批判の高まりがあった。

感恩講の救貧について、昭和期の代表的な民法学者である中川善之助は、一九三二年の論文で「袋と認印とを携帯した数十人の被給与者が土間に集まり、下役の氏名を呼び上ぐる声に従て順次に三升なり四升なりの米を袋に入れて貰ひ、受取帳に捺印して喜び帰り行く様は、見る者をして転た世の暗き相と人の浄き心とに悲喜交々の感あらしむるものがある」としている（中川善之助　一九三二「感恩講法律史」『法学協会雑誌』第四九巻第七号）。一九〇五年刊行の『感恩講図巻』には、当時の救貧活動の様子が描画されている。「済飢給米」は、米の支給の場面を描いたものであるが、中川の眼前にあったのは、一九〇五年当時とほぼ変わりない光景といってよい。そこには、二〇世紀に入って高まった人格の尊重といった面への配慮は希薄にみえる［大川啓　二〇一五］。感恩講は、近世後期以来の救貧活動を維持したことで、戦前の秋田市に、恤救規則とは桁違いの規模の救貧を供給することができた。同時に、活動の様式を維持したことにより、同時代の思潮とのズレが拡大していたように思われる。

註

＊1　戦前の秋田県庁文書には、『御巡幸関係書類』と題した簿冊が三一点あり、いずれも一八八一年の明治天皇の巡幸関係である。本史料は、そのうちの「天覧物取調掛之部」（全九番）の三番の別簿「感恩講書類」であり、「感恩講顛末概記」「感恩講略記」の二部で構成されている。後者には、創設から一八八一年までの感恩講の関係文書の写しや記録類が集成されており、前者は、それらを編年体で簡潔に記録したものである。

＊2　二〇一七年現在、大館感恩講が母子生活支援施設・保育所、能代感恩講が保育所、浅舞感恩講が保育所、角館感恩講が公共交通の継続支援・奨学金寄付・福祉団体への助成金交付、の事業をおこなっている（一般財団法人角館感恩講、http://kakunodate-kanonko.jp/　二〇一七年九月一八日閲覧）。

参考文献

青木美智男監修・庄司拓也校訂　二〇〇〇『近世社会福祉史料—秋田感恩講文書』校倉書房
秋田県社会福祉協議会編　一九七九『秋田県社会福祉史』
秋　田　市　二〇〇三『秋田市史』第三巻
秋　田　市　二〇〇四『秋田市史』第四巻
秋田市史編さん委員会近・現代部会（大杉由香）編　二〇〇五『秋田市史叢書一一　近現代感恩講史料』秋田市
池田敬正　一九八六『日本社会福祉史』法律文化社

井上隆明　一九九四『新版　秋田の今と昔』東洋書院
大川　啓　二〇一五「近代日本における名望と地域福祉の社会史―二〇世紀初頭の秋田市における資産家の福祉活動を中心に」『歴史学研究』九二九号
大川　啓　二〇一七「近代日本の地域福祉と米価騰貴―秋田市の事例を中心に」『歴史評論』八〇六号
大杉由香　一九九四「本源的蓄積期における公的扶助と私的救済―岡山・山梨・秋田を中心に」『社会経済史学』第六〇巻第三号
大杉由香　二〇〇八「秋田感恩講に関する一考察―過去の福祉NPOから何を見るか」『東洋研究』一六九号
大月英雄　二〇一八年二月掲載予定「明治初期の備荒貯蓄と民間社会―滋賀県の事例を中心に」『ヒストリア』二六六号
加賀谷長兵衛編　一九〇八・一九一〇・一九二一『感恩講誌』感恩講
菊池勇夫　一九九七「三年の蓄えなきは国にあらず―幕藩制社会の危機管理論」『歴史』八九号
庄司拓也　二〇〇二a「明治前期における地域的救済組織の存続過程―感恩講の法人化をめぐって」『専修史学』三三号
庄司拓也　二〇〇二b「明治前期における感恩講の存続をめぐって」『東北社会福祉史研究』二〇号
庄司拓也　二〇〇二c「天保の飢饉下における感恩講の活動と財政」秋田姓氏家系研究会編『秋田史記　歴史論考集五』秋田文化出版
藤嶋正行　一九七六「秋田県社会事業史―感恩講を中心に」『秋田近代史研究』二一号
牧原憲夫　二〇〇八『全集日本の歴史　第一三巻　文明国をめざして』小学館
宮本又郎　二〇一〇『日本企業経営史研究―人と制度と戦略と』有斐閣
若尾政希　二〇一六「近世後期の政治常識」明治維新史学会編『講座明治維新一〇　明治維新と思想・社会』有志舎

六 天地会とベトナム南部社会
——民衆運動に見るベトナム近代の政治文化——

武内房司

はじめに

本稿は、民衆運動を素材として、近代ベトナムの政治文化のあり方を探る試みである。ベトナムの場合、植民地を経験しているために、いかに独立を実現し、どのような独立国家を構想するか、といった課題が必然的に政治文化を規定せざるをえなかった。ファン・ボイ・チャウやクオンデらの亡命反仏勢力により、執拗かつ長期にわたって独立国家の樹立が目指されていたことについては、これまでに日本においてもかなりの研究の蓄積がある。[*1]

しかし、ファン・ボイ・チャウのように、儒教的教養に裏打ちされた士大夫エリート（ベトナムでは文紳《ヴァンタン》と呼ぶ）以外に、いわゆる秘密結社や民衆宗教団体による反植民地運動や独立運動が持続的に展開されていたことについては必ずしも十分に検討されてきたわけではなかった。取り上げられたとしても、せいぜい概説書で蒙昧な民衆による時代遅れの旧式の反仏蜂起として紹介されるにすぎなかった。

本稿では、一九世紀後半から二〇世紀初頭にかけて、近代ベトナムの独立運動にかかわった主要な秘密結社の一つである天地会をとりあげ、民衆の眼に映じたその独立観がどのようなものであったのか、若干の検討を加えてみたいと思う。民衆が自ら整序されたかたちで記録を残すことは頗る稀であり、それゆえにその政治運動を分析するには多くの困難がともなう。しかし、植民地当局が容疑者を逮捕し作成した訊問調書や押収パンフレットの分析資料などには、こうした民衆運動の論理を読み解くうえで、多くの素材が含まれているともいえるのである。

天地会といえば、誰しも近世中国社会で誕生した秘密結社を思い浮かべる。ベトナムの天地会もまた、確かにこの流れを汲む秘密結社の一つであった。正確にいえば、行論で詳述されるように、ベトナムに移住した華人たちの伝えた民衆組織の一様態として出発した。

中国起源の天地会は「反清復明」をスローガンとしたことがよく知られ、そこから満洲族の中国統治に抵抗する革命団体としてのイメージが定着した。一九一一年に発表された平山周の「支那革命党及秘密結社」のなかで詳細に紹介された「西魯序」伝説はそうしたイメージを固定化させるものであった。すなわち、西方の異民族「西魯」を撃退する等の輝かしい功績をあげたにも関わらず、逆に時の王朝の迫害を受けたことに憤激した少林寺の僧侶らが結成した反満団体であるとする神話が、鄭芝龍や鄭成功、明朝復興運動としての南明政権などの歴史と同一視され、かつ現実の反満団体として広く知られるようになったのである［温雄飛　一九二九］［秦宝琦　二〇一二］。

しかし、一九六〇年代以降、清朝の檔案史料に基づいた実証研究をつうじて、天地会が乾隆年間以前には溯り得ないこと、すなわち明朝遺臣たちの抵抗運動に接合させようとする発想自体が、近代革命運動の強い影響下に創造されたものであることが指摘されるようになった。

近年ではむしろ、とくに欧米などにおいては、オーンビーらの研究に代表されるように、「既存の規範に挑戦する明らかに反体制的かつ〝革命的〟組織というよりは」、「広義の友愛団体 brotherhood associations」として位置づけるべきだとの考え方が主流になりつつある［Ownby & Heidhues 1993:15］。日本では、近年、社会史の視点から、山田賢もまた、「相互扶助の容器」として位置づけている［山田賢　一九九八：二〇六］。いわば、欧米における近年の天地会研究と視点を共有しているといえよう。*2

しかし、互助組織として出発した天地会が、同時に、「反清復明」という政治性を獲得し、さまざまな民衆運動にかかわっていったこともまた事実であった。同様の事態は、ベトナムの天地会においても確認できるのである。

1　ベトナム南部の天地会

(1)　華人系天地会と初期反植民地抵抗運動

ベトナムで最初に天地会の存在が明らかになったのは、一八六二年、サイゴン条約をつうじ、フランスがベトナム南部にコーチシナ直轄植民地を成立させて以降のことであった。*3　一八七五年、フランスの植民地当局は、「義和公司」と呼ばれる組織を摘発した。フランス植民地当局は、一八六六年に刊行されたオランダの植民地官僚シュレーヘルの著作『天地会研究』を参考に、この公司という組織が西魯伝説を共有する天地会にほかならないことをつきとめていた［Son Nam 1974:78;81-82］。

フランス植民地当局がその組織の存在に本格的に関心を向けるのは、清仏戦争前夜、いわゆるトンキン問題が起こり、フランスと阮朝ベトナムとの緊張が高まりを見せた時期のことであった。一八八〇年代当時、ベトナム南部の天地会の主たる活動拠点となったのは、ソクチャン、バクリュウといったメコンデルタ河口付近であった。

一八八二年六月、カントーの植民地評議会メンバーであったグエン・タイン・チュン（Nguyen Thanh Trung）は、後述するように、天地会メンバーであったチャンガイが逮捕された際に、天地会の起源とベトナム南部入植の経緯を

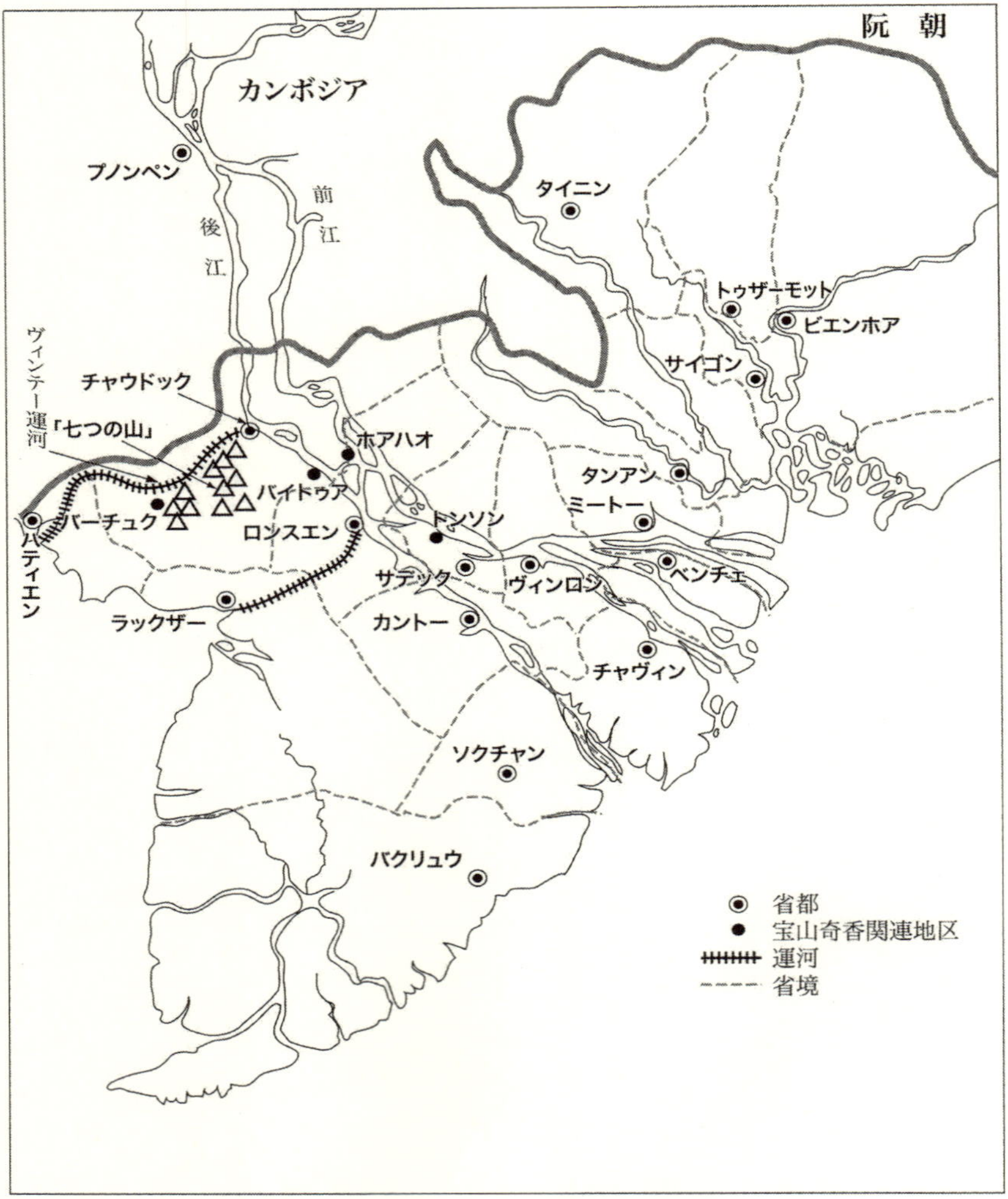

図　1880年代ベトナム南部略地図

（Raoul Postal, *A Travers la Cochinchine, 1887.* より）

詳細に当局に報告している。それによると、天地会の影響力が最も大きかったのはメコン河の支流ハウザン（後江）の南に位置するソクチャン地域であり、そこでは義和と義興の二つのグループに分かれて互いに勢力を競っていた。チュンはこの抗争の要因を、入会者より得られる会費を最大限に独占しようとする利害の対立に帰するとともに、天地会の起源についても、以下のようにその由来を説いている。

清・道光年間の後、明朝の子孫朱天徳[*4]が清朝と闘うべく蜂起せんとし、清朝への服属を潔しとしない長髪《たいへいてんごく》の人々や他の民衆がそれに従った。とくにその数が多かったのは四川・陝西・雲南・貴州であった。壬子・癸丑の歳（一八五二・一八五三）に蜂起したそのとき、朱天徳の党が「明朝が清にとって代わる」、「天は子に開かれ、地は丑に闢かれる（Thiên khai u tí, Địa tịch u sũu）」などの予言を編み出したことなどを紹介したのち、続けてチュンは次のように述べる［TTLTQG2/GOUCOCH/17655］。

生き延びた天地会のメンバーは、ジャンク船（les navires des Ô）に乗って安南に逃れ、海賊となった。ジャンク船に乗った華人のなかには、カオ・バン・フィーとフイン・クオック・ラップ（黄国立？）という潮州出身の死を免れた天地会のメンバーがいた。彼らは〔清軍に〕虐殺され、荷物は奪われた。安南王は船を派遣し海を監視させたが、その際海賊に遭遇して銃撃を加え、その数は減少したがその打撃は完全なものではなかった。フィン・クオック・ラップとカオ・バン・フィーの死後、ジャンク船の数はますます減少した。

華人はまた、カマウ岬やラック・ザー、バースエン、バクリュウを経由し、この地（ヴィンロンのこと〜引用者）に定着した。平和な時には暮らしをたて、トラブルが起こった際には、彼らは結社をつくり、強奪行為に訴えた。旧政府のもとで彼らは斬首か銃殺刑に処せられたが、自らのすがたをあかそうとはしなかった。

一八五三年前後に挙兵した天地会系反乱としては廈門小刀会の蜂起が挙げられよう。廈門小刀会盟主黄威は、年号「天徳」をかかげ、「漢大明統兵大元帥」を自称したことが知られている［佐々木正哉　一九六三］。黄威は、福建省泉州府同安県の富豪黄得美の義子であり、南洋に出洋し交易に活動に従事するなど、東南アジア世界と深いかかわりをもっていた。蜂起が鎮圧されたのち、廈門小刀会の残党の一部がコーチシナ方面に立ち去ったことが英国領事により報告されていることから見て［村上衛　二〇一三：二五二］、チュンの報告に登場する黄国立がこの黄得美や黄威の一族に連なる可能性もあろう。[*5] 阮朝側の記録にも、「大明帥将」を自称する「海匪」黄朱盛が慶和《カインホア》の柑欞汎で商船を劫掠した、との記載が登場している（『大南寔録・第四紀』巻一六、嗣徳一〇年（一八五七）正月の条）。

チュンは、天地会の残党が阮朝側の鎮圧により、ジャンク船による活動が抑え込まれたことを伝えるが、しかし、それは華人の活動が終息したことを意味するものではなかった。福建・広東各地の華人たちは、略奪をこととする「海賊」としてではなく、しだいにメコンデルタにおいて着実な生活基盤を獲得していったのである。黄威が発した「天徳癸丑年四月十日」の告示には、大漢天徳の年号とともに「義興公司」の印記が押されていた［佐々木正哉　一九六三：一〇三］。この「義興公司」はまた、メコンデルタに入植した潮州系の華人たちが結成した秘密結社（ベトナム語でケオ・サイン）の名称でもあった。

「海匪」を厳罰に処す方針で臨んだ嗣徳帝であったが、一八八〇年代、トンキン問題を契機にフランスとの緊張が高まると、阮朝ベトナムは抗仏勢力としての天地会に着目し、フランス勢力の攪乱を企図した。

一八八二年三月、アンリ・リヴィエールがハノイ城を占領すると、嗣徳帝は戸部尚書阮誠意をサイゴンに派遣し、フランス側との講和条約交渉にあたらせた。阮誠意はサイゴンで公使をつとめた経験があり、サイゴン、チョロン、ミートー各地と緊密な連携網を作り上げていた。阮誠意はサイゴンに着任すると、阮朝皇母の一族であるファム・ダン・ドゥオン（Phạm Đăng Đường）らフランス植民地統治に不満をいだく諸人士との接触を開始した。ドゥオンを逮捕した際に、阮朝王室がチョロンの海南幇幇長ル・ホアン（Lou Hoáng）に宛てた書簡が発見された。この書簡のなかで、阮朝は、すべての天地会会員に恩赦を与える用意があることを伝え、ル・ホアンに南部人士の政治動向を探査

表　潮州幇に課せられた警察維持税（[Nguyễn Thế Anh 1974:13] より．単位はピアストル）

幇名	納入額	幇名	納入額	幇名	納入額
チョロン潮州幇	5,000	ソクチャン潮州幇	1,440	サデック潮州幇	750
サイゴン潮州幇	1,500	バクリュウ潮州幇	1,440	チャヴィン潮州幇	1,000
カントー潮州幇	500	バイサウ潮州幇	720	ヴィンロン潮州幇	200

することを求めていた。

同年、南部各地で活性化した天地会系民衆騒擾の背後に阮朝の関与があることを疑ったコーチシナ総督ル・ミル・ド・ヴィレは、華人系自治組織〝幇〟（Congrégation）をつうじた本格的な天地会対策に乗りだした。[*6] 同年六月九日には、以下の条例が公布された。

一、コーチシナにおいて新たに騒乱が発生したが、それらは大部分潮州幇に属する華僑によるものである。そうした状況が生まれたのはこの幇がそのメンバーを登録するにあたって慎重さを欠いたためであり、その結果、コーチシナ全体に多くの遊惰の民が生み出され、中国か近隣殖民地に強制退去させられることとなった。それゆえ、潮州人によって引き起こされた内乱や平和な秩序を乱す行為、強奪などに対処するのに必要な特別の警察費用にあてることとする。

二、ソクチャン管轄内に警察を創設し、三〇名を補充する。ソクチャン、バクリュウ、バイサウの潮州幇は、警察の給与並びに装備費用を支払うべきものとする。

さらに、天地会の活動を抑えるために、ソクチャンよりバクリュウ地域を切り放し、別個な行政単位として管理する方針が打ち出された［Nguyễn Thế Anh 1974］。

当時のバクリュウ所属の高台の地は、ソクチャンと連接しており、潮州系の華人は、定住後、畑地・水田の造成に従事したが、同時に交易活動に携わることで頭角を現した。多数のクメール人を含め、住民のほとんどは商業に不慣れであったためである。潮州人はやって来ると、米穀の交易権を掌握してチョロンに米穀を供給した。各種雑貨の販売し、運送業を握るとともに、彼らは塩田を開拓し塩竈を建造して製塩業にも進出したといわれる［Sơn Nam 1974:82］。一九世紀末、ソクチャン省の華人人口は、約一万人に達していたが、そのうち潮州幇に属する華人は約七〇〇〇名に上っていたという［Nguyễn Thế Anh 1974:8］。ル・ミル・ド・ヴィレの対天地会政策は、以上のように華人、とくに潮州幇を狙い撃ちにするものであった。当時のソクチャンの牛一頭は五ピアストルであったとされ、潮州幇はかなりの課税負担を強いられたことになる。

つぎに、植民地行政文書に残されている資料から、華人系天地会の具体的な活動状況を確認していくことにしたい。一八八二年、フランス植民地当局は、カントー、ソクチャン地区で活動していた天地会会員チャンガイを逮捕した。このチャンガイについては、コーチシナ総督府時代の行政文書を保管するベトナム国家第二アーカイブズセンターに関連資料が保管されている。以下にその一部を紹介する。

チャンガイ（Trần Gẫy）は、五〇歳、潮州幇に属する華人で、商人である。カントーのアンロク村カイコンとチュオンタイン村に住んでいる。

問：いつからコーチシナに住んでいるのか？

答：私はコーチシナのバイサウ（Bãy Xâu）で生まれ、父親は華人で、母親は明郷（華人と安南人女性の子）です。一二歳頃、中国に行き、その二年後、ここに戻ってきました。その後、一八七八年、再び中国にでかけました。

問：それでは、お前は華人ではない。明郷だから、安南人だ。

答：私はずっと華人と見なされてきたし、今まで人頭税も払ってきました［TTLTQG2/GOUCOCH/17655］。

チャンガイが潮州幇に属する「華人」で、しばしば中国とベトナムとを往来していた商人であったことがうかがえる。逮捕時、チャンガイが、積極的に高利貸を行うなかで貸し出された現金と穀物は、銅銭四〇三九貫、銀元一一五ピアストル、米穀一万四二九斗に達していた。関係者への捜索から、「義和公司」など、明らかに天地会に属することを明示する印章も押収されている［Nguyễn Thế Anh 1973: 9］。

このチャンガイについては、フランス国立文書館海外館にもう一つの供述書が残されており、広大な土地を所有する大地主であったことをうかがい知ることができる。

問：財産はあるか？

答：多くの水田があり、申告した面積は一〇〇ヘクタールになります。

問：じっさいにカントー、ソクチャンに一〇〇ヘクタールあるわけだね。……あなたが天地会員であることは証明されている。脅迫を受けて入会したのか、それとも利益を得るために入会したのか？

答：私はもともと富裕なので、この会に入ることはまったく利益になりません。私は〝郷職〟の地位にある人間で、一〇〇フランの人頭税を払っています。もし貧乏人であれば、別な選択をしたでしょう。［Nguyễn Thế Anh 1973:15-16］

天地会の担い手が、一〇〇ヘクタールもの広大な土地を所有する大地主であったことが確認できる。一八五〇年代以降、潮州系をはじめとして華人たちのあいだに広まった天地会が、一八八〇年代に入り、華人人口の増加とともに、ソクチャン、バクリュウ等メコンデルタ流域に徐々に浸透していったのである。

(2) ベトナム化する南部天地会

このチャンガイ事件からは、本来、華人系組織であった天地会が急速に南部のベトナム人のあいだに広まっていたことがうかがえる。たとえば、一八八二年五月二四日、ヴィンロン植民地評議会メンバーの一人は、以下のような興味深い報告を行っている。

ずいぶん前から知られていることですが、義興公司と義和公司の華人は天地会を組織し、しばしば械闘を行ってきました。さて、今日、我々にとって驚くべきことは、これらの華人たちはあまいことばで貧しき安南人を刺激するだけでなく、負債のある彼らに現金を送り、会員が死亡した際には積立金を流用し埋葬費用に充てています。……現在、貧しき安南人は彼らに抵抗することは非常に困難であり、多くの者がこの組織に加入しています。彼らの主要な目的は、武装力を保持し、広範な規模で略奪を行うために多くの会員を募ることなのです。[TTLTQG2/GOUCOCH/17655]

平山周のいう「貧困・疾病・死生の相互扶助」をつうじて、天地会が多くの「安南人」、すなわちベトナム人を惹きつけていたことをよく伝える証言である。しかし、この時期においては、政治活動の主体として、天地会のリーダーシップはチャンガイの事例に見られるように、富裕な華人ないしその混血にあたる明郷層によって担われていたとみることができる。ベトナム人の参加が見られたにしても、その役割はなお従属的なものにとどまっていた。

メコンデルタへの定住は、しかし、華人アイデンティティの変容を促したのであり、それにともない天地会の性格も微妙に変化していかざるをえなかった。一八世紀末から一九世紀中葉にかけて、ベトナムに移住した華人たちのなかには、華人としてのアイデンティティを保持しつづける者もあれば、しだいにベトナム化していく人々も少なくなかったのである。たとえば、ベトナム南部出身の優れた民俗学者であったヴオン・ホン・セン（Vương Hồng Sển 王洪盛　一九〇二—一九九六）の回憶は、ベトナム化する華人系天地会の変容過程を生き生きと伝えている。ヴオンの一族は、福建省泉州府同安県を祖籍とする華人であったが、郷里ソクチャンの華人及びその混血ともいえる明郷人のあいだで、天地会が広まっていたことを次のよう紹介している。

我々の高祖・曾祖父はいずれも「ベトナムのめしを食べているが、中国を懐かしく思う心」を持っていた。私の父方の祖父ヴオン・ビエン（Vương Biến　一八四八—一八九五）は二人が「決然として清朝の独裁的な弾圧体制とたたかった」ことで、中国を記憶していた。こうして祖父は天地会、すなわち秘密結社の首領となった。……ソクチャン市内の党は、〝義興団〟であり、チャン・フオック・ハイ（陳福海？）が首領 tua hia（〝大哥〟の意）

となった。この人物がフランス政府に協力してのち、しだいに ニエウ・カイン Nhiêu Khánh 総のカイトン（該総）にまでなり、年老いてからは、フランス側は彼を知府に任命した。［Vương 1999:30］

フランス植民地当局が総の指導者であるカイトンに秘密結社の首領 tùa hia を任命することで、積極的に組織の懐柔をはかっていたのである。一八八〇年代、フランスは先に見たように、潮州幇への課税をつうじて警察機構を整備し天地会の押さえ込みをはかるいっぽう、結社首領の懐柔、行政機構への取り込み等をつうじて、天地会を体制内に組み入れることに成功したかに見えた。換言すれば、天地会を互助組織と見る視点は、体制内に取り込まれた八〇年代から二〇世紀初頭の時期にこそふさわしいものであったといえるだろう。

しかし、二〇世紀に入ると、フランス植民地当局は再び天地会に関心を向けるようになった。種々の民衆騒擾事件の背後に、華人のみならずベトナム人自身が積極的に関与していること、また、亡命ベトナム人の海外ナショナリズム運動に天地会が関与していているのではないか、とのうたがいを強く抱くようになったためである。

2　二〇世紀初ベトナムの天地会

(1)　ミンタン運動

ベトナム天地会研究でよく利用される史料に『中国・安南の天地会』という著作がある。南部の地方都市ロンスエンで検事をつとめたデュソンが、天地会として摘発されたメンバーに対する論告求刑をまとめたものであるが、同書によれば、ロンスエン省においては、一九〇六年以前、秘密結社はほとんど存在しなかったが、日露戦争以後、急速な勢いで発展し、省の六〇ヵ村のうち、その影響を受けていないと思われる村は八村のみ、という状況であった［Dusson 1911: 38］。こうした秘密結社の拡大をふまえ、「単純に互助的なものであり、完全に無害なものである」との見解を批判し、明確な政治性を帯びた政治団体として禁圧する必要を説いた。デュソンによれば、天地会がベトナム人農村社会に広がり、かつ政治化の志向を強める契機となったのは日露戦争であった。「日本のロシアに対する勝利が、黄色人種の間に白人のくびきから脱する希望と復讐を組織する欲望を芽生えさせた」のであり、一九〇八年九月頃には、「日本人がコーチシナにやってくる。彼らは天地会の会員だ。彼らがフランスと戦争を始めるとお前は首をはねられるだろう。しかし、我々の仲間になることに同意するならば、日本人はお前に官位を与える。フランスを追い出しアンナンを恢復するために戦うのだ」といった宣伝すら頻繁になされていた［Dusson 1911: 50-51］。

デュソンが天地会案件にかかわった頃、ベトナム南部において、ジルベール・シエウ事件が起こっていたことは象徴的である。ラック・ザーの大地主の出身でフランス国籍を取得するなど、対仏協力者として名高い人物の反仏運動への関与が明るみになっただけに、この事件はフランス植民地当局に大きな衝撃を与えた。ジルベール・シエウ（Trần Chánh Chiếu　陳政炤　一八六七—一九一九）は、香港に留学させていた息子を介してファン・ボイ・チャウと連絡をとり、多くの南部名士の子弟を日本に留学させるドンズー運動を展開させていたことが発覚し、摘発を受けたのである。

シエウの一連の活動は、ミンタン運動（Cuộc Minh Tân）と呼ばれる。シエウは、ミートーに「ミンタン客桟《ホテル》」を設立し、チョロンに石鹸工場を設立するなど実業界に進出したが、クオック・グーによる日刊紙『農賈茗談 Nông Cổ Mín Đàm』及び『六省新聞 Lục Tỉnh Tân Văn』の主筆をつとめるなど、二〇世紀初頭における南部ベトナム人を主体とする近代ジャーナリズム運動の牽引者でもあった［白石昌也　一九八七］［Sơn Nam 1971］。

シエウのこうした一連の実業・ジャーナリズム事業を支えた思想的背景に強烈な儒教への思いがあったことは疑いない。そもそもミンタン（明新）という呼称自体、『大学』にある「大学の道は明徳を明らかにするに在り、民を新しくするに在り」の「明徳」・「新民」からそれぞれ一字をとったものである。シエウは『六省新聞』の社説のなかから、「除弊・化俗・去奸・貶佞・褒忠・楽善」等のテーマに関わる文章を抜粋した小冊子『明新小説』を編んだが、「士王（士燮のこと：引用者）が南越の民を化し、風俗を完成させてからというもの、多くの儒者はそれを隠すか、古くさい言葉を踏襲し、ほとんど新民を作る（tác tân dân）ことはなかった」として、伝統王朝下の儒者の怠慢を厳しく批判した［Sơn Nam 1971:158］。シエウにとって新聞を印刷・刊行し、世界の改革の現況を読者に提供することは、「新民を作る」うえで必要な事業であったのである。シエウ自身、香港・羊城（広州）、珠江の南北、仏山・三水の各地をくまなく訪ね、同地の人々が競って商業・工芸の方途を生み出そうと心を配っていたのを見た[＊7]。香港・広州で展開していた近代化、それと密接にかかわる儒教的革新運動はシエウに大きな影響を与えていたのである。

ミンタン運動は、地主やカイトン、副カイトンら村落有力者を担い手とする、商業・工芸の振興、クオック・グーによるジャーナリズム事業の展開を目指したものであったが、シエウの場合、フランス〔の統治〕を倒し、日本に亡命した阮朝王族クオンデを王に擁立し立憲君主制を打ち立てる、という明確な政治的主張を持っていたとされる。しかし、ソン・ナームも指摘するように、このミンタン運動が南部の膨大な農民層を巻き込むにはいたらなかったとされる［Sơn Nam 1971:106］。

とはいえ、ミンタン運動が展開していた時期に、下層民や農民を構成員とする天地会に質的変化が生まれていたことに目を向ける必要がある。デュソンは、天地会メンバーであったグエン・ゴック・チン（Nguyễn-ngọc-Chỉnh）に対する家宅捜索で押収された天地会文書を次のように翻訳・紹介している。

春秋の書物によれば、コーチシナは政治的な統合体であった。フランスは実質的に夷狄の三つのカテゴリーの一つである。我々に戦争を仕掛けてから、我々は困難な時代に入った。運命は我々が不幸となること、そしてまたわが同胞が苦しむことを望んだのだ。独立を回復する手段はこの書物に記されている。かつて、人は善と悪とを

> 区別し、それを鏡としてきた。すべての者が善と悪とを区別しなければならない。さあ、汝らに警告する。理解しない者は哀れだ！　匈奴は漢王国に対して戦争したのではなかったか。指導者たちは虎のように強く、その兵士は草のように多かった。彼らは堅固な場所を何カ所も奪った。ああ、匈奴はかつて住んでいた、匈奴だけの場所に留まったのだ。突厥が唐帝国と戦ったことを知っているだろう。彼らの象と馬は道路と田畑をふさいだ。彼らは北と東の砦を徹底的に破壊した。ああ、かくして突厥はかつての突厥だけの土地に留まることができた。漢帝国は政治的につねに統一されていたわけではなく、唐帝国も分割されなかったわけではない。フランス人についていえば、彼らは我々からは何千里もの海と山によって隔てられている。彼らは鉄の汽船を建造した。彼らは大量の青銅製の大砲・鉛の砲弾を持っているとはいえ、何年ものあいだ戦い、多くの官僚や将軍を失った。彼らは三省を征服した……（この一節は意味不明）……彼らによって墓があばかれ、廟や寺が破壊され、人道にもとる行いの対象となり、わかい娘や子供たちが犯され、彼らの無礼な振る舞いに委ねられたのを見たであろう。……天は我々がこうしたカオスのなかにとどまることを望まず、彼らが幸福を享受することを許しはしない。天より強き人など決していやしない。地球のあらゆる地において、（一文意味不明）……嗣徳帝はこのうえなく聡明な方である。一三省は統一された。……［Dusson 1911:55-56］

残念ながら原文は付されておらず、題名も不明である。おそらくクオック・グーによって書かれたのではないかと推測されるが、中国起源の『西魯序』伝説の単純な翻訳とはレベルを異にしているのがわかる。中国ではなくフランス領インドシナが舞台として設定されていること、また、嗣徳帝への支持が表明されるなど、作者がベトナム人であったことをうかがわせる文書である。これもまた、天地会のベトナム化を象徴する現象といえる。ベトナムを匈奴や突厥になぞらえ、あくまで強大な勢力（漢帝国・大唐帝国）と戦いぬくことで、独立を保持し得たことが力説されるのである。

(2) 潘赤龍《ファン・シク・ロン》蜂起

南部天地会蜂起で、最も有名なものは、潘赤龍（Phan Xích Long）事件である。この事件について、詳細な記録を残したのはコーチシナ総督府所属の公安責任者ジョルジュ・クーレ（George Coulet）であった。クーレの紹介するところによれば、チャウドックの小麦を扱う商人であったグエン・ヒュウ・チー（Nguyên-Huu-Tri）とグエン・ヴァン・ヒエップ（Nguyen van Hiêp）は、一九一一年七月、カンボジア国境に近いチャオドックのタンチャウ（新州）において、医師兼巫師として生活し、超自然的な力を持つと称する若い男と知り合った。この人物が、偽皇帝「潘赤龍」であった。この「潘赤龍」なる人物は、本名をグエン・ヴァン・ラック（阮文烙 Nguyen van Lac）という、二〇歳そこそこの青年であった。この青年は、一九〇八年から神降しを始め、自分が超自然的な力を持ち、かつ王族につらなる人物であると人々に説き、一九一一年には公安や行政当局に知られるようになった［Coulet 1926: 35-36］。

小麦商人チーとヒエップは、その後、カンボジアのカンポートに移り僧侶として治病行為に従事していたラックと合流し、ラックを「潘赤龍皇帝」として即位させようと計画した。一九一三年三月二四日早朝、八名の実行部隊が総督府・市政府・裁判所・貯水池にほど近いサイゴン中央地区で発見された。同時に潘赤龍皇帝の復興を告げる夥しいビラがばらまかれ、また、革命軍の旗などが総督邸内に投げ込まれた。二八日には、サイゴンで奇妙なデモが行われた。すなわち、この日の早朝、各地の農村からベトナム人が運河をサンパンに乗りチョロンにやってきたが、そのいでたちは襟なしの白装束と白いターバンというものであった。一〇〇名にのぼる被疑者はまったく抵抗することなく逮捕された。彼らは武器も持ってはいなかった。

潘赤龍の計画では、農民たちは同時に爆弾を使用することになっていたが、実施予定の二日前に潘赤龍がファンティエットで逮捕されその機会を失ったのであった。首謀者の一人グエン・ヴァン・ヒエップも逮捕を恐れ三月一九日には、カンポートを離れてサイゴン、チョロンに合流した。事件にかかわった一一〇名のうち三四名が有罪とされ、潘赤龍は永久強制労働罪を宣告されギニアに移送されることになった。しかし第一次世界大戦中であったことから移送船はサイゴンに戻らざるをえず、中央監獄に収監されたのである［CNA/RSC/5738: 134-136］。

もう一人の首謀者グエン・ヒュウ・チーはチャウドック付近のカム山のある寺に逃れ隠れ住むことに成功し、その三年後、チーは再び党派を集め、サイゴン中央監獄に収監されていた潘赤龍の奪回を目指して挙兵した。フランス側の報告によれば、一九一六年一月から二月にかけて、ミートー、チャヴィン、ビエンホア、ベンチェ、トゥザウモット、バリア、ザーディン、タンアンの各地で、それぞれ十数名程度の小規模なものではあったが、「義和」や「黄龍会」を自称する秘密結社や「反仏復南」を掲げる騒擾事件があいついだ。そして、二月一四日から一五日にかけて、サイゴンに約三百名が三隊に分かれて集合した。サイゴンのベルギー河岸に上陸した一隊を中心に中央監獄を攻撃し、収監されている潘赤龍皇帝を救出したのち、政府庁舎を奪取し、政府の指導権を掌握するという計画であった。[*8]

潘赤龍反乱の指導者グエン・ヴァン・ヒエップは、逮捕後の一九一三年七月一二日、以下のような供述を行っている［ANOM/RSC/492］。

問：あなたはハイ・チー（Hai-Tri、グエン・ヒュウ・チーのこと：引用者）の主要な補佐で、そのことは尋問のなかで認めているね。同じ村の出身のハイ・チーがあなたに、〝潘赤龍皇帝〟の支持者たちが集まる寺の建設の監督を任せたのか？

答：すべてその通りです。私は完全に自分の供述を認めます。私は謀反が成功し、わが国が独立を回復するものと確信して行動しました。〝皇帝を探すために〟カンポートに連れて行ったのはチーです。

問：今でもあなたはそれを信じているのか？

答：そうです。私はいつも潘発生（潘赤龍のこと：引用者）を皇帝と考えていました。

問：この人物はすでに占い師稼業をしたことで有罪となったチョロン警察の巡査の息子だ。彼は父親から恨まれていた。こんなやつでもお前は皇帝と考えるのか？
答：首をはねられるまでそうです。私は潘赤龍が生まれながらにして王の資質を持ち、彼を皇帝と見なしてきました。彼は胸に代々皇帝と彫り込んだ記章をつけています。
問：誰かにヨーロッパ人に投げつけるために爆弾を手渡されたら、お前はそれを投げたか？
答：はい。それを投げたでしょう。
問：そのために身の破滅を招くことを知っていてもか？
答：危険なことはわかっていたが、それでも爆弾を投げたでしょう。人びとを疲弊させる重税をかけていることから私はフランス人を憎んでいます。さらに、フランス人はさまざまな犯罪を取り締まろうとしません。その結果、ここ数年、わが婦女子の間に〝堕落した女子〟を生んでいるだけ、他の文明民族の恥となるでしょう。
　私は命を犠牲にするつもりです。不平を持っているのは私だけではありません。私は苦しみを訴えているすべての人びとの代弁者となりたいのです。政府は、税を軽減し人びとを苦しませないことで住民の安全を保障してほしい。そのときには謀反も叛乱も経るでしょう。
問：他の安南人の代言者だといったね。もしもの時に我々に反抗することを決めているコーチシナの安南人は多いのか？
答：我が国民の多くは私と同じように、機会が訪れれば行動することに決めています。政府に対する苦情についていえば、彼らが言及することはありません。彼らは聞き入れられないことを知っているからです。
問：しかし、あらゆる手段をつかってでもフランスの支配を一掃したいと決めた連中はどういったカテゴリーに属するのかね？　知識人それとも農民？

答：農民の階層で、しかも貧しい人々です。知識人や富裕な人々は利己主義な階級をなしており、自分の家の屋根より遠くを見ようとしません。明日革命を担うのは、あらゆる面で抑圧された貧しき農民であり、日雇や農業労働者、小農たちです。これらの人たちは多数を占めます。

問：〝あらゆる面で抑圧された〟とはどういうことかね？

答：個人の税負担が重いのです。労役も負担があいまいで、使いたいだけ使役されるのです。

これを見ると、従来の天地会と異なり、小農や農業労働者など下層民に広まっていたこと、過重な税負担への不満が反乱の動機となっていることが読み取れる。潘赤龍反乱は、ちょうどフランス植民地当局が、道路整備事業を展開し、また第一次世界大戦がはじまり欧州戦線にベトナム人を送り込もうとした時期に起こった［Tai 1983:70］。反乱は、単に指導者の野心を満足させるというよりは、苛酷な植民地情況への異議申し立てという側面を持っていたのである。しかし、クーレの秘密結社研究には、反乱を醸成した社会経済状況への言及・考察は捨象されている。潘赤龍がフランスに抵抗し徹底抗戦を呼びかけ、ついにはアルジェリアに流刑となった咸宜帝の息子を自称したことを明らかにするいっぽう、呪術にたけ、地下から無数の兵士（陰兵）を呼び寄せ、かつ敵方の銃器を無能にする霊力を持つと主張したことなど、潘赤龍の呪術的カリスマ的性格が過度に強調されるのである［Coulet 1926:41］。

確かに潘赤龍反乱が濃厚な迷信・宗教的色彩を帯びていたのは事実である。それゆえに、ベトナムの啓蒙思想家ファン・チュー・チンのように、この運動に否定的な見方をとる知識人も少なくなかった。これに対し、ベトナム共産党の南部方面の責任者でもあったチャン・ヴァン・ザウは大著『ベトナム思想の発展』において、ファン・チュー・チンらの解釈を苛酷すぎるとして批判した。ザウは、潘赤龍反乱の企画者で、逃走後カム山で僧侶となったグエン・ヒュウ・チーらは救国活動のために仏教に身を寄せた士大夫 sĩ phu と解釈すべだ、として肯定的な評価を与えている［Trần Văn Giàu 1973: 530］。

しかし、ザウもまた、顕彰の必要は認めつつも、潘赤龍蜂起が希求した政権構想の中身については触れていない。上記のヒエップの供述においても、植民地体制への不満が語られてはいるが、政治理念や国家構想のヴィジョンが明確に述べられているわけではない。しかし、潘赤龍反乱に際して掲げられた軍旗や徽章の文言は、彼らの目指した理想国家像を読み解くヒントが含まれているように思われる。

クーレは、サイゴン、ミートー、ベンチェ、タイニン各地で押収され、「天運乙卯年〈一九一五〉十二月二十五日」、司令官馬汶の名義で発給された軍旗の上部に、以下の文字があることを紹介している［Coulet 1926: 71］。

宝　奇

聖明王仏

山　香

天地会の「西魯序」伝承などには、朱洪竹など明朝の系譜を引くことを暗示する理想の帝王が登場するが、「王仏」すなわち仏教的聖者として指導者が位置づけられたことはない。しかも、「聖明王仏」を囲むように「宝山奇香」の四文字が配されていることに注意を促したのはサイゴン政権期の文学者ソン・ナームであった。ソン・ナームは、上記八文字からとくに「宝山奇香」の四文字を読み抜き、ベトナム南西部で展開した民衆宗教「宝山奇香」の影響を指摘する［Sơn Nam 1971: 68］[*9]。クーレはこの軍旗の製作者馬汶（Mã Văng）をバイゾー（Bảy-Đỏ）と呼ばれる僧侶の変名であると比定したが、このバイゾーは、別名カオ・ヴァン・ロン（Cao van Long）という医師で、一九〇四年頃よりカンボジア国境のカム山に移り住んだ隠者であったという［Coulet 1926: 163-164］。

宝山奇香は、一九世紀半ば、メコンデルタ西部に登場した民衆宗教運動である。「明王」ないし「明皇」が出世して龍華会を主宰し、理想の帝王による統治が実現されると説き、開発期メコンデルタ西部の農民たちの支持を得た。この教派は、一八七〇年代から八〇年代にかけて持続的な反仏抵抗運動を展開したことでも知られている［武内房司二〇一一]。潘赤龍もまた、宝山奇香の聖地ともいえるチャオドック付近の「七つの山」に遊行したし、この少年皇帝を担ぎ出したグエン・ヒュウ・チーもまた、一九一三年の蜂起失敗後は「七つの山」の一つカム山に籠もり僧侶生活を送った。すなわち潘赤龍蜂起には、天地会の伝統に加えて宝山奇香信仰を取り入れた「理想の帝王」による統治の回復というメッセージが盛り込まれたのである。[*10] しかも、首謀者ヒエップが供述のなかで「婦女子の堕落」ぶりを憂えたように、「復南」すなわち「南《ベトナム》」の復活とは、何よりも道義性の回復としてもイメージされていたのである。

結びにかえて

以上、ベトナム移住華人たちのもたらした天地会組織が、一八八〇年代から徐々にメコンデルタのベトナム人社会に浸透するなど、ベトナム化が進行していったこと、その過程で、二〇世紀に入り、伝統的な「反清復明」に代わって「反仏復南」や「輔南反仏」などのベトナムの独立・復興を目指した新たなスローガンが提起されるにいたった。天地会のベトナム化は明朝に代わる新たな政権シンボルの創出を促さざるをえなかったのである。

しかし、こうした天地会の新たな展開が、ミンタン運動を含むベトナム南部の政治社会運動が勃興したのと同時期に起こっていたことに改めて注目しておきたい。ソン・ナームは、天地会は知識人や官員を引きつけることはなかったが、農村の平民や都市の貧民階層を惹きつけ、「あたたかく、平等な、互いに生死をかけた義兄弟の精神を大切とする風気を打ち立てた」のであり、いっぽうミンタン運動は農村の貧しい人々を吸収することはなかったが、儒者や、郷職や地主などの農村エリートに影響を及ぼし、人々の視野を世界に広げるのに貢献した。天地会とミンタン運動とは本来担い手を異にする運動であったが、一九二〇年代に入り、ジルベール・シエウの一連の運動を支えたグエン・

アン・クオンの息子で、植民地体制に鋭い異議申し立てを行った知識人グエン・アン・ニンによって、両者の運動は統合されたのだと説いている［Sơn Nam 1971: 6-7］。逆にいえば、ミンタン派の伝統を受け継いだグエン・アン・ニンはフランス語をつうじ公刊されたクーレの秘密結社研究を読み込み、ベトナム化した天地会の文化伝統を新たに再発見したのだともいえよう。グアン・アン・ニンは「四海皆な兄弟」の語に見られる、水平的結合を重視する「義」の観念をそこに見出したのである。しかも、自ら天地会の儀礼・組織形態を取り入れ、反仏政治団体「グエン・アン・ニン結社（Hội kín Nguyễn An Ninh）」を組織していったのであった［Tai 1983: 82; 1992: 188-189］。ソン・ナームのいう天地会とミンタン運動の統合が、一九二〇年代以降、具体的にどのように展開していったのかについては、稿を改めて検討することにしたい。

註

＊1　代表的な研究として、［白石昌也　一九九三］などがあげられる。

＊2　平山周の『支那革命党及秘密結社』を見てみると、「貧困・疾病・死生の相互扶助を以て、其目的の中に加へたり」と述べているように、平山自身も恐らくはシンガポール体験などをつうじて、秘密結社の互助組織としての性格をつとに指摘していた［平山周　一九一一：一六］。もっとも、ハーレは、メシアニズムなど天地会の宗教性にも目を向けるべきだと主張した［Haar 1998: 458-462］。

＊3　天地会に属した人物として阮福暎に帰順した四川出身の白蓮教徒何喜文の名が『大南寔録』に登場するが、その情報の正確さには疑問がある。『大南寔録』正編列伝初集、巻二十八、「何喜文伝」、を参照。

＊4　原文は Châu Hiên đức につくるが、Hiên は Thiên の誤記かと思われる。

＊5　ただし、シンガポール社公廟の神位を調査した田仲一成によれば、咸豊四年、潮州府海陽県で起こった呉忠恕蜂起の残党を祀ったものが含まれ、義興公司と呼ばれていたという［田仲一成　一九九〇：三二二］。黄国立が呉忠恕の部下であった可能性もすてきれない。

＊6　一八七一年、フランスは阮朝の制度をモデルとしつつ、コーチシナ直轄植民地において、広東・福建・客家・潮州・福州・泉州

の七の幇を公認し、コーチシナに居住する華人はそのいずれかの幇に登録することを義務づけた［Barrett 2012: 14］。

＊7　フランス植民地当局は、シエウの香港旅行の時期を一九〇七年七月のことと推定している（Le Procureur Général, Chef du Service Judiciaire en Indochine, à Monsieur le Gouverneur Général de l'Indochine à Hanoi, le 28 avril 1909. [ANOM/Indochine NF/28]）。フランス側は、シエウの香港旅行を日本のクオンデ勢力との連携強化の手段ととらえるが、ミンタン運動が中国・香港の儒教改革運動と深く関わっていたことにも目を向けるべきであろう。

＊8　Rapport sur l'Affaire Nguyen-Van-Quyen, Saïgon, le 20 juillet 1916, [ANOM/Indochine NF/28]

＊9　ソン・ナームはさらに一歩進めて、クーレのいうバイゾーを宝山奇香運動の指導者の一人「徳本師」の弟子であったバイ・ズオン（Bảy Dươm）ではないか、としているが、発音の類似以上の根拠は示されていない。

＊10　軍旗に掲げられた「聖明王仏」が、潘赤龍以外に、他の反仏派阮朝皇帝、すなわちクオンデの登極としても意識された可能性もあるが、少なくともフランス側の潘赤龍反乱鎮圧資料からは、クオンデ派の支持者たちが関与した形跡はうかがえない。

参考文献

【日本語・中国語】
温　雄飛　一九二九『南洋華僑通史』東方印書館（『民国叢書第三編二二』上海書店、一九九一年）
佐々木正哉　一九六三「咸豊三年厦門小刀会の叛乱」（『東洋学報』四五巻四号）
白石昌也　一九九三『ベトナム民族運動と日本・アジア』厳南堂書店
白石昌也　一九八七「所謂「ジルベール・シエウ事件」をめぐって―東遊運動とその周辺」（『東洋文化研究所紀要』一〇四冊）
秦　宝琦　二〇一二『中国洪門史』福建人民出版社
武内房司　二〇一一「「宝山奇香」考―中国的メシアニズムとベトナム南部民衆宗教世界」（武内房司編『越境する近代東アジアの民衆宗教―中国・台湾・香港・ベトナムそして日本』明石書店）
田仲一成　一九九〇「粤東天地会の組織と演劇」（『東洋文化研究所紀要』一一一冊）
平山　周　一九一一「支那革命党及秘密結社」（『日本及日本人』六九号）
村上　衛　二〇一三『海の近代中国―福建人の活動とイギリス・清朝』名古屋大学出版会
山田　賢　一九九八『中国の秘密結社』講談社

【欧文】
Barrett, Tracy 2012, *The Chinese Diaspora in South-east Asia: The Overseas Chinese in Indochina,* London & New York: I.B. Tauris.
Coulet, George 1926, *Les sociétés secrètes en terre d'Annam,* Saigon: Imprimerie commercial c. ardin.
Dusson, Henri 1911, *Les sociétés secrètes en Chine et en Terre d'Annam: réquisitoire prononcé à l'audience du tribunal correctionnel de Longxuyên du 19 Novembre 1909,* Saigon: Imprimerie Phat-Toan.
Haar, Barend J. ter 1998, *Ritual and Mythology of the Chinese Triads: Creating an Identity,* Leiden: Brill.
Ownby, David & Heidhues, Mary Somers ed. 1993, *'Secret Societies' Reconsidered: Perspectives on the Social History of Early Modern South China and Southeast Asia,* Armonk, New York: M.E.Sharpe.
Tai, Hue-Tam Ho 1992, *Radicalism and the Origins of the Vietnamese Revolution,* Cambridge, Massachusetts, London, England: Harvard University Press.
Tai, Hue-Tam Ho 1983, *Millenarianism and Peasant Politics in Vietnam,* Cambridge, Massachusetts, London, England: Harvard University Press.
【ベトナム語】
Nguyễn Thế Anh 1974, "Thiên Địa Hội ở Nam-Kỳ Năm 1882"（「一八八二年南部の天地会」）, *Tập-San Khoa-Học Nhân-Văn Hội-Đồng Quốc-Gia Khảo-Cứu Khoa-Học,* Tập II.
Sơn Nam 1974, *Cá tính của Miền Nam*（『南部の特質』）, Saigon: Đồng Phố.
Sơn Nam 1971, *Miền Nam Đầu Thế Kỷ XX: Thiên Địa Hội và Quộc Minh Tân*（二〇世紀初の南部：天地会とミンタン運動）, Saigon: Phù Sa.
Trần Văn Giàu 1973, *Sự Phát Triển của Tư Tưởng ở Việt Nam: từ Thế Kỷ XIX đến Cách Mạng Tháng Tám Tập 1*（『ベトナム思想の発展——一九世紀より八月革命まで』第1輯）, Hà Nội: NXB Khoa Học Xã Hội.
Vương Hồng Sển 1999, *Hơn Nửa Đời Hư*（「なかばうつろな時代」）, Hồ Chí Minh: Nhà Xuất Bản Trẻ.
【未公刊資料】
TTLTQG2: Trung Tâm Lưu Trữ Quốc Gia 2, Việt Nam（ベトナム国家第二アーカイブズセンター）
GOUCOCH/17655. Dossier relatif à la création et activités de la Société secrète du Ciet et de la Terre aux provinces de Can Tho et Soc Trang année 1882.

ANOM: Archives Nationales d'Outre-Mer（フランス国立文書館海外館）

RSC/492. Surveillance des révolutionnaires annamites et chinois: attentats à Hanoi et en Cochinchine, région de Kampot. Indochine NF/28.

- Le Procureur General, Chef du Service Judiciaire en Indochine, à Monsieur le Gouverneur General de l'Indochine à Hanoi, le 28 avril 1909.
- Rapport sur l'Affaire Nguyen-Van-Quyen, Saigon, le 20 juillet 1916.

NAC: National Archives of Cambodia（カンボジア国立文書館）

RSC/5738. L'Agitation Antifrançaise dans les Pays Annamites de 1905-1918.

あとがき

初めてベトナムに行ったのは二〇〇八年九月のことであった。ベトナム戦争に勝利して統一国家を実現し、復興のただ中にあるベトナムの旅は感慨深かった。二度目は二〇一三年三月である。本書執筆者の一人である武内房司さんの民衆宗教調査に同行させてもらった。ベトナム南部のメコンデルタ地域に点在する寺院を巡る旅であったが、宗教比較という点から、これまた感慨深いものがあった。朝鮮の民衆宗教との比較という点で、その近似性と違いは印象的であった。中国の民衆宗教は、清末までの三教（儒・仏・道）合一を経て民国期には五教（儒・仏・道・キリスト教・イスラム教など）合一の方向に向かっていくが、ベトナムもまたそうであった。そのことがひしひしと感じられたのである。朝鮮では一八六〇年に誕生した東学が三教合一を唱え、植民地期には実に様々な民衆宗教が誕生する。それらは必ずしも取り立てて三教合一を唱えたわけではなく、東学系のほかに仏教系や崇神系、儒教系などが存在した。仏教系や崇神系は儒教色が希薄だが、その点ではなにがしか儒教を他教と習合させるベトナムの方が儒教化が進行していたようにさえ思えた。いずれにせよ、ベトナムもまた土俗的色彩を強く帯びながらも、儒教国家であったという実感をもてたのは大きな成果であった。日本の民衆宗教には、果たしてどれだけ儒教の影響が及んだだろうか。儒教の民衆浸透度がやはり違うのではないのだろうか。

確かに、日本もまた儒教化したのは事実であり、それは近代に至っても進行した。一八九〇年に公布された教育勅語は三綱五倫を謳っている。しかし、それは国体への犠牲的精神を涵養することに大きな目的をもっていた。これは朝鮮と比較すると、だいぶ違う。朝鮮では一八九五年、教育勅語に倣って教育立国詔書が公布されたが、そこでは何よりも忠孝と富強のための「徳養」「体養」「知養」の重要性が謳われており、国体への犠牲的精神が取り立てて強調されているわけではない。これはおそらくは、同じく儒教的ではあっても民本思想のあり方の違いに原因するものではないかと思われる。日本では儒教は相当に日本化されたのである。かつて朝鮮の激烈な民族主義者申采浩は、「わが朝鮮人はいつも利害以外に真理を探そうとするので、釈迦が入ってくれば朝鮮の釈迦ではなく釈迦の朝鮮になり、孔子が入ってくれば朝鮮の孔子ではなく孔子の朝鮮になり、どのような主義が入ってこようとも、朝鮮の主義にならずに主義の朝鮮になろうとする。そうして道徳と主義のための朝鮮はあっても、朝鮮のための道徳と主義はない」(「浪客の新年漫筆」)といったが、これは朝鮮では、儒教がどこまでも普遍主義的に理解され、決して朝鮮化されなかったことを嘆いたものである。申がこの文章を書いたのは一九二五年であり、すでに彼は無政府主義に転じて国家主義への疑問を深くし、普遍主義への回帰を強めていたのだが、この文章にこそは、朝鮮と日本の儒教の違いが端的に示されている。

本書は、儒教的政治思想・文化から見た東アジア近代の比較史である。日本の儒教化も認めつつ、しかしその性格の違いも視野に収めなくては、各々の国の近代化過程や社会的様相を明瞭に理解することはできない。本来予定されていた執筆者は一六名であったが、やむを得ない諸般の事情から一二名に減じてしまった。ややバランスが失したという感をぬぐい得ないが、それは今後の課題ということでご寛恕願いたい。また、様々なご批正をしていただけるなら、この上ない幸甚である。なお最後に、本書は科学研究費基盤研究(B)「儒教的民本主義と国民国家構想—東アジアの政治文化史的比較」(二〇一四~二〇一七年度、研究代表:趙景達)の研究成果であることを申し添えておく。

二〇一七年一一月二三日

趙　景　達

編者・執筆者紹介

趙 景 達（ちょ　きょんだる）1954 年生まれ　千葉大学教授
主要著書：『植民地朝鮮と日本』（岩波書店、2013 年）、『講座　東アジアの知識人』（全 5 巻、共編集、有志舎、2013 年～ 2014 年）、『東アジア近現代通史』（共著、岩波書店、2014 年）

久留島哲（くるしま さとし）1987 年生まれ 千葉大学大学院人文社会科学研究科博士後期課程
主要論文：「19 世紀朝鮮における対外危機認識と民衆観」（『アジア民衆史研究』第 21 集、2016 年）

小野泰教（おの　やすのり）1981 年生まれ　学習院大学外国語教育研究センター准教授
主要論文：「郭嵩燾・劉錫鴻の士大夫観とイギリス政治像」（『中国哲学研究』第 22 号、2007 年）、「郭嵩燾の『荘子』解釈」（『日本中国学会　第 1 回若手シンポジウム論文集』2012 年）、「孫詒讓「墨子後語」の儒墨論争観」（『東洋史研究』第 73 巻第 3 号、2014 年）

須田　努（すだ つとむ）1959 年生まれ 明治大学情報コミュニケーション学部教授
主要著書：『「悪党」の一九世紀』（青木書店、2002 年）、『三遊亭円朝と民衆世界』（有志舎、2017 年）、『吉田松陰の時代』（岩波書店、2017 年）

小川和也（おがわ　かずなり）1964 年生まれ　中京大学文学部教授
主要著書：『牧民の思想』（平凡社、2008 年）、『文武の藩儒者　秋山景山』（角川学芸出版、2011 年）、『儒学殺人事件』（講談社、2014 年）

中嶋久人（なかじま　ひさと）1960 年生まれ　早稲田大学文学学術院非常勤講師
主要著書・論文：『首都東京の近代化と市民社会』（吉川弘文館、2010 年）、『戦後史のなかの福島原発』（大月書店、2014 年）、「3.11 からの歴史学」（東京歴史科学研究会編『歴史を学ぶ人々のために』岩波書店、2017 年）

伊藤俊介（いとう しゅんすけ）1975 年生まれ 福島大学経済経営学類准教授
主要論文：「甲午改革と王権構想」（『歴史学研究』第 864 号、2010 年）、「甲午改革期の警察と民衆」（『千葉史学』第 61 号、2012 年）、「戦争芝居と川上音二郎」（『日本歴史』805 号、2015 年）

愼 蒼 宇（しん　ちゃんう）1970 年生まれ　法政大学社会学部准教授
主要著書・論文：『植民地朝鮮の警察と民衆世界　1894 - 1919』（有志舎、2008 年）、「日清・日露戦争と苗代川「朝鮮人」」（久留島浩・須田努・趙景達編『薩摩・朝鮮陶工村の四百年』岩波書店、2014 年）、「植民地期の対馬における朝鮮人」（『大原社会問題研究所雑誌』第 796 号、2017 年）

藤本匡人（ふじもと　まさと）1978 年生まれ　成蹊中学高等学校教諭

村田遼平（むらた りょうへい）1991 年生まれ 千葉大学大学院人文社会科学研究科博士後期課程

大川　啓（おおかわ　ひろむ）1974 年生まれ　神奈川大学大学院歴史民俗資料学研究科准教授

主要論文：「明治期の都市火災と地域社会」（『史苑』第 73 巻第 2 号、2013 年)、「近代日本における名望と地域福祉の社会史」（『歴史学研究』929 号、2015 年)、「近代日本の地域福祉と米価騰貴」（『歴史評論』806 号、2017 年）

武内房司（たけうち　ふさじ）1956 年生まれ 学習院大学文学部教授

主要編著：『越境する近代東アジアの民衆宗教』（明石書店、2011 年)、『日記に読む日本の近代 5　アジアと日本』（吉川弘文館、2012 年)、『戦争・災害と近代東アジアの民衆宗教』（有志舎、2014 年）

儒教的政治思想・文化と東アジアの近代

2018年3月30日　第1刷発行

編　者　趙　景　達
発行者　永滝　　稔
発行所　有限会社　有　志　舎
〒166-0003　東京都杉並区高円寺南4-19-2、クラブハウスビル1階
電話　03-5929-7350　　FAX　03-5929-7352
http://yushisha.sakura.ne.jp
振替口座　00110-2-666491
D T P　言 海 書 房
装　幀　伊 勢 功 治
印　刷　中央精版印刷株式会社
製　本　中央精版印刷株式会社

ISBN978-4-908672-21-7